Truth In Fantasy

地獄

草野巧 著
シブヤユウジ 画

新紀元社

はじめに

本書では世界中にある地獄と冥界を対象に、その世界や内容を項目ごとに取り上げて紹介している。そういう意味では、見た目はかなり事典に近いものだといえる。ただし、一般の事典のように最初から最後まで五十音順に配列されているわけではないので、完全な事典とはいえないかも知れない。

目次を見ていただければわかるように、本書は全体で六部に分かれている。このような構成をとったのは、それぞれの章からいくつかの項目を取り上げて組み合わせることで、読者のみなさんが自分なりの地獄を作れるだろうと考えたからだ。実際、地獄や冥界の内容を項目ごとにただ五十音順に並べただけでは、地獄や冥界のイメージを作り上げるのはかなり大変なのではないだろうか。また、世界各地の地獄や冥界をそれぞれ独自に取り上げたのでは、いかにも重苦しいものになってしまい、多彩な世界としての地獄や冥界を読み物として楽しむことができないと考えた。そんなわけでこのような構成をとることになったが、結果としてよかったかどうかはみなさんの批判を待つ以外にない。

しかし、そうはいってもこのような形で地獄と冥界を取り扱った本は少ないのではないかと思う。本書の目的は、「死後の世界はある」あるいは「ない」と断言することではないし、地獄や冥界をただ単におどろおどろしいものとして描くことでもない。強いていえば、これまでにこの世に存在した無数といえるほどの人々が、すでにこれだけ多くの地獄や冥界を作り上げており、それを信じていたのだということを確認することだといえるかも知れない。

もちろん、読み方は自由だが、本書は頭から読まなければいけないという種類の本ではないので、あちこちのページを拾い読みしながら、世界中のさまざまな地獄・冥界を旅しているように感じていただければ、著者としてはとてもうれしい。買ってしまったにもかかわらず、どこから読んでいいかまったく見当もつかないという読者は、「VI　地獄破り・冥界下り」から読むと、地獄の全体像がつかみやすいと思う。その後で、興味を引いた事柄を各章で調べてみるというのはどうだろうか。

草野巧

一九九五年十二月吉日

目次

●本書の見方

❶大項目

地獄に関するさまざまなキーワードです。

本書では、章ごとにこの項目名で五十音ソートしています。

❷出自

大項目の下に記されている記号は、各項目の出自の略称を示します。記号は十七種類。略称の意味は次のとおりです。

【日】……日本神話・伝説

【仏】……仏教

【チ】……チベット仏教

【ユ】……ユダヤ教

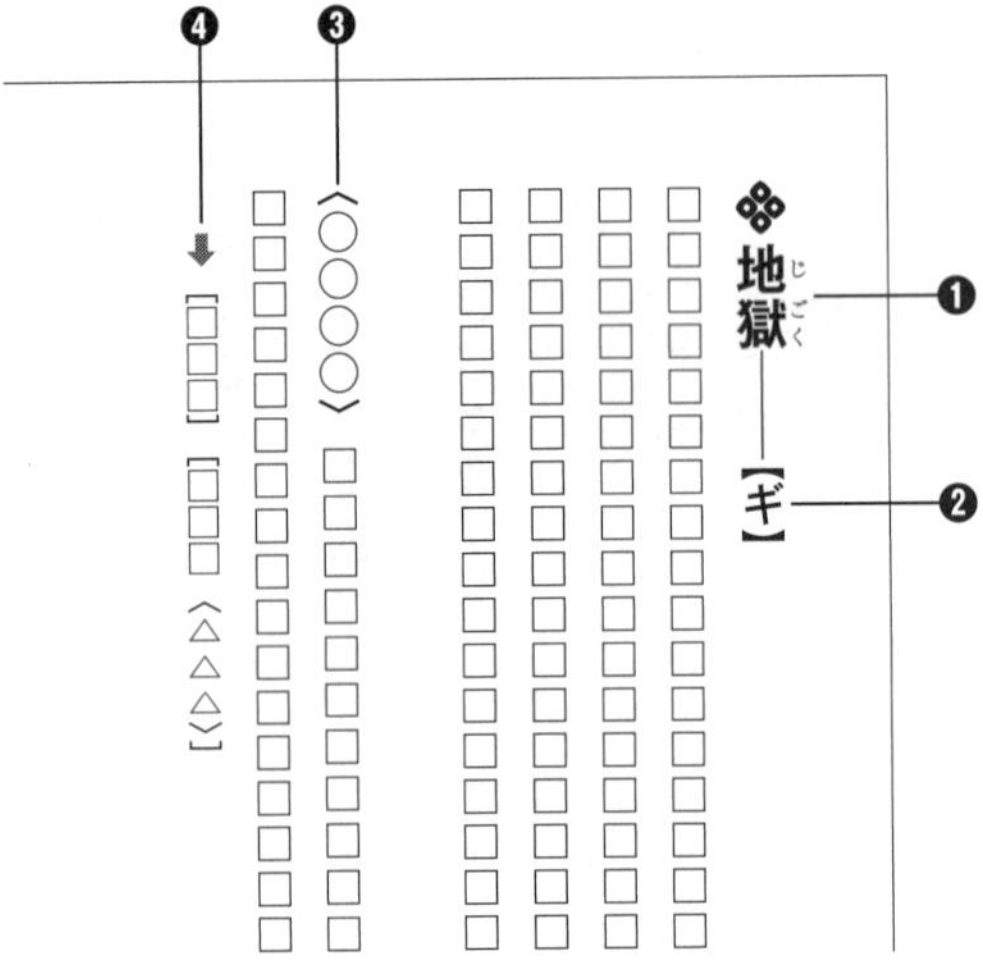

【イ】……イスラム教
【キ】……キリスト教
【ダ】……ダンテ
【ゾ】……ゾロアスター教
【ヒ】……ヒンズー教
【道】……道教
【中】……中国の伝説
【ギ】……ギリシア神話
【ロ】……ローマ神話
【北】……北欧神話
【エ】……エジプト神話
【メ】……メソポタミアの神話
【マ】……アヤ・アステカ神話

---

❸小項目
大項目に属するキーワードです。

❹参照項目
参照してほしい項目名を示します。
【□□□□□】
大項目を示します。
【□□□□□〈△△△〉】
小項目と、それを含む大項目を示します。

図解

地獄案内

世界の地獄・冥界

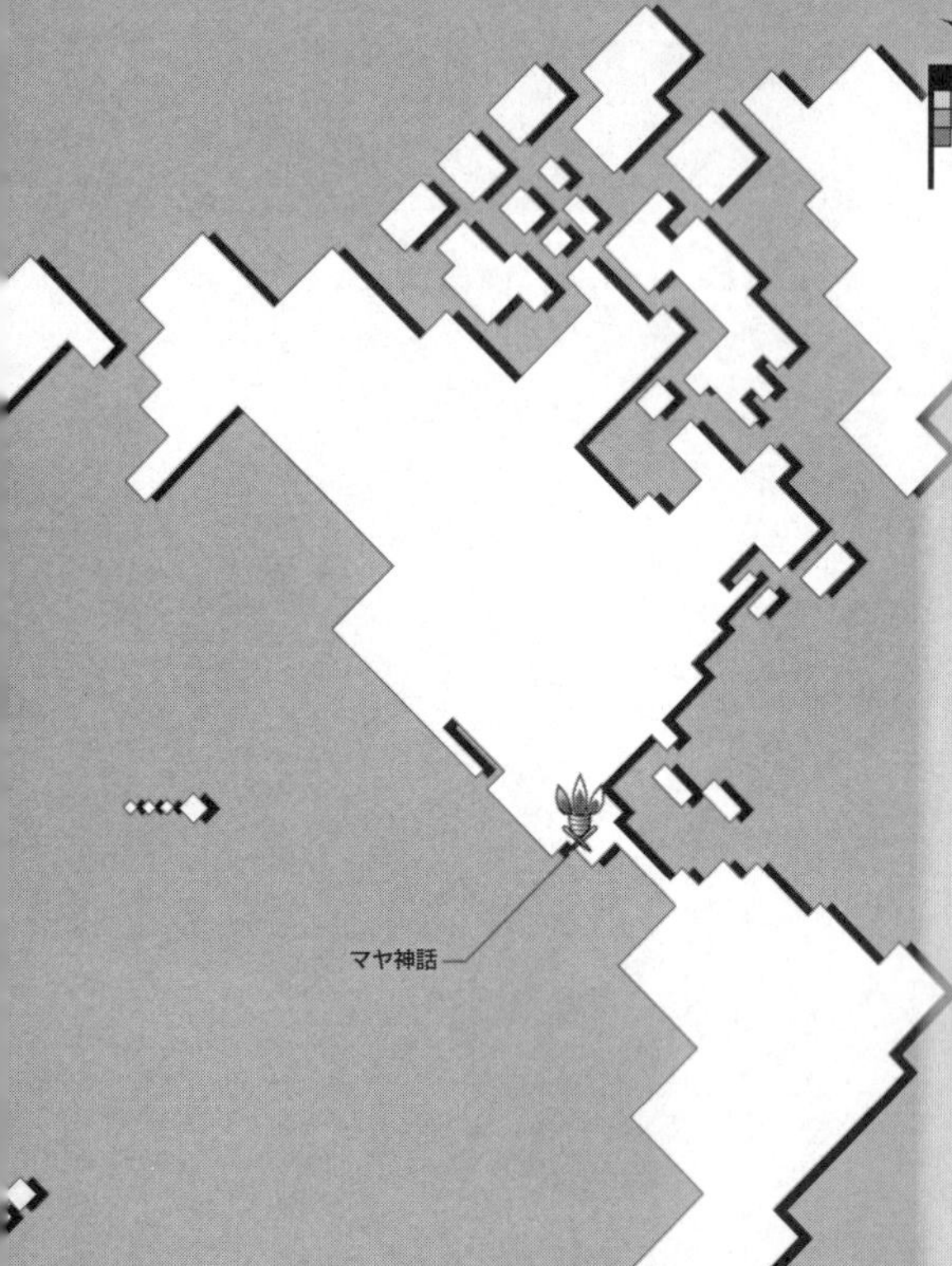

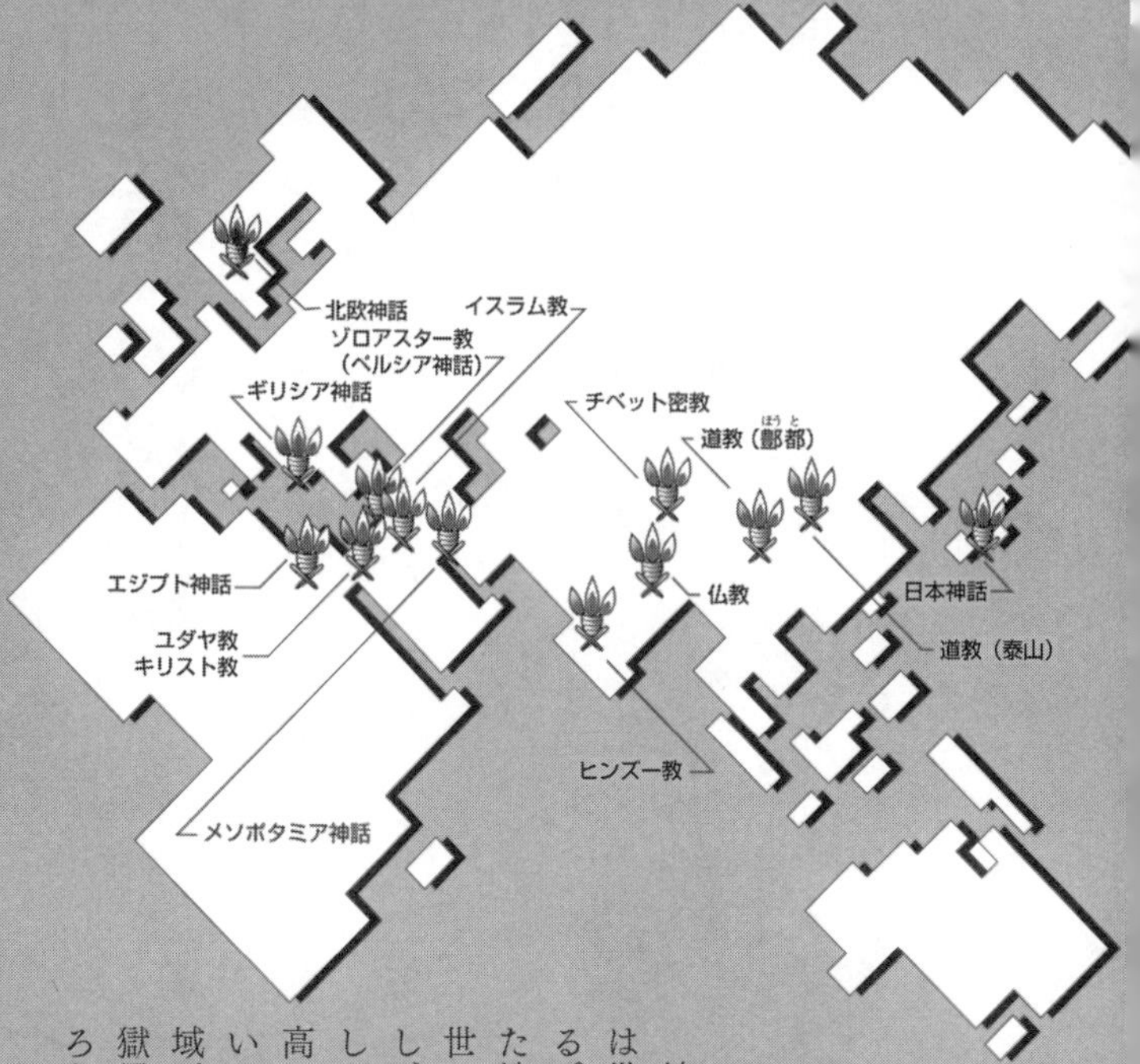

地獄や冥界への信仰は世界中に存在している。人間が文化を築いた地域には必ず死者の世界も存在しているし、死者の世界が発達している地域には必ず高い文明があったともいえる。それぞれの地域ごとにどのような地獄思想が発達したのだろうか。

地獄の構造

地獄や冥界の構造は、それが発達した地域や時代によってさまざまに異なっている。単純素朴なものもあれば、とても複雑に発達したものもある。が、たとえどんなに古い時代のものでも、それは宇宙論と結びついた壮大なものになっている。

↓日本神話の冥界

江戸時代の国学者平《ひら》田《た》篤胤《あつたね》は、「日本で古くから死者が赴くとされていた黄《よ》泉《み》の国《くに》は古くは地球の一部だったが、やがて分離して月になった」という。地球と月が分離した後は黄泉の国へ行ける者はいなくなったのである。

［黄泉の国］［幽冥界］参照

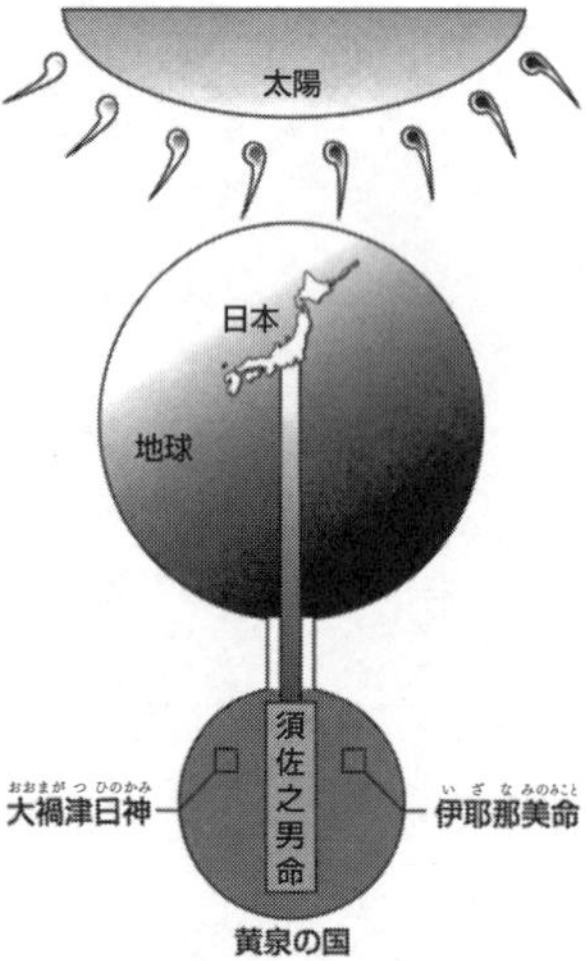

➡北欧神話の地獄

北欧人たちは宇宙には三つの層があると考えた。神々の住むアスガルズ、人間が住むミズガルズ、そして死者たちの棲むニブルヘイムである。ニブルヘイムはけっして恐ろしい地獄ではなかったが、女怪ヘルの支配する暗い世界だった。

「ニブルヘイム」参照

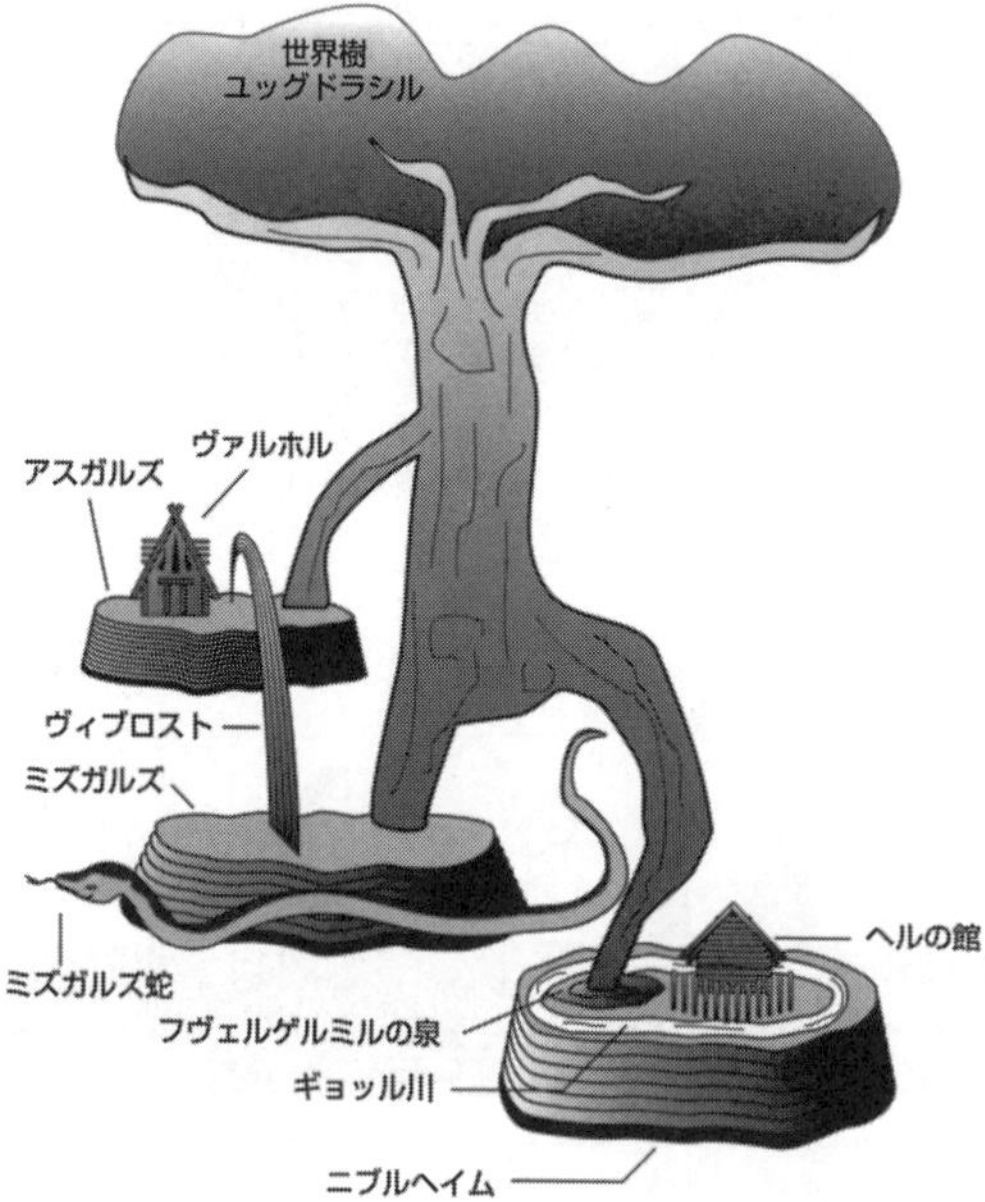

←ギリシア神話の地獄

古代ギリシア人は数多くの死者の国を考えた。最も一般的なのがハデスの国で、幾本もの冥府の川に取り巻かれ、恐ろしい番犬ケルベロスに守られていた。大罪を犯した者は宇宙の底にあるタルタロスに堕とされ、永遠に苦しめられた。

［ハデスの国］［タルタロス］参照

↓マヤ・アステカ神話の冥界

マヤ・アステカでは一般人の死者たちはミクトランという冥界へ赴いた。それはミクトランテクートリとミクトランシワトルという男女神が支配する国で、長い困難な道を経てはじめて到達できる国だった。

［ミクトラン］参照

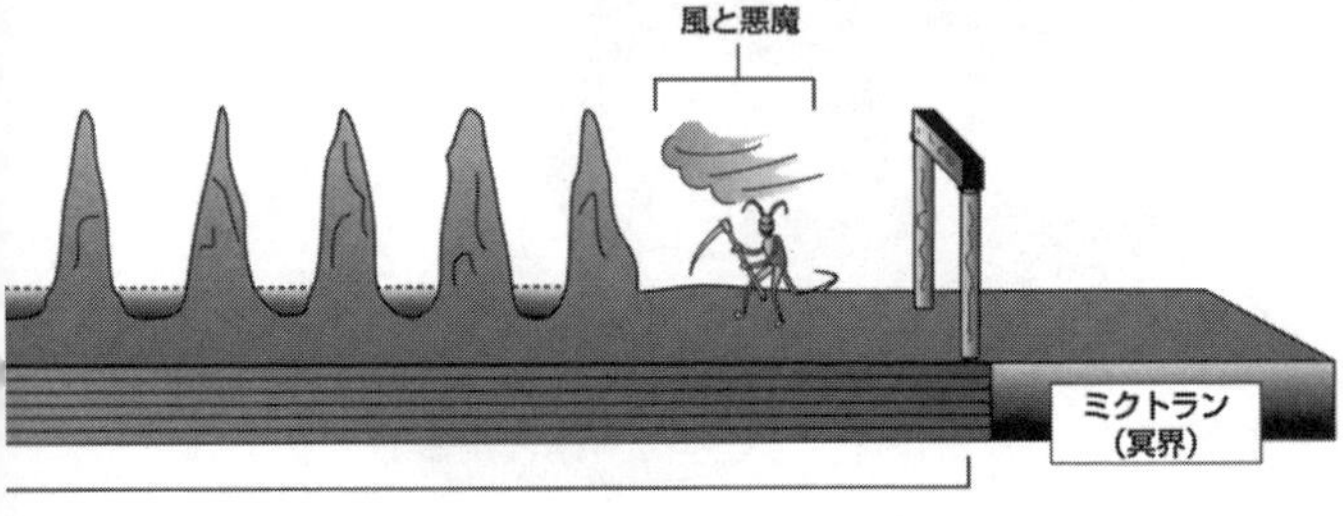

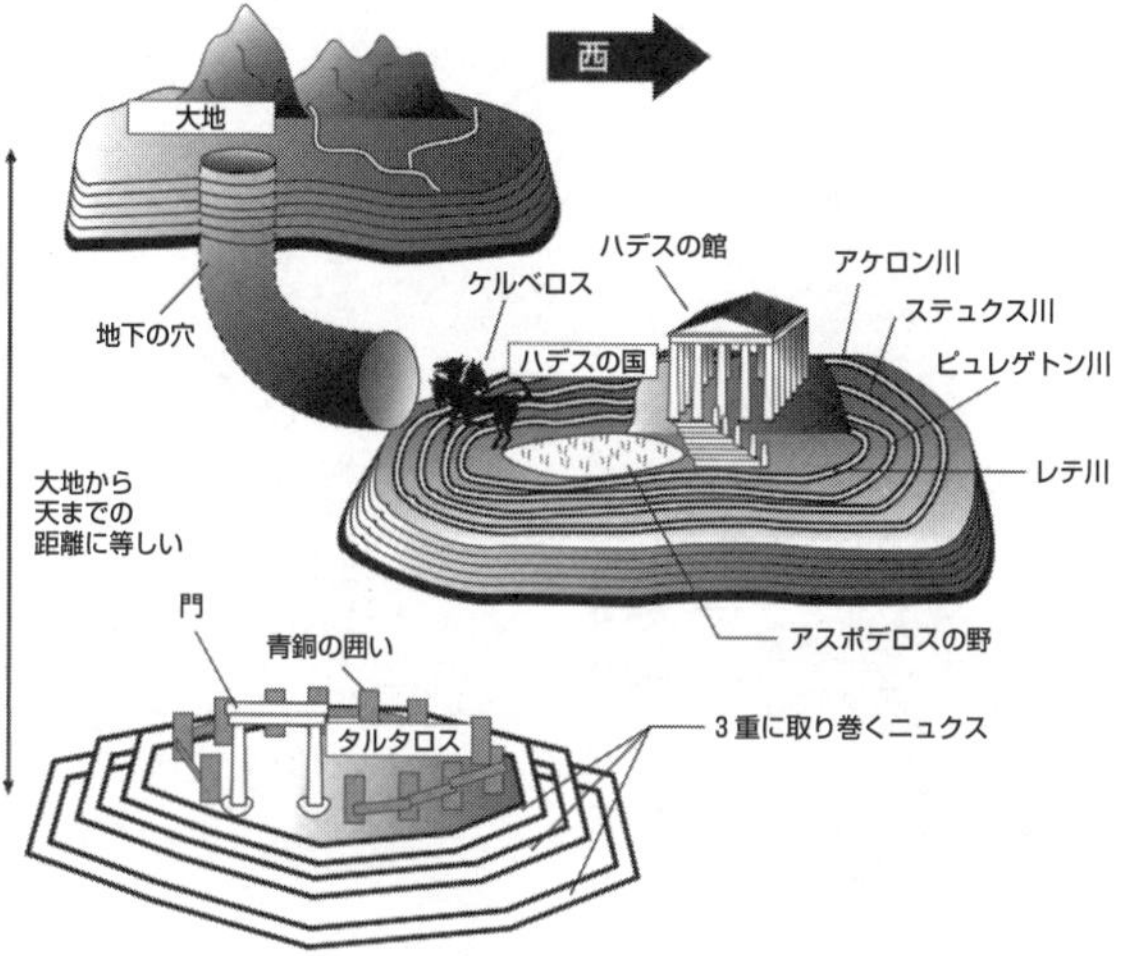
西
大地
地下の穴
ケルベロス
ハデスの館
アケロン川
ステュクス川
ピュレゲトン川
ハデスの国
レテ川
大地から
天までの
距離に等しい
アスポデロスの野
門
青銅の囲い
タルタロス
3重に取り巻くニュクス

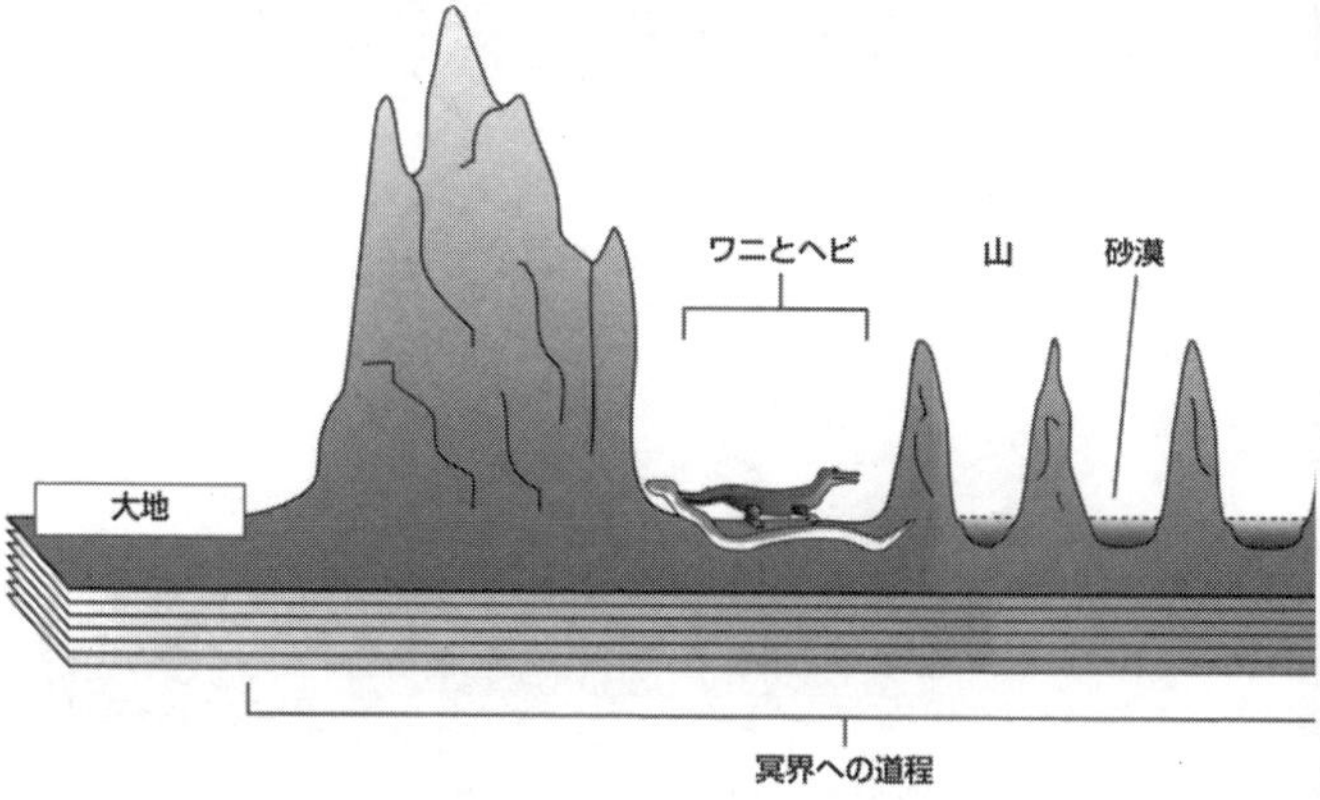
ワニとヘビ
山
砂漠
大地
冥界への道程

⬅ペルシア神話の地獄

ペルシア神話では宇宙の真ん中にアルブルズ山があり、その頂上から天界に向けてチンワト橋がかかっているとされた。この橋を渡って、死者たちは天国に進むのである。が、罪人たちは橋を渡れず、地獄に堕ちた。

［悪思界・悪語界・悪行界・無始暗界］参照

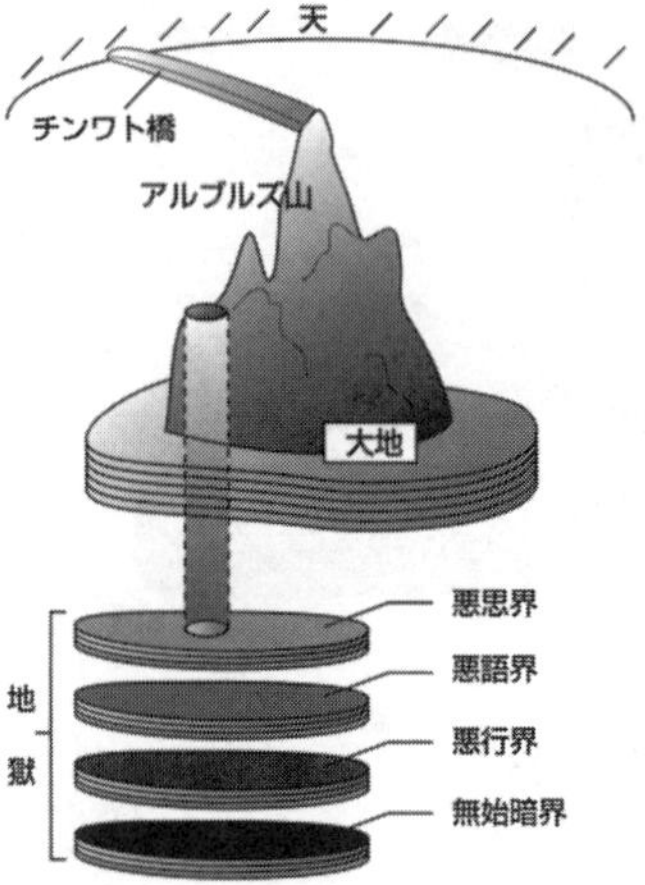

⬇メソポタミア神話の冥界

メソポタミアでは大地の下にフブル川という水の流れがあり、冥界はその流れのさらに下にあった。しかも、冥界には七つの門があり、そのそれぞれに恐ろしい門番がいた。一度入ったら二度と帰れないことから「不帰《ふき》の国《くに》」と呼ばれた。

［不帰の国］参照

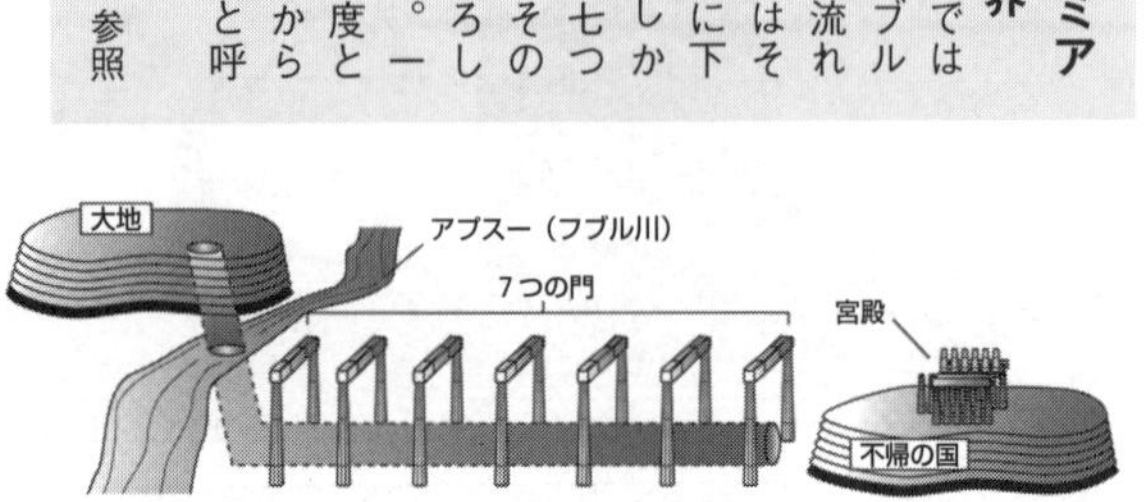

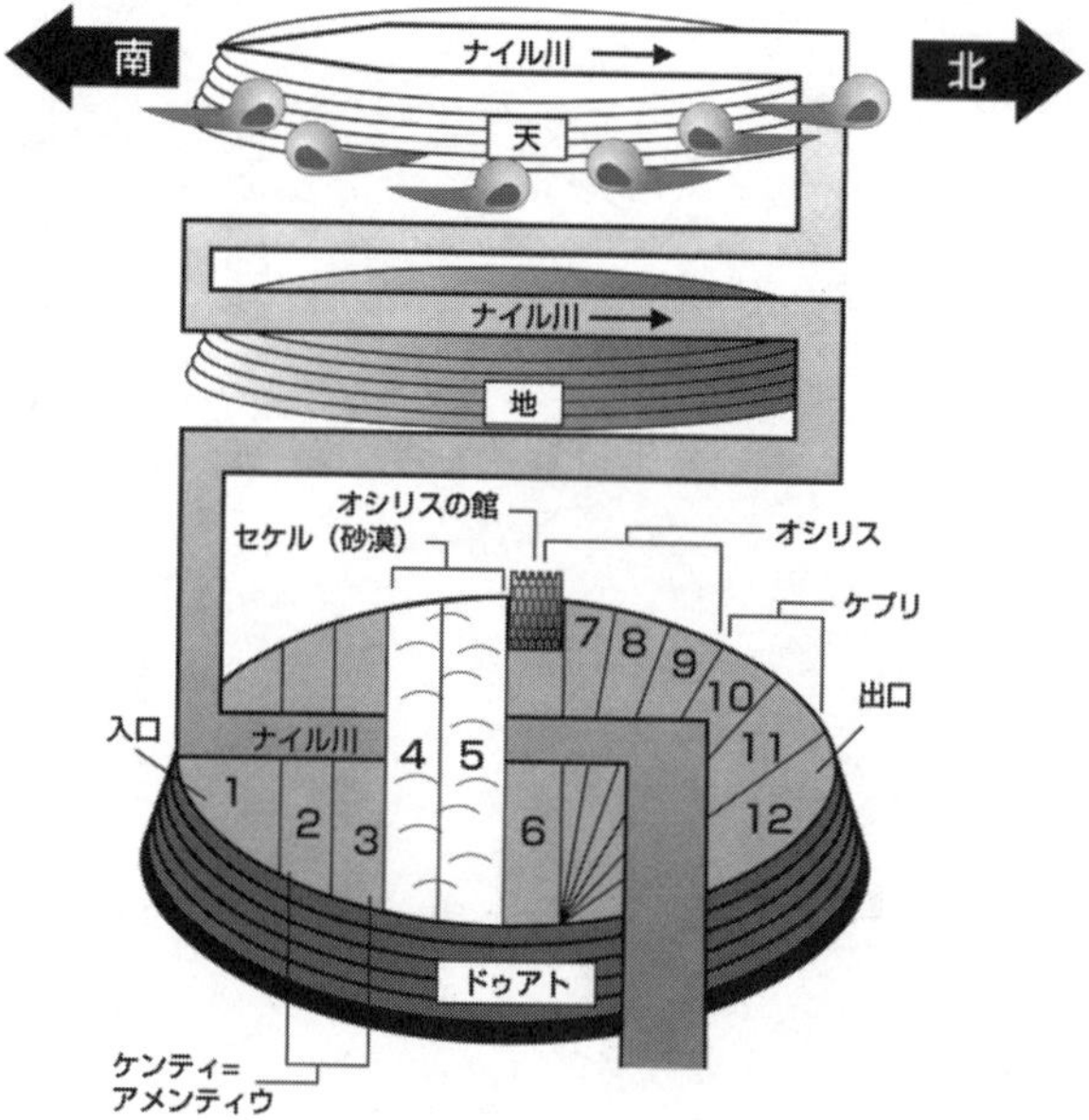

⬆エジプト神話の冥界

古代エジプト人たちは死後に永遠の生命を手に入れ、天国で暮らすことを夢見た。天国にはラーの天国やセケト＝ヘテペトなどがあった。が、死者の魂は天国へ赴く前に、暗く危険なドゥアトを旅しなければならなかった。

［セケト＝ヘテペト］
［ドゥアト］参照

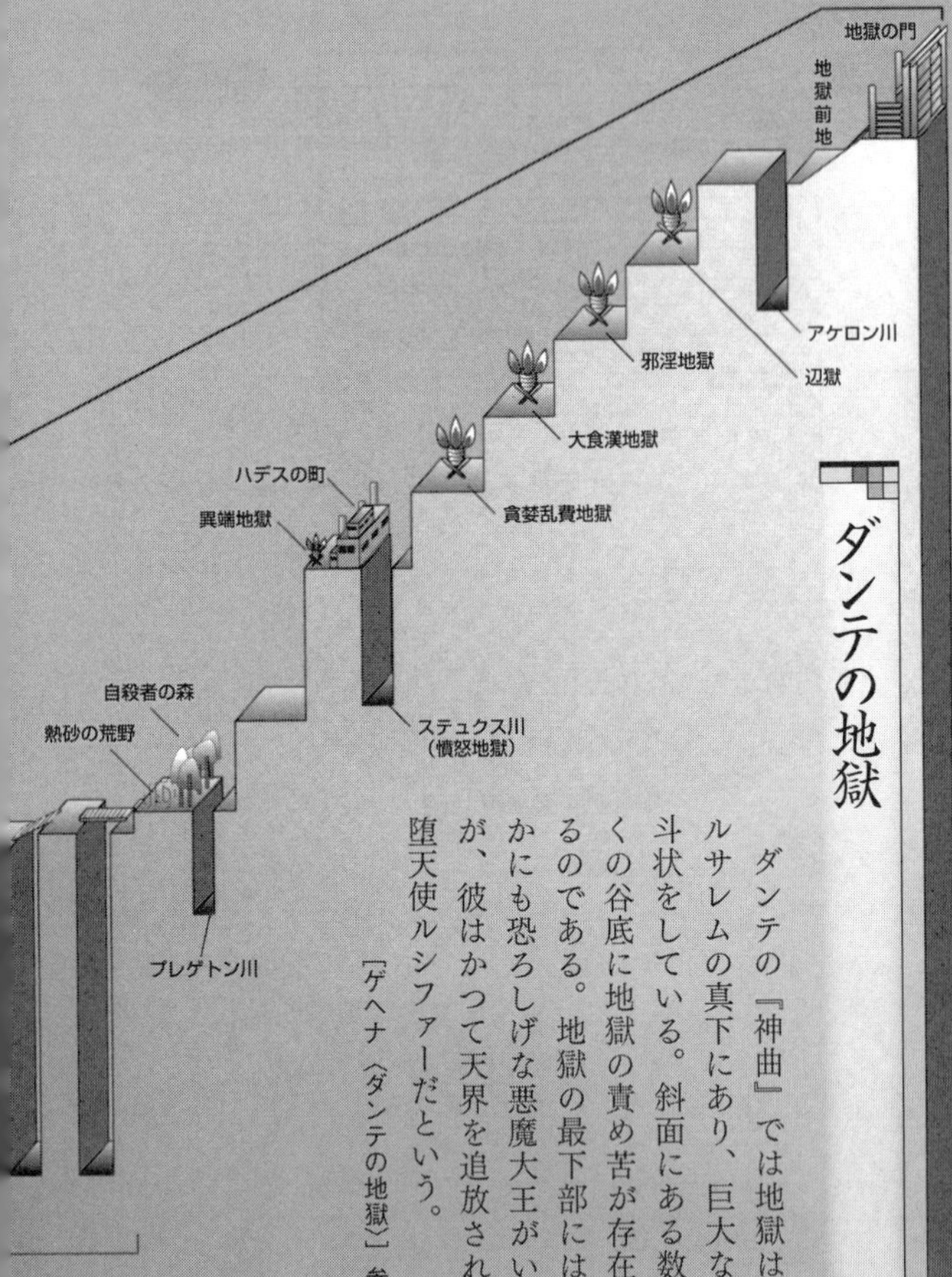

ダンテの地獄

ダンテの『神曲』では地獄はエルサレムの真下にあり、巨大な漏斗状をしている。斜面にある数多くの谷底に地獄の責め苦が存在するのである。地獄の最下部にはいかにも恐ろしげな悪魔大王がいるが、彼はかつて天界を追放された堕天使ルシファーだという。

〔ゲヘナ〈ダンテの地獄〉〕参照

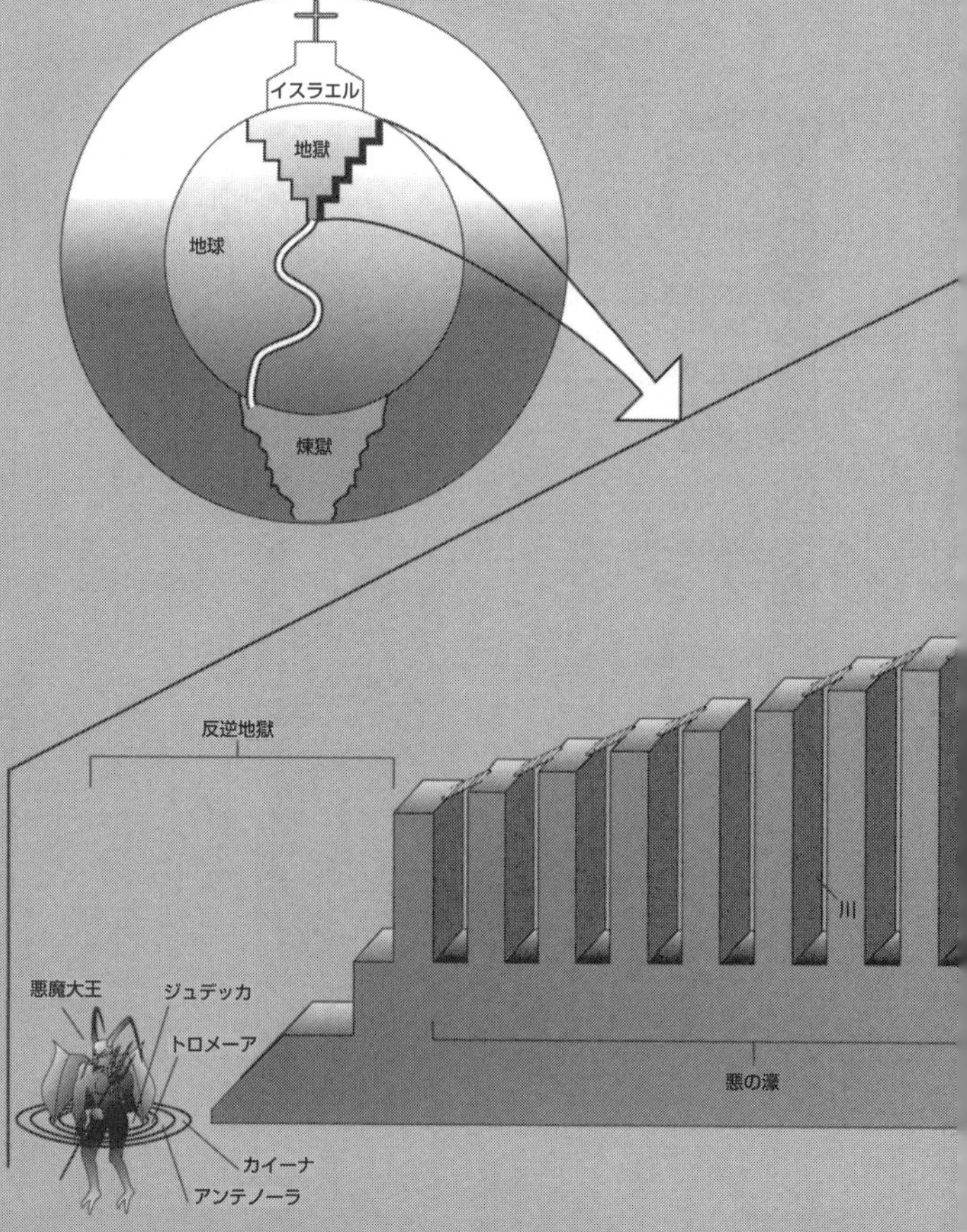
イスラエル
地獄
地球
煉獄
反逆地獄
川
悪魔大王
ジュデッカ
トロメーア
悪の濠
カイーナ
アンテノーラ

ダンテの煉獄《れんごく》

煉獄にもさまざまな責め苦があるが、その性格は地獄とは異なっている。地獄に堕ちた者は永遠に苦しむだけだが、煉獄に堕ちた者は、罪が浄化されると天国に赴くことができるからだ。ダンテの『神曲』に登場する煉獄はこのような煉獄の性格をみごとに表している。天に向かってのびる山の斜面に七つの環道があり、この環道で罪を清めた者たちが、やがて山の頂上にある地上楽園から天界へと赴くのである。

［煉獄］参照

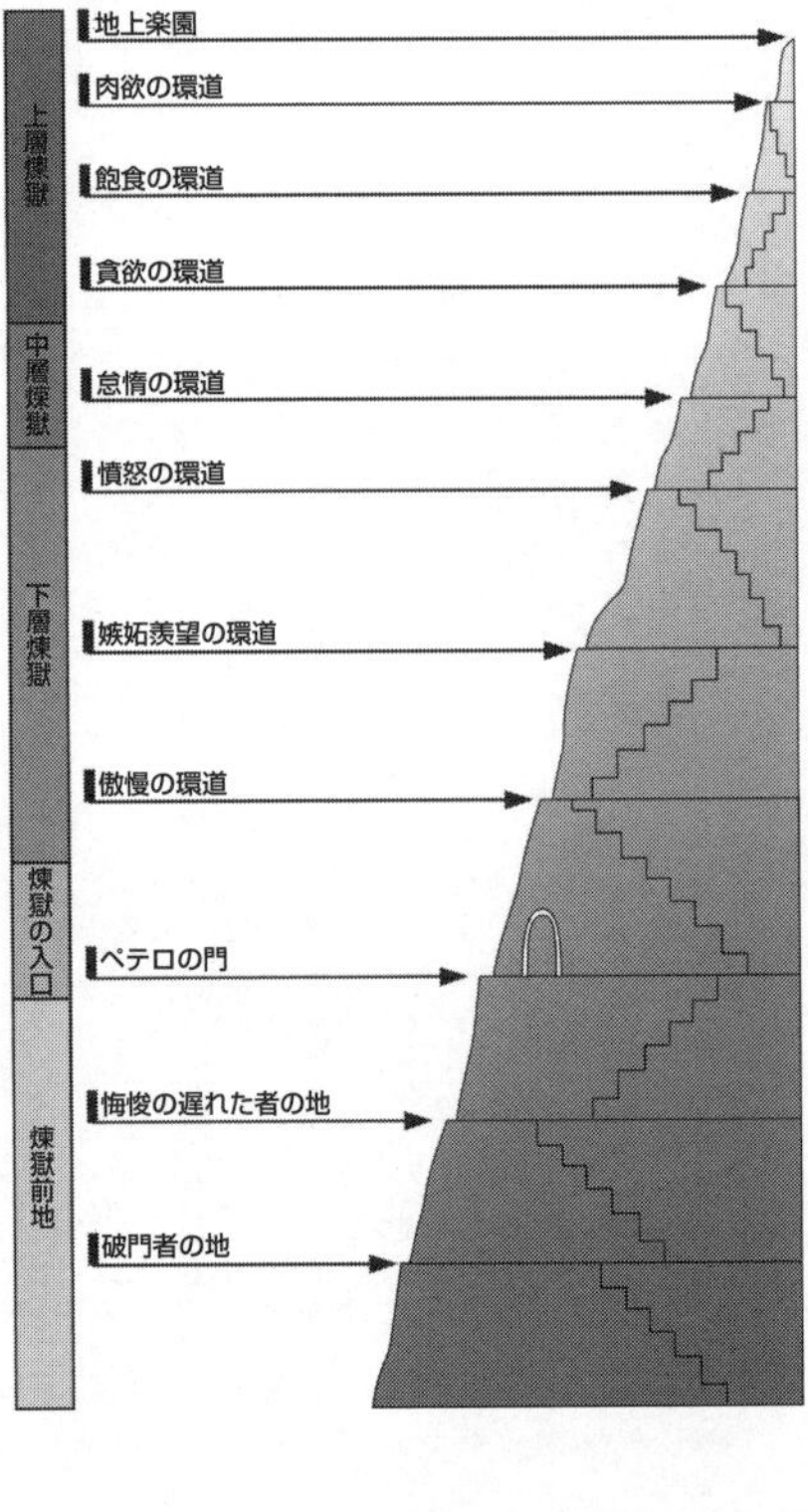

❖ユダヤ・キリスト教のシェオール

天国、地獄、煉獄などが誕生する以前から、ユダヤ・キリスト教の世界ではシェオールという冥界があった。天国、地獄、煉獄もシェオールから誕生したのである。

⬅ユダヤのシェオール

シェオールはユダヤの宇宙観では、大地の下にある泉（テホン）のさらに下にあった。シェオールは何の楽しみもない一般的な暗い冥界だが、その中に一段と深い場所があって、そこが地獄に相当する場所とされた。

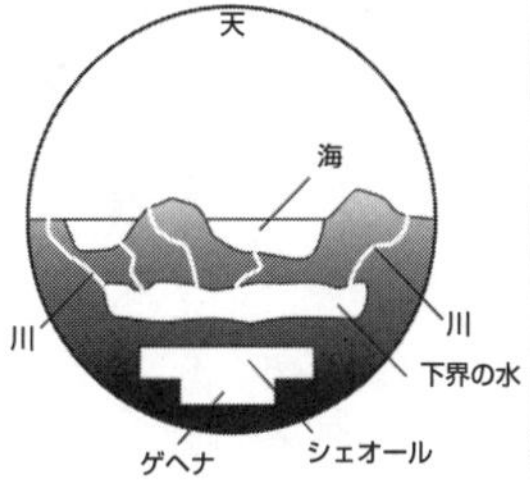

⬅聖書のシェオール

聖書の世界もユダヤの世界に似ており、シェオールは大地の下にあり、泉（テホン）に取り巻かれているとされた。が、聖書ではシェオールは天国、煉獄、地獄とは別なもので、ただ一般的な死者が赴く暗くわびしい場所とされている。このような暗くわびしい冥界から天国、煉獄、地獄が分化していったのである。

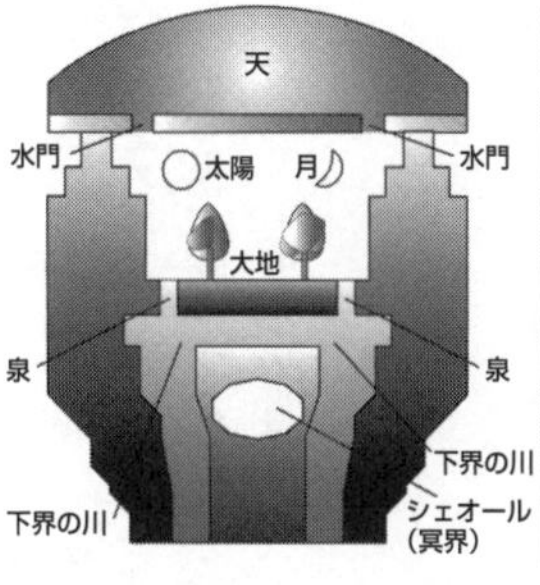

仏教の地獄

仏教の地獄観は宇宙論と結びつき、ダンテの地獄よりも壮大といえるほどの構造を持っている。仏教ではこの世の生き物はすべて輪廻転生すると考え、生き物が転生する世界として天道・人道・阿修羅道・畜生道・餓鬼道・地獄道の六道を考える。これらの世界が人間の住む宇宙の中に存在しているのである。

⬇世界の構造

仏教では人間の住んでいる宇宙はほぼ太陽系に相当している。この宇宙に円筒状の基盤が浮かんでおり、その上に人間の住む大陸や海がある。六道があるのもこの宇宙の中で、世界の中心にある須弥山《しゅみせん》のはるか上空に天道が、人間の住む人道は贍部州《せんぶしゅう》に、餓鬼道や地獄道は贍部州の下にあるという。

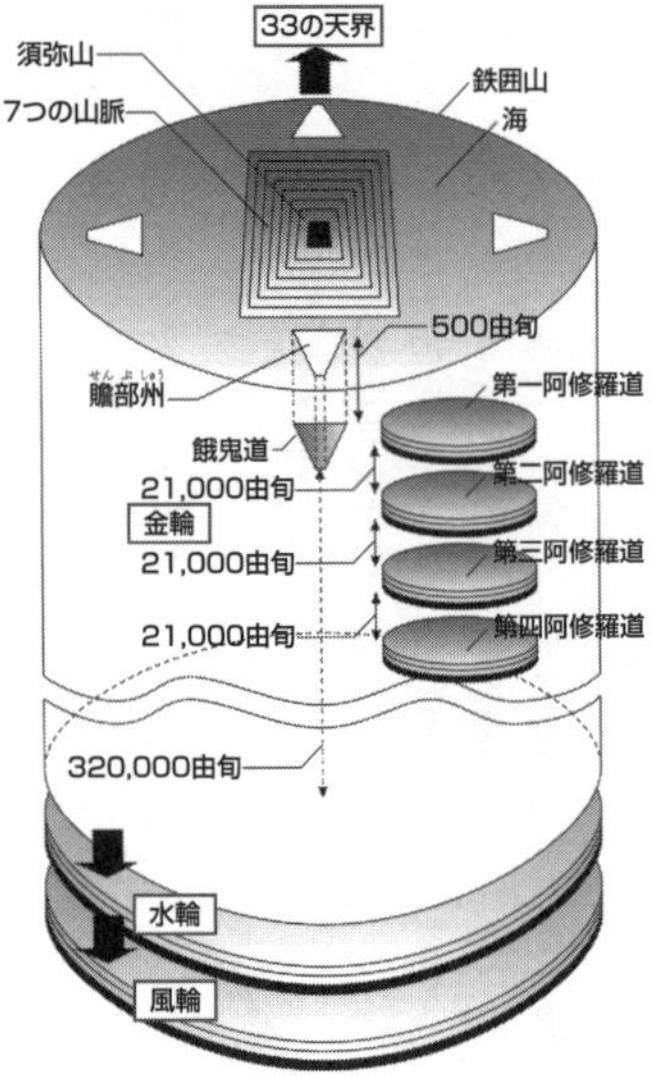

⬇八大地獄と八寒地獄

仏教の最も大きな地獄は八大地獄（八熱地獄）である。これはその名のとおり炎熱によって罪人を苦しめる地獄で、贍部州のはるか下方に縦に八つの巨大な地獄が重なっており、下に行くほど恐ろしい地獄になっている。八大地獄ほど有名ではないが、その隣に並ぶように八寒地獄が存在し、恐ろしい寒さで罪人を苦しめているともいう。

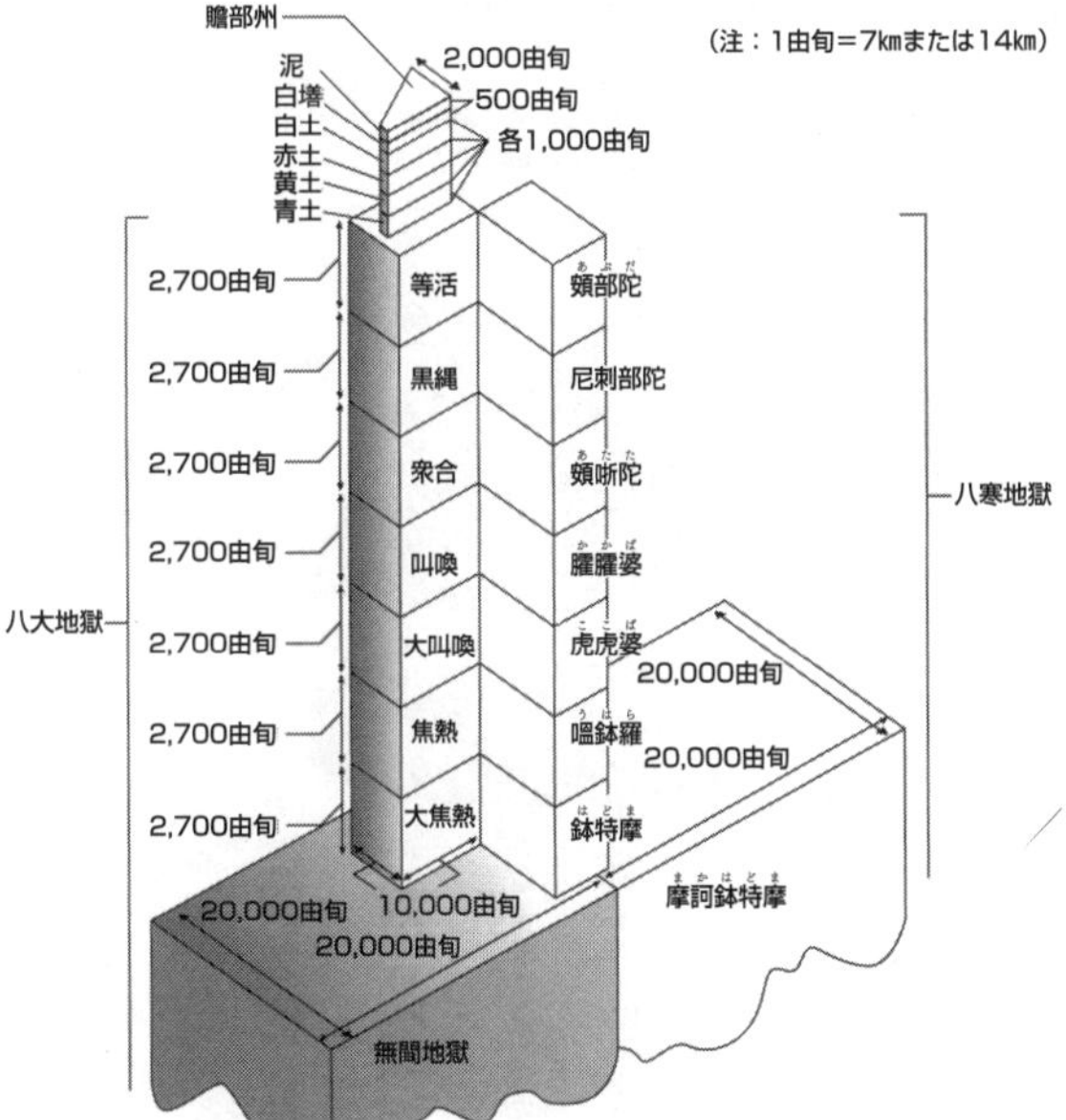

道教 ―羅酆山の地獄―

中国の冥界信仰には、北方の黄河流域で信じられた泰山《たいざん》地獄を中心にしたものと、長江下流域で信じられた酆都《ほうと》地獄を中心にしたものがあった。このうち酆都は、より古くからある羅酆山の信仰が移されたものだった。羅酆山は中国北方の海の彼方にあるとされた架空の山で、人間は死後に必ずその山を訪れるとされた。そして、罪人たちは羅酆山に付属するさまざまな地獄へと堕とされるのである。

［羅酆山］参照

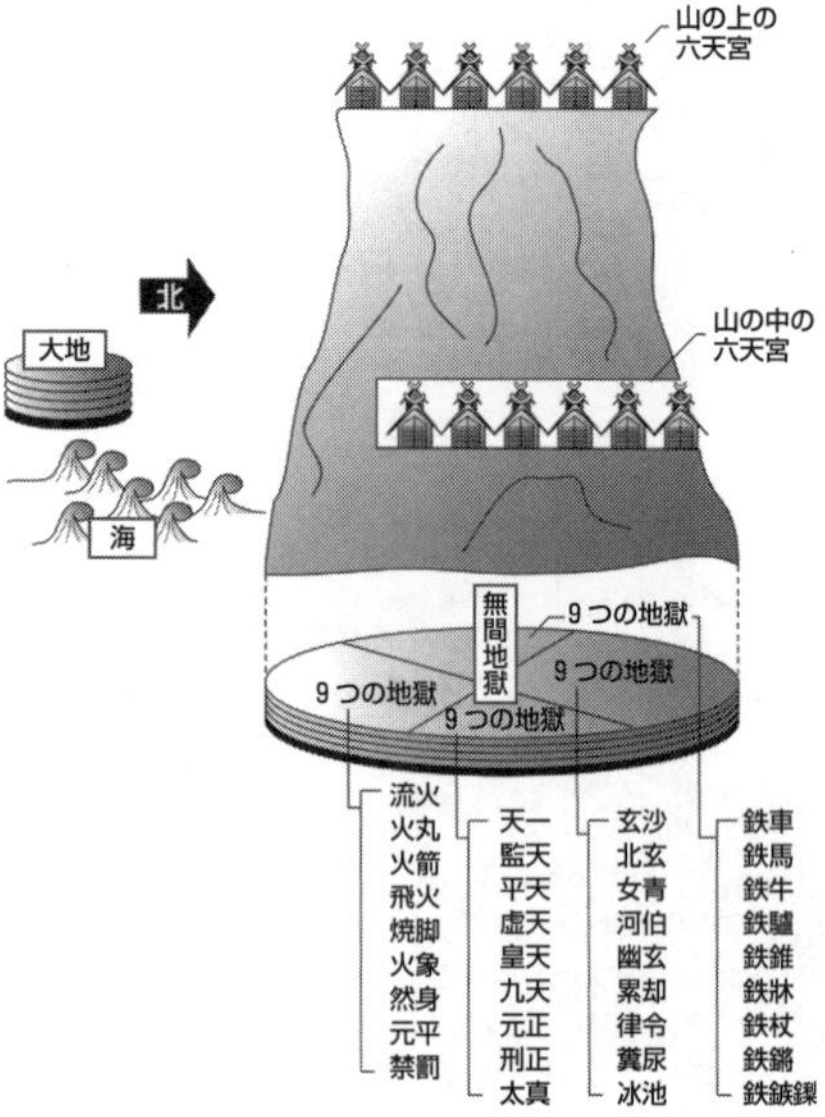

I

入口
境界

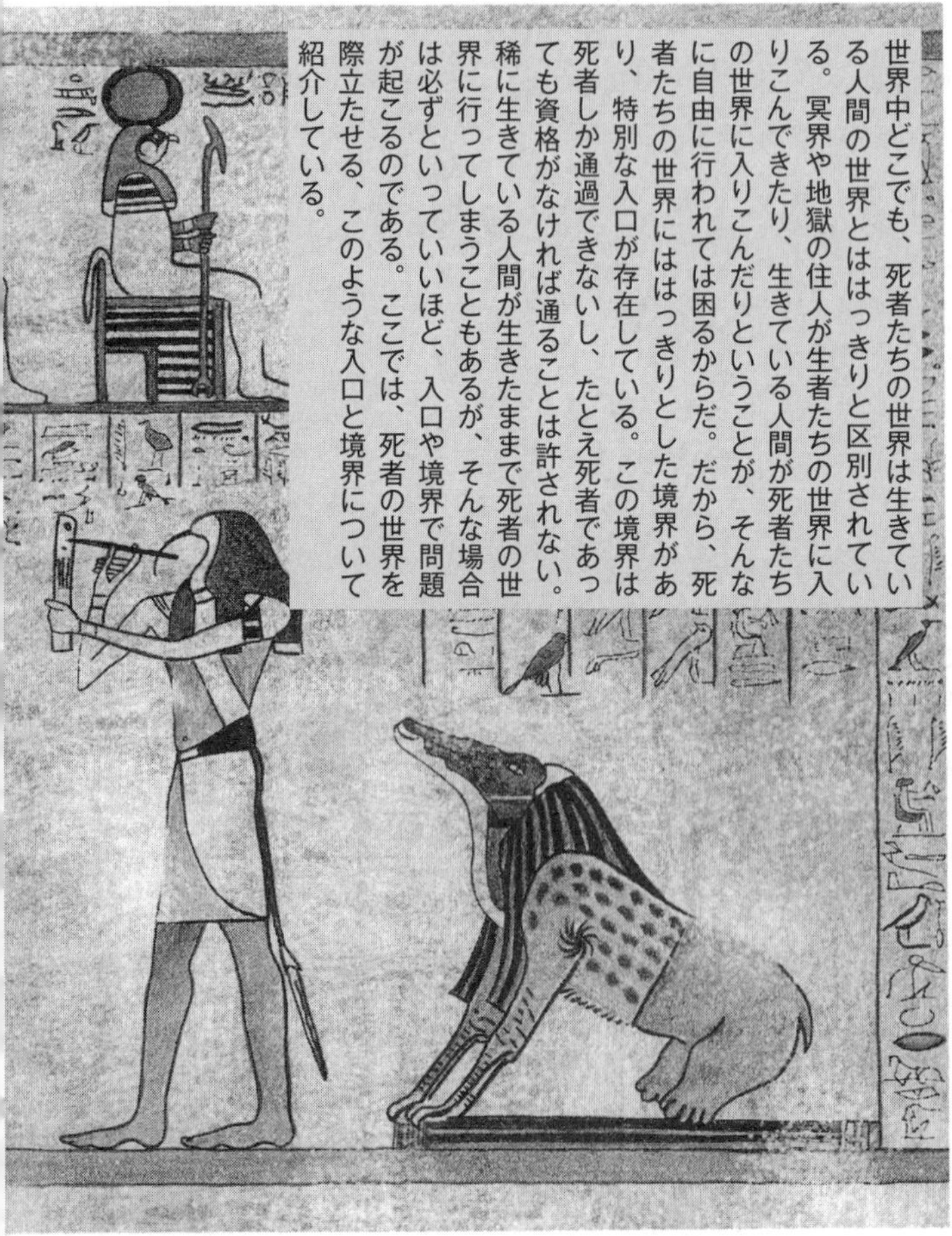

世界中どこでも、死者たちの世界は生きている人間の世界とははっきりと区別されている。冥界や地獄の住人が生者たちの世界に入りこんできたり、生きている人間が死者たちの世界に入りこんだりということが、そんなに自由に行われては困るからだ。だから、死者たちの世界にははっきりとした境界があり、特別な入口が存在している。この境界は死者しか通過できないし、たとえ死者であっても資格がなければ通ることは許されない。稀に生きている人間が生きたままで死者の世界に行ってしまうこともあるが、そんな場合は必ずといっていいほど、入口や境界で問題が起こるのである。ここでは、死者の世界を際立たせる、このような入口と境界について紹介している。

❖アウェルヌスの洞穴《ほらあな》――【ギ・ロ】

イタリアのクマエにある火口湖アウェルヌス湖にあった冥界へ通じる洞穴のひとつ。ウェルギリウスの『アエネアス』でギリシア・ローマ神話の英雄アエネアス（ギリシア語読みではアイネイアス）が巫女シビュレに導かれて、この穴から冥界へと下ったことで知られる。アウェルヌス湖から立ちのぼる毒気は、上空を飛ぶ鳥を殺すといわれた。その名前は「鳥がいない」という意味だった。

⬇［アエネアス］

❖アケロン川《がわ》――【ギ・ダ】

ギリシア神話の冥府の境界にある三途の川のひとつ。もっとも一般的な三途の川で、すべての死者の魂がここを渡らなければならないと考えられた。川岸には三途の川の渡し守カロンがいて、金を取って亡者をボートに乗せてアケロン川を渡した。『オデュッセイアー』で魔女キルケがオデュッセウスに語ったところによると、冥府の川のうちピュリプレゲトン川とステュクス川の支流であるコキュトス川が、アケロン川に流れこんでいるという。ダンテの『神曲』では、地獄の門を入ると、円形の地獄を取り巻くようにアケロン川が流れており、ダンテとウェルギリウスはカロンの船でこの川を越えている。

❖アッ＝スィーラトゥ＝ル＝ムスタキーム——【イ】

真っ直ぐな道の意で、イスラム教において最後の審判を受けた死者たちが渡らなければならないとされる剣の刃のように細い幅の橋。終末の日に復活した死者たちは唯一神の前で生前の善行と悪行の多寡を秤にかけられ、その後でこの橋を渡る。このとき、その人が善人か悪人かによってあたりの雰囲気ががらりと変わってしまう。善人が橋を渡ろうとするとあたりが光に包まれ、その者はまるで光のようにあっという間にそれを渡ることができるのに、悪人が渡ろうとするとあたりは真っ暗になりジャハンナムという地獄に堕ちてしまうのである。

⬇［ジャハンナム］

❖火車《かしゃ》——【日】

日本で古くから言い伝えられている死者の魂を冥界へ運ぶための車。人が死んで閻魔の庁へ行くときは牛頭《ごず》・馬頭《めず》のような地獄の鬼が何人かで迎えにくるが、普通は死者は歩いて牛頭・馬頭について行く。しかし、ときとしてこれらの鬼が炎の燃えさかる車を引いて死者を迎えにくることがある。これが火車あるいは火の車と呼ばれるものである。

火車は見たところは平安時代の牛車のような木製の車輪を持つ車が、炎に包まれている。車で迎えにくるといっても、死者の地位が高いとは限らない。一般人でも火車で迎えがくることがある。

火車にはいろいろなタイプがあり、火車の前部には鉄の札が立ててあって、行くべき地獄の名前が書いてあることがある。

『平家物語』巻第六の入道（平清盛）死去の章によれば、清盛が死んだときに迎えにきた火車ははっきりと行く先が書いてあったよい例である。これは清盛の妻の時子の夢に登場するのだが、猛火がものすごく燃えさかっている火車が牛頭・馬頭に引かれて清盛邸に入ってくると、車の前に「無」という文字が書かれた鉄の札が立っていた。そこで時子が尋ねると、「閻魔の庁から平家太政入道殿を迎えにきた。無という字は、入道殿がその罪によって無間地獄《むけんじごく》の底に堕ちるので、無間の無の字が書かれているのだ」と鬼が答えたとされている。

火車は夢の中だけでなく現実にも見えることがある。こういう場合は火の車が訪ねた家には必ず死者がいるし、火の車に乗せられている者は必ず死んでいると考えられる。宝暦年間（一七五一～一七六三年）に瀬戸内海にある広島県御手洗港で実際にそういうことがあったと伝えられている。その言い伝えによると、御手洗港付近の人々には旧暦八月二十三日の晩に月の出を待って拝むという月待の行事があり、大勢の者が月のよく見えるところに陣取って、酒を飲みながら花見ならぬ月見をする習慣だったが、そんなある月待の夜のことだ。待ちに待った月がついに出たぞとみんなが思ったとき、どこからともなく

ゴロゴロと車輪の音が聞こえてきた。それがどんどんと近づいてきたのでみんなが目を向けると、炎が燃えさかる火車が東から西の夜空へと激しい音をたてて飛んでいくところだったのである。空を飛んでいるのに、車輪がゴロゴロ音をたてるというのは奇妙だが、人には見えない火車の通り道がまるで虹のように空中にかかっているのかも知れない。とにかく、火車の速度は見る間に速くなって、あっという間にみんなの見ている前を飛んでいってしまった。が、このときにどういうわけか、火車を引く青鬼・赤鬼の姿と火車に乗せられている男の姿だけははっきりと見えた。驚くことに火車に乗せられていたのはみんながよく知っている髪結屋の主人だったのだ。「そんな馬

鹿な、あいつはついさっきまで元気だったのに」と誰かがいった。しかし、驚いたみんなが髪結屋を訪ねると、その亭主は本当に死んでしまっていたというのである。

ここで火の車は西の夜空に飛んでいくが、火車が空を飛ぶのはけっして珍しいことではない。『近代百物語』（一七七〇年）に丑の刻参りで主人の女房を殺そうとした妾が、その罰で牛頭・馬頭の引く火車に乗せられるが、ここでも火車は空を飛んでいる。これには挿絵がついているが、それを見ると牛頭が火車の前を引き、馬頭が後から押しており、乗せられている妾は炎の中でもがいているように見える。

火車といいながら、燃えさかる火の車ではなくて、身体中毛むくじゃらの鬼のような妖怪を指すこともある。鳥山石燕の『画図百鬼夜行』に描かれているのがこれで、女の死体を抱えて屋根の上に立っている姿が描かれている。一説に葬儀の場所を襲って棺の蓋を開け、死者を奪っていく妖怪で、出現するときには嵐を巻き起こすといわれる。

➡【牛頭・馬頭】

❖ギョッル川《がわ》――【北】

北欧神話の冥界にある三途の川。北欧神話の冥界であるニブルヘイムの中央にはフヴェルゲルミルという煮えたぎる泉があり、そこからスヴォル川、グンスラー川、フィヨルム川、フィンブルスル川、スリーズ川、フリーズ川、シュルグ川、ユルグ川、ヴィーズ川、ギョッル川が流れでている。このうちギョッル川が、冥界の女王ヘルの館の一番近くを流れており、戦死者でない死者たちはみなこの川を渡らなければならないとされた。ギョッル川は凍りつきそうなほど冷たい川で、渦巻く激流が流れていたが、川には金でふいた橋がかかっており、モーズグズという処女《おとめ》が見張りをしていた。

➡［ニブルヘイム］［ヘル］

❖コキュトス川《がわ》──【ギ】

ギリシア神話の冥府の川のひとつ。嘆きの川の意。ステュクス川の支流で、アケロン川に流れこんでいるという。

❖三途《さんず》の川《かわ》──【仏】

日本の冥府の入口にあるとされている川。人は死ぬとまずはじめに死出の山（死天の山）を越え、その後に三途の川を越えるとされている。葬頭河《そうずがわ》、三瀬川などともいう。『十王経』には葬頭河として登場するが、この川は十王の第一に位置する秦広王の庁と第二の初江王の庁の間にあるとされており、山水瀬、江深淵、有橋渡という三つの瀬がある。このように三つの瀬があるのは、一般に罪の軽重によって渡る場所が異なるためで、罪の軽い者は浅い山水瀬を、罪の重い者は江深淵を、罪が極めて軽い者は有橋渡にある橋を渡るとされている。

三途の川の向こう側に衣領樹《えりょうじゅ》という大きな樹があり、その下には奪衣婆《だつえば》と懸衣翁《けんえおう》という男女の鬼がいる。死者が到着すると、奪衣婆は盗業をいましめて死者の両手の指を折り、懸衣翁は牛頭《ごず》と一緒に死者たちを追い立てて衣領樹の下に集める。また、ここで奪衣婆が死者たちの服を脱がし、懸衣翁がその衣服を衣領樹に掛け、衣服が垂れさがる様子から死者の罪の軽重を量るという。

➡［死出の山］［奪衣婆］［懸衣翁］

❖死出《しで》の山《やま》――【仏】

日本で閻魔王国の入口にあると考えられている山。死天の山とも書く。死出の山があるのは三途の川を渡るよりも手前で、人が死ぬとまず死出の山を越えて冥界に赴くとされた。『十王経』によると、死出の山があるのは、冥界の十王の第一番目に位置する秦広王の庁よりも手前で、人が死んでから初七日に秦広王の庁に到着するまでの間に、この山を越えることになっている。死出の山は非常に険しい山で、死者はここを越えるのに皮膚が裂けたり骨が折れたりとたいへんな苦痛を味わう。

➡【十王】

❖ステュクス川《がわ》――【ギ・ダ】

ギリシア神話の冥界の川のひとつで、「憎しみ」を意味する。ハデスの冥界のまわりを九重に巻いて流れている。冥界を流れる川の中でももっとも古くから信じられていたが、不思議な魔力を秘めており、女神テティスはわが子アキレウスをステュクス川の水に浸して不死身にした。

ステュクス川を支配する女神ステュクスは冥界の中の白銀の柱をめぐらした岩屋根の館に住んでおり、オケアノスの娘の中でもとりわけ畏《かしこ》い者とされ、崇拝された。ゼウスがティタン神族と戦ったとき、ステュクスはゼウスに味方するために一番最初にオリュムポスに馳せ参じたといわれており、ゼウスはその報酬として、神々が誓いを立てるときはいつも彼女の河水にかけて誓わせることにした。このようにして立てた誓いを破った神は一年間昏睡状態になって飲食を禁止させられ、さらに九年間オリュムポスから追放された。

ステュクス川は現実にもアルカディア地方を流れていたが、古くから毒性があると信じられていた。

ダンテ作『神曲』の地獄では、第五圏憤怒地獄の全体がステュクスという沼地になっている。その意味ではすでに地獄の内部だが、第五圏の内側にハデスの町があるので、ここでもステュクスはハデスの町の域壁を取り巻くように位置することになる。しかし、ギリシア神話のステュクス川と異なり、ダンテの描くステュクスでは、人生を貪欲と乱費に費やした者たちが、泥にまみれてもがき苦しみ、叫喚の声をあげている。これらの亡者たちはみな互いに殴り合い、ぶつかり合い、さらには相手の肉を喰いちぎっているのである。

⬇［ハデスの国］［憤怒地獄］

❖タイナロンの洞穴《ほらあな》――【ギ】

ペロポネソス半島最南端のタイナロン岬にあった冥界へ通じる洞穴。ギリシア神話の英雄ヘラクレス、テセウス、オルペウスなどがここからハデスの国を訪れた。

⬇［ヘラクレス］［オルペウス］

❖千引岩《ちびきのいわ》——【日】

日本神話の中で、死者たちの棲む黄泉の国とこの世の境目を塞ぐために、伊耶那岐命《いざなぎのみこと》が黄泉比良坂《よもつひらさか》に置いたとされる巨大な岩。伊耶那岐は死んだ妻である伊耶那美命《いざなみのみこと》を呼び戻すために黄泉の国に赴いたが、伊耶那美があまりに醜い姿に変わり果てていたので逃げ帰り、黄泉の国の者たちがこの世に来ないようにとこの岩を置いた。黄泉の国とこの世との往来はこれ以前は自由に行われていたが、このときから千引岩は道反之大神《ちがえしのおおかみ》として黄泉の国とこの世の間にあり、冥界の汚れたものや、障害を起こす神々がこの世にやって来ないように今に至るまで見張りをしているといわれる。

➡［黄泉の国］［伊耶那岐命］［黄泉比良坂］

❖チンワト橋《ばし》——【ゾ】

チンワント橋ともいう。ゾロアスター教の信仰において、死者が必ず渡らなければならないとされる橋で、大地の中央にあるアルブルズ山頂と天の間にかかっている。橋の向こう側には天国が、下には地獄の深淵が広がっており、ここで死者の行き先が振り分けられるとされている。善人が橋を渡るときには、橋の幅は広く感じられ、楽々と天国へ渡ることができる。しかし、悪人が渡るときには、橋は剃刀の刃のように細くなり、死者たちは悪思界、悪語界、悪行界といった地獄へ堕とされてしまうのである。また、チンワト橋のそばには「四つ目の犬」がいて、死者が渡るのを助けるといわれる。

しかし、死者の魂は死後すぐにチンワト橋へ向かうわけではない。ゾロアスター教では死者の魂は死後三夜の間死体のまわりをさまよい、第一夜には生前における自分の言葉、第二夜には思考、第三夜には行動について反省するとされる。それから、死者の魂は死者の裁判官とされるミスラ神、スラオシャ神、ラシュヌ神の裁判を受けにいく。ここで、死者が天国、地獄（悪思界・悪語界・悪行界・無始暗界）、中間の冥界（ハマースタガーン）のうちのどこに行くかが決められ、この後にさらにチンワト橋を渡ることになるのである。

ゾロアスター教の経典である『アヴェスター』の中には、チンワト橋を渡る以前の死者の魂が経験する出来事として別な説明もある。それによると、悪魔たちを祭ったような不義者たちが死ぬと、死後三日が過ぎて夜が明けたとき、ウィーザルシャという地獄の鬼が訪れ、死者の魂を縄で縛ってチンワト橋へ連れていき、地獄へ突き堕とすという。また、善人が死ぬと死後三日後に快い香りとともに美しい少女が現れ、死者の魂をチンワト橋に連れていき、死者が橋を渡りはじめると第一歩で善思天、第二歩で善語天、第三歩で善行天、第四歩で無始光天という天国へ入ることができる。悪人が死んだ場合は、死後三日後に不快な臭いとともに醜い少女が現れて死者をチンワト橋へ連れていくが、死者の魂は第一歩で悪思界、第二歩で悪語界、第三歩で悪行界、第四歩で無始暗界という地獄に堕ちるという。

➡［悪思界・悪語界・悪行界・無始暗界］

❖ティベレ川《がわ》――【ダ】

ローマを貫流し、ティレニア海に流れこむ川。ダンテ作『神曲』では、幸運にも地獄ではなく煉獄《れんごく》に赴くことになった魂たちは、この川の河口に集まり、天使の船に乗って地球を横切って煉獄島の岸辺に赴くとされている。天使の船には船尾楼に翼の生えた天使が立っており、彼の翼のゆったりした羽ばたきによって、船は帆も櫂も使わず、しかも水に触

れることもなく海上を疾走する。天使の頭からは光が発しており、煉獄島の岸辺からは船の姿が見える前に、船が近づいてくることがわかる。地獄とは異なり、煉獄に来る魂たちは罪を清めることで天国へ昇る可能性を持っているので、船に乗った魂たちはみな声を合わせて聖歌を歌っている。天使も彼らを祝福しており、彼らが岸辺におりると、天使は十字架の印を切る。それから、再び来たときと同じようにティベレ河口に向かって船を疾走させるのである。

⬇［煉獄］

テホン――【ユ・キ】

古代イスラエル（ユダヤ教やキリスト教）の冥界とこの世を隔てる海洋で、日本の三途の川のようなもの。古代イスラエルでは冥界シェオールは地下にあるとされたが、シェオールと地上の間にテホンがあるとされた。地上にある泉や井戸の水はテホンから湧きでたもので、ノアで有名な『創世記』の大洪水もテホンの水が氾濫したために起こったといわれる。

⬇［シェオール］

❖ナイル川《がわ》――【エ】

古代エジプトの冥界ドゥアトを流れる川。ナイル川は現実にも重要な川だったが、この川は原初の水ヌンと同一のもので、アスワンにあるエレファンティスの洞穴から流れだし、ドゥアトを通り、天空を横切り、さらに地上を流れると考えられた。すべての死者が、太陽神ラーの船に乗り、ドゥアトのナイル川を渡ってオシリスの法廷に赴くとされた。古代エジプトでは死者はすべてナイル川西岸に葬られたので、現実的にも死者はナイル川を渡らなければならず、冥界の川としてはうってつけだった。ナイル川の神はハピといったが、冥界と関係が深いことからオシリスと同一視されることもあった。

⬇［ドゥアト］［ラー］

❖ピュリプレゲトン川《がわ》――【ギ・ダ】

ギリシア神話の冥府の川のひとつ。火のように燃える川の意。プレゲトンともいう。『アエネアス』では、アケロン川やステュクス川は冥界を囲むように流れているが、プレゲトン川は冥界の奥深くにあるとされている。それはちょうど一方はエリュシオンへ、もう一方はタルタロスへと向かう分かれ道のあたりだが、その道の崖の下に地獄の裁判官のひとりラダマンテュスが裁判を行っている城がある。プレゲトン川は、その城を三重に囲むように流れているのである。ダンテの『神曲』では地獄第七圏に地獄のひとつとして、燃えさかるプレゲトン川が登場している。

⬇［アエネアス］［暴虐地獄］

❖フブル川《がわ》――【メ】

古代シュメール、バビロニアの冥府と地上の間にある三途の川。バビロニアでは、地下にアプスーという淡水の固まりがあるとされたが、この水の流れがフブル川になったといわれる。

❖黄泉比良坂《よもつひらさか》――【日】

日本神話で黄泉の国とこの世の境にあるとされている坂。記紀の物語で、日本列島を作ったとされる伊耶那岐命《いざなぎのみこと》が死んだ伊耶那美命《いざなみのみこと》を求めて黄泉の国に下ったとき、その帰り道にこの坂が登場する。江戸時代の国学者の平田篤胤《ひらたあつたね》は『霊能真柱《たまのみはしら》』の中でこの坂に触れて、地上から大地に入る際にあるのか、大地の中にあるのか、大地と黄泉の国の間にあるのかははっきりしないといった後で、出雲国の伊賦夜坂《いふやさか》が黄泉比良坂ではないかといっている。『出雲国風土記』の意宇郡《おうぐん》の条に「伊賦夜社」とあり、島根県松江市には実際に「伊賦夜神社」があるので、このあたりではないかといわれる。『出雲国風土記』にはこのほかに出雲郡宇賀郷《うかのさと》の条に脳《なづき》の磯の窟《いわや》のことが記されており、窟の中に穴があるが深さはわからず、夢の中でこの磯の窟のあたりに至る者は必ず死ぬとされている。また、その窟は昔からずっと黄泉の坂、黄泉の穴といわれていたと記されている。いずれにしても、出雲国には黄泉の国と関係のある伝承が多いので、古代人たちは出雲国のどこかに黄泉の国への入口があると考えていたらしい。

➡［黄泉の国］［伊耶那岐命］［伊耶那美命］

❖レテの川《かわ》――【ギ】

ギリシア神話の冥府にある三途の川のひとつ。レテは忘却という意味で、冥界を訪れた死者たちの魂はこの川の水を飲んで生前の記憶を忘れたとされている。ただし、ギリシア神話の冥界に棲む魂たちは生前のことをほとんど覚えているので、あまりレテの河水は飲まれなかったようだ。

こうした考えとは別に、輪廻説に基づいた考えでは、死者の魂が新しい人生に旅立つ前にレテの水を飲んで、これまでの記憶のすべてを消し去るのだとされている。

レテの川を支配するレテは女神で、タナトス（死）の姉妹にあたるといわれる。

➡［エル］

❖六道《ろくどう》の辻《つじ》――【日】

京都にある六道珍皇寺《ろくどうちんのうじ》の門前の地名で、古くからあの世とこの世の境とされている場所。死者はこの場所から、天道、人道、阿修羅道、畜生道、餓鬼道、地獄道の六道のいずれかに赴くとされた。平安時代の歌人で、閻魔王庁の判官を務めたとされている小野篁《おののたかむら》もこの近くにある六道珍皇寺の井戸から冥府に通ったと伝えられている。狂言『朝比奈』では、地獄に堕ちる死者を捜しに六道の辻に出現した閻魔大王が、ここで都合よく冥途へ向かう途中の朝比奈義秀と出会うが、義秀の勢いに押されてしまい、地獄ではなく極楽浄土へ案内する羽目になってしまった話が語られている。

II

世界種類

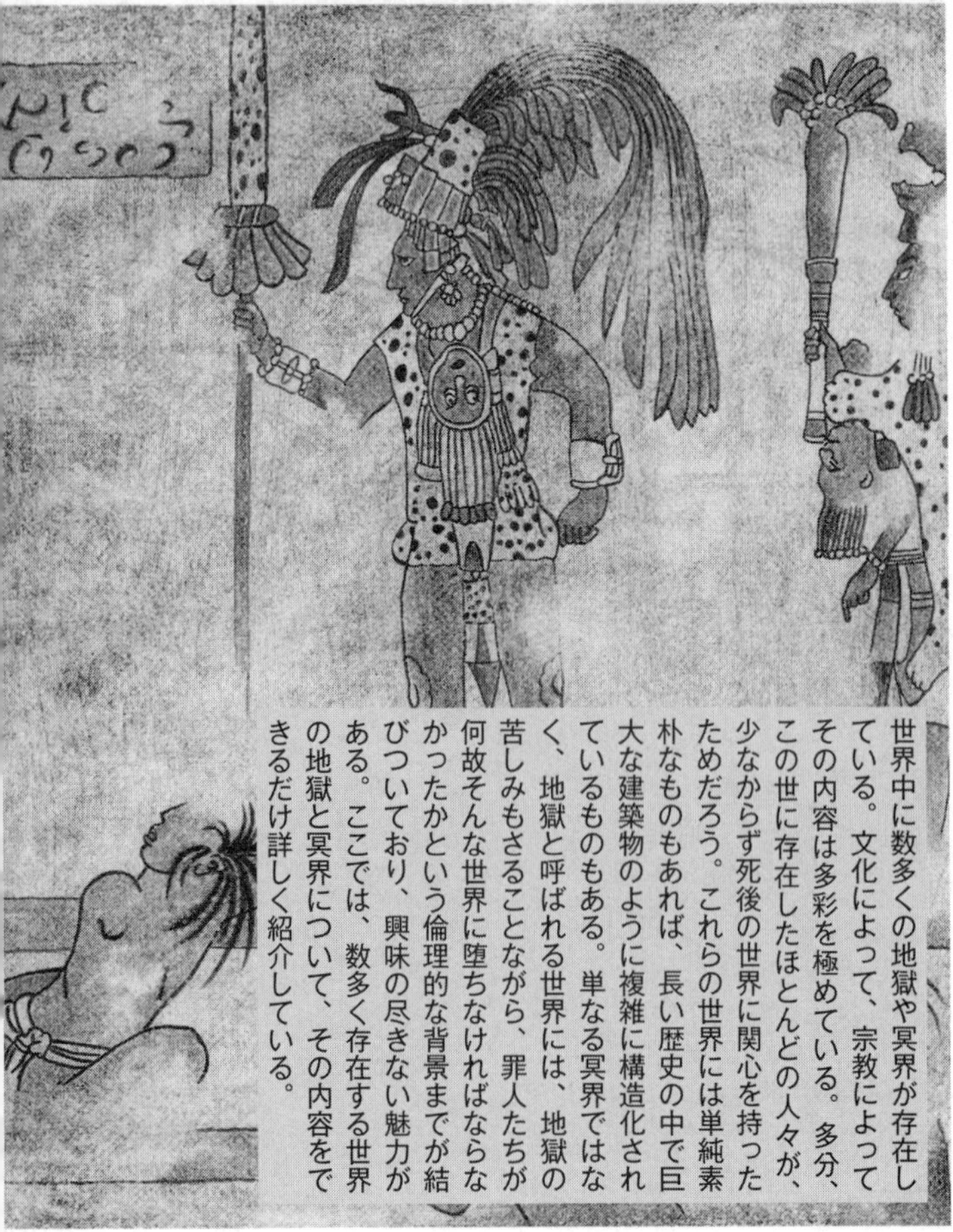

世界中に数多くの地獄や冥界が存在している。文化によって、宗教によってその内容は多彩を極めている。多分、この世に存在したほとんどの人々が、少なからず死後の世界に関心を持ったためだろう。これらの世界には単純素朴なものもあれば、長い歴史の中で巨大な建築物のように複雑に構造化されているものもある。単なる冥界ではなく、地獄と呼ばれる世界には、地獄の苦しみもさることながら、罪人たちが何故そんな世界に堕ちなければならなかったかという倫理的な背景までが結びついており、興味の尽きない魅力がある。ここでは、数多く存在する世界の地獄と冥界について、その内容をできるだけ詳しく紹介している。

❖悪思界《あくしかい》・悪語界《あくごかい》・悪行界《あくぎょうかい》・無始暗界《むしあんかい》――【ゾ】

ゾロアスター教の地獄。ゾロアスター教では善き思い、善き言葉、善き行いと悪しき思い、悪しき言葉、悪しき行いの重さを比べ、後者の方が重くなると地獄に堕とされる。地獄に堕とされた死者の魂が最初に赴くのが、悪思界、悪語界、悪行界である。これらの地獄は仏教の地獄と同じように凄惨な場所で、暗く、悪臭に満ち、蛇、サソリ、カエルなどの有害な生き物に満ちている。そして、死者たちはここでその罪に見合った刑罰を受けることになる。男色者たちの魂には、蛇が口や肛門から出入りするという罰が与えられる。不倫を犯した女は乳房を縛って宙づりにされ、そのあげくに有害な虫たちがその身体を喰いちぎる。商売人で虚偽の計量をした者は、繰り返し土と灰を量り、無理矢理それを喰わせられる。嘘や他人の悪口をいった者たちは、その舌に有害な生き物が喰いついてくる。生まれたばかりの子どもを殺した女は、頭に石臼を乗せられる。このほかに汚物を食べさせられたり、自分の肉を引きちぎられ、それを喰う罰などもある。

しかし、生前にいくらかでも善いことをした場合、それによって罪が軽減されることもある。生前にあらゆる悪業を行ったものの、右足で草を蹴って牛に与えたことのある者は、全身を害虫たちに喰いつかれながらも、右足だけは無事でいられるという具合である。

悪思界、悪語界、悪行界で責め苦を受けた魂は、次に無始暗界に送られる。ここは暗い地獄の中でももっとも暗い場所で、死者たちは激しい吹雪や燃えさかる炎で苦しめられる。そして、悪思・悪語・悪行界と同じく、ここでも死者たちはそれぞれの罪に応じていつまでも刑罰を受けるのである。神を敬わなかった者たちは、汚らしい物を無理矢理に飲みこまされては排泄するという罰を受ける。裁判官であって不公正なことをした者は、自分の子どもの頭を開いてその脳を喰わなければならない。賄賂を取った裁判官は目をえぐられ、焼けた鉄串で突つかれ、さらに頭に楔を打ちこまれる。不倫を犯した女たちは、ハリネズミに攻撃されたり、鉄の山を乳房で掘ったりしている。

このようにして地獄の苦しみはいつまでも続く。しかも、地獄ではたった一日が数千年にも感じられるのである。

しかし、ゾロアスター教の地獄の苦しみは永遠に続くというわけではない。ゾロアスター教には最後の審判があり、そのときにはすべての死者が復活し、最終的には清められて完全な存在になるとされている。

⬇［最後の審判］

❖悪《あく》の濠《ほり》――【ダ】

マレボルジェとも呼ばれる。ダンテ作『神曲』の地獄の第八圏で、悪意のある欺瞞の罪を犯した者たちが堕ちる。激しく切り立った崖の下、深淵ともいえる地獄の底にある。崖には一カ所に滝があって、第七圏の暴虐地獄までに存在したアケロン川、ステュクス川、プレゲトン川からの流れが流れ落ちている。

悪の濠を囲む崖はあまりに高く急峻でおりていく道もなく、ダンテとウェルギリウスがやって来たときは、ギリシア神話に登場する怪物ゲリュオンの背に乗って、空を飛んで舞いおりている。

崖の下にある悪の濠の全体は漏斗状をしており、真ん中が深い井戸のような深淵になっている。悪の濠があるのはこの漏斗状をした地形の岩石質の斜面の部分で、ここに同心円状に十個の谷間が走っており、それぞれ異なる悪の濠として、十種類の罪人が罰せられている。それぞれの濠には岩でできた橋がかかっており、濠を越えて下へ下へとおりていけるようになっている。

十種類の悪の濠には、外側から次のものがある。

⬇［ゲヘナ〈ダンテの地獄〉］

〈女衒《ぜげん》・女《おんな》たらしの濠《ほり》〉 悪の濠の第一の濠で、女たちを欺いてもてあそんだ者たちが堕ちる地獄。濠の底では地獄の番人である角を生やした悪鬼たちが罪人たちを鞭を使って追い立て、罪人たちは濠の内側と外側を進む者に分かれて、それぞれが反対方向にあわただしく駆け続けている。ここで苦しむ罪人たちの中にギリシア神話のアルゴー探検隊の隊長として有名な英雄イアソンがいる。レムノス島の女王ヒュプシピュレや魔女メディアを裏切ったのが彼の罪だったが、地獄に堕ちても王者の気風を失わずに、堂々と振る舞っていたとされている。

➡［イアソン］

〈阿諛追従《あゆついしょう》の濠《ほり》〉悪の濠の第二の濠で、おべっかを使って他人を利用した者たちが堕ちる地獄。濠の底には糞尿や汚水がどろどろしており、その中で罪人たちがもがき苦しんでいる。あたりには悪臭が満ち、それに罪人たちの吐息が混じって、岸壁にはカビが幾重にも張りついている。古代アテナイの高級遊女だったタイスなどがここで苦しんでいる。しかし、タイスがここに堕ちてきたのは、彼女が遊女だったからではなく、あくまでも甘い言葉で男たちに取り入ったからだとされている。

〈聖職売買《せいしょくばいばい》の濠《ほり》〉悪の濠の第三の濠で、聖職や聖なる物品の売買を行った聖職者たちが堕ちる地獄。濠の底にはあちこちに炎の燃えさかる岩の穴があり、そこに罪人たちが逆さまに頭から押しこまれ、外に出た足だけをばたつかせて罰せられている。外から見えるのはそれぞれの穴にひとりだが、穴の奥にはもっとたくさんの罪人が押しこめられている。新しい罪人がやって来るたびに、それまでの罪人が内部に押しこまれる仕組みになっている。十三世紀後半のローマ法王ニッコロ三世もこの穴のひとつで罰せられている。

➡［ニッコロ三世］

〈魔法使《まほうつか》いの濠《ほり》〉悪の濠の第四の濠で、未来のことを予言した者たちが堕ちる地獄。ここでは罪人たちはすべて頭が後ろ向きについており、永遠に後ろ向きに進まなければならない。ギリシア神話のテバイをめぐる物語に登場する予言者のアンピアラオスやテイレシアスが、この地獄で罰を受けている。

➡［アンピアラオス］［テイレシアス］

〈汚職収賄《おしょくしゅうわい》の濠《ほり》〉悪の濠の第五の濠で、汚職や収賄の罪を犯した者たちが堕ちる地獄。濠の底にはぐらぐらとピッチ（コールタール精製後に残る黒い物質のこと）が煮えたぎっており、その中で罪人たちが煮られている。濠の上には多数の鉤つきの棒を持った翼の生えた悪魔たちがいて、罪人を引っかけては煮えたぎるピッチの中に投げこんでいる。悪魔たちはピッチの中の罪人も見張っていて、彼らが頭を出そうものならすぐにも鉤で引っかけ、皮をひんむいて再びピッチの中に投げこみ、さらに大きな苦痛を与える。

〈偽善《ぎぜん》の濠《ほり》〉悪の濠の第六の濠で、偽善者たちが堕ちる地獄。見かけだけの偽善者にふさわしく、地獄に堕ちた罪人たちは、表は金箔で覆われているために見かけはきれいだが、裏は鉛でできた恐ろしく重い外套を着せられ、永遠にその重荷を背負って歩き続ける罰を与えられている。彼らが歩く濠の底に、他の罪人と異なり、男がひとり十字架に磔にされて地面に横たえられているが、それはキリストを攻撃して十字架刑に追いやったイスラエルの祭司カヤパである。彼はその場所に横たわり、重い外套を着た罪人たちに踏みつけられるという罰を与えられている。

➡［カヤパ］

〈窃盗《せっとう》の濠《ほり》〉悪の濠の第七の濠で、窃盗の罪を犯した者たちが堕ちる地獄。濠の底には無数の蛇がいて、あたり一面を埋めつくしている。そこに素裸の罪人たちがいるが、彼らはみな背中にまわした両腕を蛇によって縛られている。そんな格好で罪人たちは地面の蛇に噛みつかれないように逃げまわっている。地面の蛇が飛びあがって罪人に噛みつくと、彼の身体は突然燃えあがり、激しい苦しみのうちに灰になる。ところが、灰は勝手に集まって、再び人間の身体に戻ってしまうので、罪人の苦しみは永遠に終わらない。

濠の底には蛇の他に半人半馬のケンタウロスがおり、罪人たちを見張っている。このケンタウロスの腰には数多くの蛇が絡みつき、背には翼の生えた火竜が乗っており、罪人たちを見かけるたびに火を放つ。

蛇には特別な種類の大蛇もいる。この蛇が人間につたのように絡みつくと、蛇と人間のふたつの身体が混ざり合い、奇怪な異形の姿ができあがり、以降罪人はその姿で暮らさなければならない。別な種類の蛇が罪人に噛みつくと、蛇と人間の姿が入れ替わり、罪人は蛇の姿で暮らすことになる。窃盗の濠でこんなことが起こるのは、窃盗を犯すような者には他我の区別がなかったからだと考えられている。

⬇［ケンタウロス］

〈権謀術策《けんぼうじゅっさく》の濠《ほり》〉 悪の濠の第八の濠で、才あるが故に不遜にも権謀術策を弄した者たちが堕ちる地獄。濠の底にはいくつもの火の玉が動いているように見えるが、その炎のひとつひとつに、ひとりずつの罪人が包まれ、焼かれている。トロイア戦争の際に、有名な木馬の計略を発案したとされるオデュッセウスや、同じくトロイア戦争に参加したディオメデスもこの地獄に堕ちているが、このふたりはなぜかひとつの炎に包まれている。ダンテとほぼ同時代のロマーニャのギベリン党のリーダーだったグイド・ダ・モンテフェルトロもこの地獄に堕ちているが、彼の言葉によると、死後に悪魔大王に仕える黒天使が迎えにきて、地獄に堕とされることになったという。

➡［オデュッセウス］［グイド・ダ・モンテフェルトロ］

〈不和分裂《ふわぶんれつ》の濠《ほり》〉 悪の濠の第九の濠で、中傷によって宗教的な分裂、社会的な不和、家族の内輪もめなどの原因を作った者たちが堕ちる地獄。谷の底にいる罪人たちはみな獄卒である悪鬼の剣で身体を切り裂かれ、血みどろ状態で苦しめられている。ある者は頭から肛門まで真っ二つに割られ、大腸が足の間にぶらさがり、内臓が見える状態で歩いている。別の者は喉に穴があき、鼻をそがれ、片耳もそがれている。首を完全に切り落とされ、それを提灯のように自分でもって歩いている者もいる。

こんな状態で罪人たちは谷底を歩き続けているが、身体の傷は谷を一周する間に治ってしまい、一周するごとに待ちかまえていた悪鬼の剣で切り裂かれる苦痛を味わわなければならない。
ダンテの時代にキリスト教徒を苦しめていたイスラム教の創始者マホメットやその娘婿のアリー、カエサルがルビコン川を渡ってローマと対立する原因を作ったとされる民政官のクリオなどが、この地獄に堕ちているとされている。

⬇［マホメット］［アリー］［クリオ］

〈虚偽偽造《きょぎぎぞう》の濠《ほり》〉 悪の濠の第十の濠で、偽金を作ったり、言葉を偽ったり、人を欺いたりした罪人が堕ちる地獄。濠の底にいる罪人たちはみな恐ろしい病気にかかって苦しんでおり、あたりには腐敗した死体の臭いが充満している。偽金を作ったために地獄に堕ちたある者は、同じ罪を犯した別の者と背中合わせに座りこみ、ふたりともが体中にできた疥癬に苦しみ、必死になってかさぶたをかき落として血塗れになっている。ギリシア神話で、実の父に恋心を抱いたために、別の女に変装して父と寝たとされるミュラもこの地獄にいて、素裸で、他人と噛みつき合いながら狂乱状態で走りまわっている。トロイア戦争のとき、巨大な木馬をトロイア城内へ引きこませるために、トロイア人相手に偽りの演技をしたギリシア人シノンは、激しい熱病にかかり、体中から湯気を立てて苦しめられている。

⬇［ミュラ］［シノン］

❖アケルシアスの湖《みずうみ》——【ギ】

プラトンが『パイドン』の中で冥界にあるとした湖。死者の魂は冥界に来るとこの湖の畔に集められ、ここで裁判を受け、罪業に応じて行く先が決められたという。この裁判では、同じタルタロス送りにも二種類あって、悪という病について治癒の見込みのない者は永遠に出られないが、治癒の見込みがある者はそこに一年間とどまった後に被害者の許しを得てそこから出ると、輪廻によって再び新しい人生を送ることができるとされた。また、もともと罪を犯していない者の魂はすぐにも地上に送られ新しい人生をはじめられた。ただし、哲学者だけは特別で、その魂は肉体から完全に解放されて、極楽浄土ともいえるイデア界に入ることができるという。

❖阿修羅道《あしゅらどう》——【仏】

仏教の六道のひとつ。人道と畜生道の間にある。地獄道、餓鬼道、畜生道は悪をなした者が堕ちる世界だが、阿修羅道、人道、天道はどちらかといえば善をなした者が転生する世界とされる。

阿修羅はインドで古くから信じられていた悪神で、ヴェーダ時代にはアスラと呼ばれ、善神たちと争った。この物語は仏教にも持ちこまれ、四人の阿修羅王の連合軍が、帝釈天《たいしゃくてん》の軍団と激しく戦い、最後に敗れたとされている。仏教の六道では、阿修羅道は人道よりも下位に置かれているが、阿修羅王たちの力は人間を超えており、ほとんど神の域に達しているのである。

　阿修羅道のある場所には諸説あるが、『正方念処経』によると、大きく二種類に分けられる。そのひとつは、餓鬼道の中に含まれるもので、この阿修羅道に堕ちた者たちは魔身餓鬼という神通力のある餓鬼として生きている。これについて源信の『往生要集』は阿修羅の中でも支流の劣った者がここに堕ちると説明している。もうひとつが本来的な阿修羅道といえるもので、須弥山《しゅみせん》のそばの大海の底にあり、四種類の阿修羅道が縦に重なっているとされる。第一の阿修羅道は海の地下二万千由旬《ゆじゅん》にあり、羅睺《らご》阿修羅王が支配している。第二は羅睺阿修羅道の地下二万千由旬にあり、勇健《ゆうけん》阿修羅王が支配する。第三は勇健阿修羅道の地下二万千由旬にあり、華鬘《けまん》阿修羅王が支配する。第四は華鬘阿修羅道の地下二万千由旬にあり、毘摩質多羅《びましったら》阿修羅王が支配するとされる。

　阿修羅道に堕ちた者たちの寿命はその種類によって異なり、第一の阿修羅道では人間の五百年を一日一夜として五千年、第二阿修羅道では人間の六百年を一日一夜として六千年、第三阿修羅道では人間の七百年を一日一夜として七千年、第四阿修羅道ではほとんど計算できない長さだとされている。

　そして、阿修羅道に堕ちた者たちは一日三回戦場に駆り出され、必死の戦いを強いられる。しかし、阿修羅道での生活はけっして苦しいものではない。阿修羅道の城はどれも立派で、風景も美しく、人々は女たちに囲まれて享楽のうちに暮らしている。

阿修羅の民たちがこのように暮らせるのは、最低の種類のものではあるが彼らが善をなしたためだといわれる。その善というのは、まったく心のともなわない善で、王が自分の権力を見せびらかすために人々に動物を殺すことを禁じたり、博打で儲けた金で遊び半分に布施をするなどの行為が含まれるとされる。

➡［六道］［阿修羅王］

❖アスポデロスの野《の》――【ギ】

ギリシアの冥界ハデスの国にある野原で、一般的な亡霊の棲む場所とされる。『オデュッセイアー』によると、オデュッセウスに殺されたペネロペの求婚者たちの魂は、みなヘルメス神によってこの場所に案内されて来る。このときこの野には、アキレウス、パトロクロス、アイアス、アガメムノンなど、トロイア戦争に参加した勇士たちの霊が集まっていたとされている。

➡［オデュッセウス］［アキレウス］

❖アメンティ――【エ】

古代エジプトの都市アビドスで信じられていた冥界で、「見えない場所」の意味。アビドスの死の神ケンティ＝アメンティウが支配していた。オシリス信仰の高まりとともに、ケンティ＝アメンティウはオシリスと同一視され、冥界アメンティもより大きな冥界ドゥアトの一部分となった。

➡［ドゥアト］［オシリス］

❖異端地獄《いたんじごく》——【ダ】

ダンテ作『神曲』の地獄の第六圏で、キリスト教における異端者たちが堕ちるとされている。この地獄はハデスの町のすぐ内側にあり、他の地獄圏と異なって全体は平らな土地で、至るところに墓がある。この墓のふたはすべて開いているが、墓と墓の間から炎が吹きだしているため、墓はみごとに焼けこげていて、その中にいる魂たちは苦しげにうめき声をあげている。ここにはあらゆる種類の異端者たちが埋められているが、近い思想の者たちが近くにまとま

るように埋められている。霊魂が肉体とともに破滅すると説いたエピクロスとその一派の者たち、テッサロニカの聖職者フォティヌスと親交を結んだ法王アタナシウスなどがこの地獄にいる。墓のふたがすべて開いていることについては、最後の審判が終わり、魂たちが地上に残してきた死体を身につけた後で、ふたが閉められると説明されている。

⬇［ゲヘナ〈ダンテの地獄〉］［ハデスの町］

ヴァルホル――【北】

北欧神話において戦争で勇敢に死んだ兵士たちが赴くとされた宮殿。神々の住む世界アスガルズにある一種の天国のような場所で、エインヘリャルと呼ばれる戦死者たちが暮らしていた。ヴァイキング時代以前の北欧では戦争で死ぬことこそ名誉なことであり、主神オージンが彼らのためにこの宮殿を用意したとされた。

宮殿の前にはヴァルグリンドという門があり、宮殿には五百四十の扉があった。そして、ひとつの扉について八百人のエインヘリャルが住んでいた。

ヴァルホルの屋根にはヘイズルーンという牝山羊がいて、レーラズという木の葉をかじっていたが、この牝山羊の乳は蜜酒で、エインヘリャルたち全員が毎日十分に飲めるほどの量をたらしていた。また、同じ屋根の上にはエイクシュニルという牝鹿がいたが、この鹿の角からは大きな滴がしたたり落ち、冥界ニブルヘイムにあるフヴェルゲルミルの泉に流れこんでいたとされる。

⬇［エインへリャル］［ニブルヘイム］

❖エリュシオンの野《の》——【ギ】

ギリシア神話で世界の果てにあるとされる一種の極楽。『オデュッセイアー』では、そこは人間にとって安楽な国で、雪も大雨も降らず、冬の暴風雨も穏やかで、一年中オケアノスが西風（ゼピュロス）を送りこみ、人間を元気にするとされている。また、金髪のラダマンテュスがこの国を支配していると語られている。しかし、アキレウスでさえ普通の冥界であるアスポデロスの野に住むことからもわかるように、エリュシオンの野に送られた人物は少ない。『オデュッセイアー』の中では海神ネレウスが、アガメムノンの弟メネラオスがそこに送られるだろうと予言している。

⬇［ラダマンテュス］［アスポデロスの野］

❖エレボス——【ギ】

ギリシア神話の冥界の深みの暗黒界。エレボスは暗黒の意で、もとはカオスから生まれた原初神のひとつだが、人格はなく、単に冥界の暗闇を意味することが多い。

❖餓鬼道《がきどう》――【仏】

仏教の六道のひとつで、精神的にも物質的にも貪欲に生きた者が転生するとされる世界。六道の中では畜生道と地獄道の間にあり、地獄道に次いで大きな苦しみがある。

餓鬼道に転生した者を餓鬼というが、餓鬼は原語はPretaあるいはPetaで、もともとは祖霊という程度の意味だった。祖霊という言葉にはもちろん悪い意味はなく、閻魔をヤマと呼んだ『リグ＝ヴェーダ』の時代には、その住処も天にあるとされた。しかし、時代とともに祖霊の住処は地下に移り、仏教の宇宙観で人間が暮らしているとされる贍部州《せんぶしゅう》の地下に移され、因果応報思想の発展によって餓鬼道という特別な場所になったとされる。

餓鬼道があるのは地獄と同じ地下だが、地獄ほど深い場所ではなく、贍部州の下五百由旬《ゆじゅん》の場所だとされる。

⬇［六道］［餓鬼］［閻魔王］［ヤマ］

❖九幽地獄《きゅうゆうじごく》――【道】

道教の地獄の一種。五行思想における中央および東西南北の五方位に対応した地獄で、次の九獄があるとされる。

〈東方風雷の獄《とうほうふうらいのごく》〉激しい風が吹き止まず、雷が鳴り、戈《か》や戟《げき》が飛び交っている地獄。罪人はこれに当たって身体がバラバラになり、内臓がうがたれる。

〈南方《なんぽう》火翳《かえい》の獄《ごく》〉罪人が火を飲まされ、炭を喰わされ、身体中が焼けただれてしまう地獄。しかも、罪人の頭の上には火山があり、身体中の節々から火が吹きでる。

〈西方金剛《せいほうこんごう》の獄《ごく》〉金槌、鉄丈で乱打されて、罪人の身体がただれ、筋骨が崩れる。また、鉄叉が腹をうがって、金槌が心を塞ぐ。

〈北方溟冷《ほっぽうめいれい》の獄《ごく》〉罪人が冷たい池に沈められ、氷の戟、霜の刃で筋骨を突かれ砕かれる。さらに、百毒の汁をかけられて身体は溶けただれ、心腹を破壊される。

〈中央《ちゅうおう》普掠《ふりゃく》の獄《ごく》〉罪人に耐え難い拷問が与えられ、筋が断たれ血が流れる。罪人が気絶すると、獄卒が鉄叉で刺して刀山剣樹の山の上に追い立てる。そこには激しい風が吹いており、罪人の足は剣のためにずたずたになる。

〈東南方銅柱《とうなんぽうどうちゅう》の獄《ごく》〉燃えさかる銅の柱があり、罪人はその柱に抱きついてのぼらされる。このために身体は表裏まで焼けただれ、腹背から膿が出る。

〈西南方屠割の獄《せいなんぽうとかつのごく》〉罪人が逆さづりにされ、刀剣を持った獄卒たちに四肢、筋脈、皮膚、五臓を切り刻まれる。地面にはつるされた罪人たちの血があたり一面に満ちている。

〈西北方火車の獄《せいほくほうかしゃのごく》〉罪人は頭両手両足を五台の車に結びつけられ、ばらばらにされる。または、火車に乗せられて焼かれる。火車には車輪に刀がついていて、回転しながら罪人を切り刻む。

〈東北方鑊湯の獄《とうほくほうかくとうのごく》〉罪人は鉄叉で刺されて釜ゆでにされ、五体が崩れる。あたりには吹きだした膿や血が充満して耐え難い。

❖叫喚地獄《きょうかんじごく》――【仏】

仏教の八大地獄のひとつで、殺生、盗み、邪淫の罪のほかに酒の売買を行った者が堕ちる地獄。八大地獄の中では上から四番目にあり、縦横一万由旬《ゆじゅん》の正方形の広がりで、高さは約二千七百由旬ある。

叫喚地獄では頭が金色で、目から火を吹きだし、赤い衣服を着た巨大な獄卒がいて、罪人を追いかけまわして弓で射ているが、この地獄の責め苦の中心は罪人を煮たり焼いたり煎ったりすることにある。ある者は深い鍋に、ある者は釜に、ある者は浅い鍋に投げこま

れて焼かれたり煮られたりされ、そのあげくに口から焼けた銅を流しこまれて内臓まで焼かれてしまう。焼かれている間、罪人たちは大声でわめき続けるが、その声がすさまじいので叫喚地獄といわれるとされている。

人間界の四百年が兜率天《とそつてん》の一日とされ、兜率天の四千年が叫喚地獄の一日とされるが、罪人たちはこの地獄で四千年を過ごさなければならない。

叫喚地獄の四方には四つの門があり、その外側に、大吼処《だいくしょ》、普声処《ふしょうしょ》、髪火流処《はっかるしょ》、火末虫処《かまっちゅうしょ》、熱鉄火杵処《ねってつかしょしょ》、雨炎火石処《うえんかせきしょ》、殺殺処《せっせつしょ》、鉄林曠野処《てつりんこうやしょ》、普闇処《ふあんしょ》、閻魔羅遮曠野処《えんまらしゃこうやしょ》、剣林処《けんりんしょ》、大剣林処《だいけんりんしょ》、芭蕉烟林処《ばしょうえんりんしょ》、煙火林処《えんかりんしょ》、火雲霧処《かうんむしょ》、分別苦処《ふんべつくしょ》の十六小地獄が付属している。

➡［六道］［八大地獄］［十六小地獄］

〈大吼処《だいくしょ》〉心身を清める斎戒を行っている人に酒を与えた者が堕ちる小地獄。人に酒を飲ませたように、熱した白鑞を口の中に無理矢理に注ぎこまれて苦しめられる。このときに罪人は咆吼の叫び声をあげるが、この叫び声は空までも響き、しかもこれを聞くと、獄卒たちはそれまでに倍して怒りを発し、罪人を苦しめる。

〈普声処《ふしょうしょ》〉自ら飲酒を楽しむばかりか、受戒したばかりの人に酒を飲ませた者が堕ちる小地獄。罪人たちは獄卒の手で杵でつかれて苦しめられるが、罪人の絶叫は地獄ばかりか鉄《てっ》囲山《ちせん》世界のすべてに響きわたるとされる。

〈髪火流処《はっかるしょ》〉五戒を守っている人に酒を与えて戒を破らせた者が堕ちる小地獄。熱鉄の犬が罪人の足に噛みつき、鉄のくちばしを持った鷲が頭蓋骨に穴をあけて脳髄を飲み、狐たちが内臓を喰いつくす。

〈火末虫処《かまつちゅうしょ》〉水で薄めた酒を売って大儲けした者たちが堕ちる小地獄。人間の身体を構成する地・水・火・風の四元素から起こる四百四病のすべてが存在しているが、この病の強さは、ただ一病だけで地上の人間を死滅させる力を持ち、罪人たちを苦しめる。また、罪人の身体からは無数の虫がわきだし、肉や骨や髄までも喰い破り、罪人たちがのたうちまわる。

〈熱鉄火杵処《ねってつかしょしょ》〉鳥や獣に酒を与えて、酔わせた後に捕らえて殺した者が堕ちる小地獄。獄卒たちが鉄の杵を振りかざして逃げる罪人を打ちつけ、砂のように細かく砕いてしまう。罪人たちがもとの身体に戻ると、今度は鋭い刀で少しずつ身体を削り、ばらばらにする。

〈雨炎火石処《うえんかせきしょ》〉旅人に酒を飲ませ、酔ったところで財産を奪った者たちが堕ちる小地獄。

象に酒を飲ませて暴れさせ、多くの人々を殺した者たちも堕ちる。地獄には熱く焼けて炎を発する石が雨のように降りかかり、罪人たちを撃ち殺す。また、高熱で溶けた銅とハンダと血の混じった川が流れており、罪人たちを押し流しながら焼いてしまう。全身から炎を発して燃えさかる巨大象もいて、罪人を押し潰す。

〈**殺殺処**《せつせつしょ》〉貞淑な夫人に酒を飲ませて酔わせた後に関係した者が堕ちる小地獄。獄卒たちが熱鉄の鉤で罪人の男根を引き抜き、それが再び生えてくると繰り返し引き抜いて苦しめる。苦しさから罪人が逃げだすと、あたりで待ちかまえていた無数の烏、鷲、鳶などが罪人を襲って喰いつくす。

〈**鉄林曠野処**《てつりんこうやしょ》〉酒に毒薬を混ぜて人に与えた者が堕ちる小地獄。地獄には燃えさかる鉄の車輪があり、獄卒はそこに罪人を縛りつけると車輪を回転させ、弓を射て罪人をずたずたにする。

〈**普闇処**《ふあんしょ》〉酒を売る仕事をしながら、人の無知につけこんで、少しの酒を高価な値段で売った者が堕ちる小地獄。あたりは暗く、獄卒たちは、罪人が誰であるかもわからずに打ちつけて苦しめ、炎の中で頭から真っ二つに引き裂く。

〈閻魔羅遮曠野処《えんまらしゃこうやしょ》〉病人や妊婦に酒を与えて、彼らの財産や飲食物を奪った者が堕ちる小地獄。罪人は足から徐々に上へと燃えていき、最後に頭まで燃え、獄卒は鉄刀で罪人の身体を足から上へと切り刺していく。

〈剣林処《けんりんしょ》〉荒野を旅する人をだまして悪酔いする酒を与え、荒野の中で泥酔させてその持ち物や命を奪った者が堕ちる小地獄。燃えさかる石が降り注いで罪人を焼きこがし、その身体を切り裂く。沸騰した血の川には熱した銅汁と白鑞が混ざって流れ、罪人を煮る。また、獄卒は、刀とからざおを持って罪人を打ちつける。

〈大剣林処《だいけんりんしょ》〉人里離れた荒野の中の街道で酒を売った者が堕ちる小地獄。鋭く尖った高さ一由旬の剣樹の林がある。樹の幹は燃えさかり、枝には刀の葉が無数に生えている。広大な林のまわりには獄卒たちがいて、刀を振りまわして罪人たちを大剣林の中に追いこむ。すると、剣樹の枝から刀が降り注いで罪人を切り刻む。罪人は外へ逃げようとするが、獄卒たちは刀やからざおを振りまわして逃がさない。

〈芭蕉烟林処《ばしょうえんりんしょ》〉貞淑な婦人に密かに酒を飲ませていたずらをしようとした者が堕ちる小地獄。小地獄の中はすべて煙が充満していて前が見えず、その底に熱く熱した鉄板が広がっており、罪人たちを焼き苦しめる。

〈煙火林処《えんかりんしょ》〉他人に酒を与えて、憎む相手に復讐させた者が堕ちる小地獄。熱風が罪人を空中に吹きあげ、罪人同士が互いにぶつかり合い、ぶつかり合いながら砂のように砕けてしまう。

〈火雲霧処《かうんむしょ》〉他人に酒を飲ませて酔わせ、物笑いにした者たちが堕ちる小地獄。炎が地面から百メートルもの高さまで吹きあがり、獄卒が罪人をその炎の中に入れると罪人の身体は熱風のために吹きあげられ、激しく回転し、縄のようにねじられてついに消滅してしまう。

〈分別苦処《ふんべつくしょ》〉使用人に酒を与えて勇気づけ、動物を殺生させた者が堕ちる小地獄。

❖ゲヘナ——【ユ・キ】

ユダヤ教・キリスト教の地獄。古代イスラエルではすべての死後の魂はシェオールという冥府へ赴くとされたが、時代とともにこのシェオールから地獄であるゲヘナや煉獄が分化したという。そして、死者の魂は、普通の者はシェオールへ赴くが、とくに罪深い者やすぐれた者は死後の審判を経ずに、直接ゲヘナやエデンに赴くと考えられた。

ゲヘナはもともとはイスラエルのはずれにあったヒンノムの谷を指したといわれる。この谷はトペトと呼ばれる祭壇だったが、その役割がなくなってからはごみ捨て場となり、罪人や浮浪者の死体までが捨てられるようになった。このため、悪臭と火のイメージが与えられ、ゲヘナが地獄と同一視されるようになったという。

地獄となってからのゲヘナは大地の下の深淵の底にあるとされた。この深淵は地上と小さな穴で通じており、その穴の入口はヒンノムの谷にあるという考えもあった。

ヘブライの古い宇宙観の中には、七つの天が七つの大地をつりさげているとするものがあるが、この考え方ではゲヘナは下から二番目の第六の大地であるアルクァにあるとされた。また、この考えではゲヘナの中が七層に分かれており、その最上層がシェオールであり、その下に破滅、死の影の門、死の門、沈黙、腹、最下の窖《あなぐら》があるとされた。大きさは非常に巨大でエデンの六十倍とも世界の六十倍ともいわれ、もちろん無限だという考えもある。さらにゲヘナの中にはいくつかの宮殿があり、そのそれぞれに六千の館があり、その中に死後の魂を苦しめる火と憎しみの容器が六千個あるという。

ゲヘナの支配者は当初はアシエルあるいはアルシエルという冥界の神だった。しかし、ユダヤ教・キリスト教の伝承では、聖書の中で唯一神と敵対する怪物や異端の神々などがみな悪魔として地獄の住人とされるようになり、地獄の王もいろいろな名で呼ばれるようになった。また、ユダヤ教・キリスト教とは無関係な古代ギリシア・ローマ・エジプトなどの神々も地獄の住人とされた。ミルトンの『失楽園』にはこの種の悪魔が数多く紹介されているが、それによれば『旧約聖書』に登場する神々（怪物）では、ビヒモス、レヴィアタン、ルシファー、ベルゼブブ、バアル、モーロック、マンモン、ベリアル、ケモシ、タンムズ、ダゴンなどが、それ以外の神話の神々（怪物）としては、オシリス、イシス、ホルス、アスタルテ、ティタン、ハルピュイアイ、キマイラ、ケルベロス、スキュラ、ハデスなどが地獄の住人だったとされている。

十六世紀頃になると、これら地獄の悪魔たちは一種の君主国を作っているという考え方も登場した。中でも有名なヨハネス・ヴァイアーの説では、地獄には七四〇万五九二六のデーモンがおり、それが七十二の集団に分かれているうえに、それぞれの悪魔が司令官や副官、首領や主計官といった地位を持っているとされている。

地獄の苦しみも古くからいろいろなものが描かれている。最も古くから知られているのは炎や蛇による責め苦だが、紀元三世紀頃に書かれたとされている『パウロの黙示録』の異本のひとつでは、天使はパウロに対して地獄の責め苦は全部で十四万四千だといっている。

しかし、以上に述べたこともゲヘナについて語られていることのごく一部に過ぎない。そこで、ここではゲヘナについてのさまざまな言及の中から次の四例を紹介したい。

〈ペテロの地獄《じごく》〉紀元二世紀頃に書かれたとされる『ペテロの黙示録』（新約聖書外典）は、『パウロの黙示録』（新約聖書外典）と同様にヨーロッパ中世の地獄観に多大な影響を与えた文献である。その内容は、キリストがペテロに対して、最後の審判の日に何が起こるかについて語ったとされる事柄を述べたものだが、その中に詳細な地獄描写を含んでいる。

それによると、ゲヘナにはいくつもの深くて暗い穴があり、罪人たちはその罪にふさわしい穴に落とされ、その中でいろいろな罰を受けている。真理の道を罵った者たちが落ちる穴では罪人たちは自分の舌でつりさげられ、下から炎で焼かれている。真理を否定した者たちが落ちる穴では刑罰の天使たちがあたりを巡視し、火をたいている。男を誘惑して不倫の関係を持った女たちは髪の毛でつりさげられて焼かれる。この女たちと関係を持った男たちも同じ穴で苦しめられる。中でも恐ろしいのは主が造った作品である子どもを堕胎した女たちが落ちる穴で、それは他の穴よりもはるかに深く大きく、糞尿を含めてこの世で忌み嫌われるものが四方八方から流れこんでおり、女たちはその中に首まで浸かって恐ろしい拷問を受けなければならない。しかも、この穴の正面には彼女たちによって堕胎された子どもたちが座る場所があり、子どもたちからせん光が発して女たちの目に穴をうがつのである。

『ペテロの黙示録』には、他にもいくつかの責め苦が紹介されているが、以上に見たようにその基本は闇と炎で、これがヨーロッパにおけるゲヘナの最も基本的な姿といえそうである。

〈グノーシス派《は》の地獄《じごく》〉三世紀頃に書かれたとされる『ピスティス・ソフィア』という書物に当時のキリスト教グノーシス派の考えによるゲヘナの姿が描かれている。

それによると、ゲヘナはこの世の外にあって暗黒に取り巻かれているが、その暗黒は口に尻尾をくわえた巨大なドラゴンだという。そして、その内側にあるゲヘナには恐ろしい責め苦に満ちた十二の土牢があり、そのそれぞれに支配者がいる。第一の土牢の支配者はエンクトニンと呼ばれる者で、ワニの顔をしており、口に尻尾をくわえている。二番目の土牢の支配者はカラカルといい、猫の顔をしている。以下、犬の顔をしたアンカロク、蛇の顔をしたアクロカル、牡牛の顔をしたマルコウル、猪の顔をしたラムカモル、熊の顔をしたロウカル、禿鷹の顔をしたララオク、バジリスクの顔をしたアルケオク、七匹のドラゴンの頭を持つハルマロク、七匹の猫の頭を持つロカル、七匹の犬の頭を持つクレマオルが支配しているが、このうちハルマロク、ロカル、クレマオルは多数存在しているという。とはいえ、十二の土牢の支配者たちは一時間ごとに名前を変え、顔も変えてしまうとされている。

　地獄である以上は罪人たちの死後の魂がやって来るわけだが、これらの罪人たちはゲヘナを取り巻くドラゴンの尻尾の穴から、恐ろしい土牢の中へ落とされるという。罪人を尻尾の穴に入れる間だけ、ドラゴンは尻尾を口から放し、罪人が入りこんだ後で再びそれをくわえて罪人を閉じこめてしまうのである。

　地獄の責め苦はここでも基本的には火炎だが、その炎はこの世の炎の九倍の苦しさで、その他に氷、霰《あられ》、雹《ひょう》などに閉じこめられる苦しみもあるという。また、それぞれの土牢には天に向かって開いた扉がついているが、そこから天使が見張っているとされている。

〈ダンテの地獄《じごく》〉　キリスト教の地獄の中でも最も壮大かつ精緻に構築されているのはダンテの『神曲』に描かれた地獄だろう。一三〇〇年頃に書かれた『神曲』には当時のヨーロッパ人の地獄観がほぼ正確に表されているといえる。『神曲』の主人公は三十五歳のダンテ自身で、ちょうど一三〇〇年の復活祭の夜にローマ時代の詩人ウェルギリウスの霊に出会い、約一週間かけて地獄、煉獄《れんごく》、天国を旅するという物語になっており、その中で地獄、煉獄、天国の様子が細かに描かれている。
　それによれば地獄は地球の北半球の地下、ちょうどエルサレムの真下にあり、巨大な漏斗状をしているという。漏斗状の地獄の最下部には悪魔大王がいるが、それはまさに地球の中心で重力が集まる場所になっている。
この漏斗状の地獄の斜面に、同心円状にいくつもの圏谷があり、その圏谷ごとに特有の地獄の責め苦があるとされているが、それらの地獄は外側から次のように配置されている。

地獄の入口……地獄前地
地獄第一圏……辺獄
　第二圏……邪淫地獄
　第三圏……大食漢地獄
　第四圏……貪婪乱費《どんらんらんぴ》地獄
　第五圏……憤怒地獄
上層地獄と下層地獄の境界……ハデスの町
地獄第六圏……異端地獄
　第七圏……暴虐地獄
　第七圏第一円……プレゲトン川
　　第二円……自殺者の森
　　第三円……熱砂の荒野
　第八圏……悪の濠

第八圏第一円……女衒《ぜげん》・女たらしの濠
　第二円……阿諛《あゆ》追従《ついしょう》の濠
　第三円……聖職売買の濠
　第四円……魔法使いの濠
　第五円……汚職収賄の濠
　第六円……偽善の濠
　第七円……窃盗の濠
　第八円……権謀術策の濠
　第九円……不和分裂の濠
　第十円……虚偽偽造の濠
第九圏……反逆地獄
第九圏第一円……カイーナ
　第二円……アンテノーラ
　第三円……トロメーア
　第四円……ジュデッカ
地獄の最深部……悪魔大王

地獄が漏斗状をしており、その中心に悪魔大王がいるのには次のようなわけがある。悪魔大王はダンテによってルシファー、ベルゼブブなどと呼ばれているが、もとは天界で一番美しい天使とされたルシファーだった。が、彼は自分が一番すぐれていると思いあがったために悪魔として天界から追放され、地球に落とされてしまった。このとき、大地は落ちてくるルシファーに触れるのを嫌って身をよじり、このために大地に漏斗状の裂け目が生じ、その最下部にルシファーが落下して突き刺さったのである。

また、悪魔大王が突き刺さっている場所は細いトンネルの入口となっており、そのトンネルを通じて南半球に出ることができる。このトンネルの出口はちょうどエルサレムの反対側にあたるが、そこには煉獄山がそびえており、その上空には天国の存在する天界が広がっているのである。

地獄、煉獄、天国のうち、地獄と煉獄には似たような責め苦が存在する。しかし、地獄と煉獄の性格ははっきりと異なっており、地獄には救いがないが、煉獄には救いがある。煉獄は罪を清める場所なので、煉獄に堕ちた罪人はやがて天国に昇る可能性を持っているが、地獄の住人にはそんな可能性は残されていない。地獄にはそれだけ重い罪を犯した者が堕ちるので、地獄に堕ちた亡者たちは、最後の審判の日まで地獄で苦しみ続けることになるのである。

➡［煉獄］［最後の審判］［悪魔大王］

〈スウェデンボルグの地獄《じごく》〉近代以降に死後の世界について語ったヨーロッパ人としては、何といっても十八世紀のスウェーデン人スウェデンボルグが有名である。彼は自ら人間が死後に赴く霊界を繰り返し訪れたと主張しており、その体験に基づいて数多くの文献を書き残しているが、それによって多くの人々に多大の影響を与えたことで知られている。

ここではスウェデンボルグの著作『天界と地獄』をもとに彼の描く地獄を紹介するが、そのためにはまず彼の考える霊界の全体像をとらえる必要がある。

スウェデンボルグによれば、霊界とはこの世の人間の死後の霊が赴くところで、そこには太古の昔からこの世に誕生して死んだすべての人間の霊が棲んでいる。また、霊界には動物、植物、鉱物、太陽、月、星、雲、霧、雨、雷などこの世に存在するあらゆるものが存在している。このために、実際に死んで霊界に赴いたにもかかわらず、自分が霊界にやって来たことに気づかない霊さえも存在するほどだという。

しかし、たとえ外見が似ていたとしても、霊界とこの世の自然界は本質的な部分で異なっている。外観上霊界に存在するように見えるすべての物は、そこに棲んでいる霊の内部から発出して存在しているので、それ自体として存在しているのではないからである。もしもそれがこの世であれば、たとえ誰が住もうと砂漠地帯は砂漠地帯だが、霊界においてはそうではない。霊界では棲んでいる霊の性格によって環境が変わってしまうので、善良な霊の棲む天界がすばらしい場所であり、邪悪な霊の棲む地獄がおぞましい場所なのもほとんどそのためだといっていい。したがって、霊界の領域そのものもけっして自然界の延長に位置づけることはできない。霊界は天空にあるのでも地下にあるのでもなく、自然界とはまったく別の霊的次元に存在するのである。

地獄が存在するのはまさにこのような霊界だが、霊界には地獄の他にいわゆる天国である天界と、天界と地獄の中間地帯である霊の世界があるとされる。このうち、死後の霊が最初に訪れるのは中間的な霊の世界だとされる。現世において特別に善良だった人間あるいは特別に邪悪だった人間は、この中間地帯を経ずに死後すぐにも天界や地獄に赴くことになるが、そうでない大多数の人間の霊は必ずこの世界にやって来るのである。

この中間的な霊の世界において、天界に行くべき霊と地獄に行くべき霊とが振り分けられることになる。こういうと、この場所で死後の審判のような裁判が行われるように感じられるが、スウェデンボルグの霊界にはそのような裁判は存在しない。スウェデンボルグによれば、死後の霊が天界に進んだり地獄に進んだりするのは、あくまでもその霊自身の自由な選択によるのである。それはこういうことである。スウェデンボルグの霊界では、似たような性向を持つ霊たちがごく自然に集まるという法則があるが、霊界においては霊たちはけっして自分の性向を偽ることができない。これは霊界においてはその環境までが霊たちの内面の発出であったように、霊たちの内面が直接的に外観に反映してしまうからで、心に邪悪な気持ちを持つ霊は、いつしか必ずそのような性向をはっきりと外に表してしまうことになる。こうして、中間的な霊界にいる間に霊たちはその性向によって自らの好みに応じて、悪あるいは善を選び取ってしまうことになるのである。また、中間的な霊界には天界と地獄に通じる入口が用意されているが、それぞれの入口はそこを通る資格のある者にしか見えないので、これによって霊たちは自ら天界と地獄に振り分けられることになるのである。ただし、霊たちがその性向をはっきりと表し、天界あるいは地獄に赴くことが決定されるまでの期間は、それぞれの霊によって異なっている。死んだ人間の霊は約三日後には中間的な霊の世界にやって来るとされるが、そこにとどまっている期間は、数日間、数週間あるいは数年間であることもあるという。しかし、最大でも三十年以上はとどまらないという。

さて、このようにして死後の霊たちは天界あるいは地獄に赴くことになるが、天界と地獄にはいくつかの共通点がある。最も大きな類似点はその構成で、天界にも地獄にも大きく分けて三つの階層があるという。最高天の第三天に対立した最低の地獄、中間の第二天に対立した中間の地獄、最低の第一天に対立した高い地獄である。また、これらの階層の中にほとんど無限の小社会があるが、その数も天界と地獄では一致している。三つの階層の配置にも対応関係がある。天界ではすべてが天界の太陽の位置を東として、すぐれた者ほど東に位置しているという特徴があるが、地獄ではその反対に、とりわけひどい者ほど西に位置しているとされている。

もちろん、天界と地獄の環境には雲泥の差がある。天界に住む者はみな天使であって、翼は生えていないが、至福の生活を送っている。彼らはみなもと人間であって、この世の人間界と似たような暮らしをしており、そのためにときには問題も起こるが、天使たちには善なるものへ向かおうとする向上心があり、互いに助け合う精神も存在している。

これに対して地獄は悲惨である。スウェデンボルグは自らがかいま見た地獄の風景を描写しているが、それによれば、ある地獄には火事で焼けた家や町のようなものが見え、そのような場所に霊たちが隠れ棲んでいるし、それよりもましな地獄では粗末な小屋のようなものがあって、そのような町で霊たちが互いにいがみ合ったり憎み合ったりし、街路でも犯罪が横行しているという。また、ある地獄には売春宿があり、汚物と排泄物に満ちており、別な地獄には密林や不毛の砂漠があって、その中を霊たちがうろついているという。ただし、ここで注意する必要があるのは、地獄に堕ちた霊にとっては、そのような悲惨もとくに悲惨と感じられないということである。地獄にはその外側から見れば燃えさかる炎としか見えないものもあるが、内部にいる霊にはそれが炎とは見えず、単に大気中にいるように感じるのである。また、地獄の霊たちは仲間同士の間ではお互いに人間であるように見えるが、天界の霊から見れば、彼らはみな怪物の姿をしているのだという。このような環境を少しも不自然と思わないからこそ彼らは地獄に堕ちたのであり、それこそが彼らの不幸だといえそうである。

スウェデンボルグは地獄の周縁部分についても述べているが、地獄の最西端の最悪の地獄の外側には暗い森があり、とくに邪悪な霊が獣のようにさまよっているとしている。また、地獄の各階層の中では北側ほど恐ろしい地獄があるが、北側の外側は西側と同様の暗い森で、南側の外側は砂漠になっているという。

❖黄泉《こうせん》——【中】

古代中国において死者の魂が赴くとされた世界。単に死後の魂が集まるという程度の曖昧な世界で、そこで死後の生活が行われているわけではなかった。

『春秋左氏伝』の前七二二年の条に黄泉に関する記述があり、黄泉がそれほど深くない地下にあり、穴を掘れば到達できるくらいの場所にあることをうかがわせている。それによると、昔、鄭《てい》国の王である荘公は裏切りを働いた母を城潁《じょうえい》に幽閉し、「黄泉の国に行くまでけっして会わない」と誓いを立てたが、後に後悔した。この話を、あるとき宮廷を訪れた役人が聞き、「それならば泉の水が地下水となって湧きだすところまで地面に穴を掘り、そこで母親と会えば約束を破ったことにはならないでしょう」とアドバイスした。これを聞いた荘公は喜んでそのとおりにし、母親と仲直りしたというのである。

この他にも、古代中国では鉱夫たちの働く場所は黄泉に取り巻かれていたという考えがあって、黄泉が比較的浅い地下にあったことを示している。

❖傲慢《ごうまん》の環道《かんどう》——【ダ】

ダンテ作『神曲』の煉獄《れんごく》の第一の環道で、傲慢の罪を清めるための場所。ここにいる亡霊たちは誰も自らの傲慢さを象徴する巨大な石を背負って、傲慢の罪が消え去るまでいつまでも歩き続けるという試練を与えられる。石の大きさは人それぞれ異なるが、どれも十分に大きく重く、人々は傲慢に生きていた頃とは正反対に、顔もあげることができず、身体を折るようにして歩かなければならない。

環道は煉獄山の山腹に沿った岩棚の上の道で、登り口はなく、山腹を円周状に取り巻いており、幅が人の身長の三倍分ほどある。環道の山側の岸壁には、白い大理石の彫刻が道に沿って絵巻物のように飾られている。これらの彫刻は謙遜の徳を讃えたもので、受胎告知、ダビデ王、皇帝トラヤヌスの像などがある。岩棚の道の上にも彫刻が彫られている。もっとも美しい天使でありながら神に反逆して地獄に堕とされたサタン。自分が子宝に恵まれたことを女神に向かって自慢したために子どもたちを殺され、自らも石に変えられたギリシア神話のニオベ。バベルの塔を築こうとして失敗したニムロデ。女神アテネと織物の腕を競い合って蜘蛛に変えられたアラクネ。繁栄を極めながらギリシアに滅ぼされたトロイア市。道の上に彫られているのはこれらの彫刻で、どれも傲慢の罪によって落ちぶれたものの例である。

この環道を歩き続けて、傲慢の罪が清められたと神が認めた者は、第二の環道へ通じる石段をのぼることができる。ここに天使が待機していて、額に彫られた七つのPのひとつを消し、「心の貧しき者は幸いなり」という福音の言葉を告げる。Pの文字がひとつ消えるとその分だけ身体が楽になり、石段をのぼるのも道を進むのもそれまでよりはるかに楽になる。

煉獄山は上に行くほど細くなるので、それを取り巻いている環道も、上に位置するものほど全体の長さは短くなり、カーブも急になる。

⬇［ゲヘナ〈ダンテの地獄〉］［ニムロデ］［七つの大罪］［ペテロの門］［煉獄］

◈黒縄地獄《こくじょうじごく》——【仏】

仏教の八大地獄のひとつで、殺生と盗みの罪を犯した者が堕ちる地獄。八大地獄の中では上から二番目にあり、縦横一万由旬《ゆじゅん》の正方形の広がりで、高さは約二千七百由旬ある。

黒縄というのは、ひもに墨をつけて直線を引くための物で、かつて大工などが使っていた器具のこと。黒縄地獄の責め苦はこの器具に関係しており、獄卒たちは罪人たちを熱鉄の上に押し倒し、さらに熱鉄の縄を使ってその身体に何百何千本もの直線を引く。それから、獄卒たちは斧や鋸や刀を使い、罪人たちの身体を無数に切り裂いていくのである。

熱した鉄板と鉄網の間に挟まれる

罪人や熱鉄の縄でできた衣服を着せられる罪人もいて、いずれの場合も皮、肉、骨に至るまで焼けこげてしまい、髄は溶けてしまうとされている。大きな鉄の山の間に鉄の縄を張り、罪人に綱渡りをさせる責め苦もある。縄の下にはぐつぐつと煮えたぎる大鍋が置いてあり、罪人たちはみな縄から落ちて鍋の中で煮られてしまうのである。

人間の百年が刀利天《とうりてん》（三十三天）の一日にあたり、この刀利天における千年が黒縄地獄の一日にあたるが、罪人たちはこの地獄の時間で千年間を過ごさなければならない。これは人間の時間にすると約十三兆年にあたる。

黒縄地獄の四方には四つの門があり、その外側に等喚受苦処《とうかんじゅくしょ》、旃荼処《せんだしょ》、畏熟処《いじゅくしょ》など十六小地獄が付属している。

➡［六道］［八大地獄］［十六小地獄］

〈等喚受苦処《とうかんじゅくしょ》〉生前に間違った法を説いた者たちが堕ちる小地獄。罪人は燃える黒縄に縛られ、計り知れないほど高い崖の上から、鋭い鉄刀が突きだす熱した地面に落とされる。そこには燃える牙を持つ犬がいて罪人たちを喰いちぎる。

〈旃荼処《せんだしょ》〉病人が用いるべき薬品を、病人でもないのに用いた中毒患者が堕ちる小地獄。鳥、鷲、猪などが、罪人の眼球や舌を突ついて抜きだし、獄卒たちが杵や大斧で罪人を打ち据える。

〈畏熟処《いじゅくしょ》〉貪欲のために人を殺し、飲食物を奪って飢え渇かせた者が堕ちる小地獄。畏鷲《いじゅう》処《しょ》ともいう。獄卒たちが、杖、火炎の鉄刀、弓矢などを持って追いかけるので、罪人たちは休む暇なくいつまでも走り続けなければならない。

❖賽《さい》の河原《かわら》——【日】

日本において子どもが死んだときに行くとされている地獄で、普通は三途の川のほとりにあるとされる。経典の中にはこのような説はなく、中世以降に生まれた民間信仰で、室町時代にできた物語『富士の人穴《じんけつ》』草子が賽の河原について語った最初だといわれる。これによると、賽の河原は人穴の中にあり、その河原に二、三歳から十二、三歳までの子どもが数千人集まっている。子どもたちはここで小さな石を積みあげるが、そうすると激しい風が吹いてそれを崩し、子どもたちがまた石を集めて積みあげようとすると、今度はすぐそばから炎が吹きだして河原も子どもたちも焼きこがすとされている。ここに慈悲深い地蔵菩薩が現れて、経を唱えて彼らをもとどおりにするが、彼らの苦しみは終わらない。これはせっかく親に生んでもらいながら、恩返しもせずに幼くして死んだ罰を受けているので、このような苦しみは九千年間続くという。賽の河原の起源については、京都の鴨川と桂川の合流点にあった佐比の河原にあるとする説がある。この地が古くから埋葬地だったためだという。

➡［仁田四郎忠常］［地蔵菩薩］

❖三塗五苦《さんとごく》――【道】

道教の地獄あるいは地獄の責め苦とされるもの。三徒五苦とも書く。

何を三塗五苦というかについてはいろいろな説明がある。そのひとつでは、これを三徒五苦と書き、三徒を三つの悪門の名としている。三悪門とは色欲門、愛欲門、貪欲門で、それぞれ天徒界、人徒界、地徒界と称され、いずれも人間の体内にあって、三関の口を塞ぎ、三命の根を断ち、学仙成道の邪魔をするといわれている。五苦は五道門ともいわれ、色累苦心門（太山地獄道）、愛累苦神門（風刀苦道）、貧累苦形門（提石負山苦道）、華競苦精門（填海作河苦道）、身累苦魂門（呑火食炭鑊湯苦道）があり、三悪門と同じく体内にあって命根にかかわるという。

三徒五苦を地獄の苦とする考えもあるが、それによると、三徒とは長夜徒、寒池徒、揵石徒、五苦とは刀山苦、剣樹苦、鑊湯苦、鑪炭苦、考謫苦があるという。

地獄、畜生、餓鬼を三塗、刀山、剣樹、銅柱、鑊湯、漣汲溟沽を五苦とする考えもある。

❖シェオール――【ユ・キ】

ユダヤ教・キリスト教の冥界。大地の下にあるテホンという大洋の下にあるとされる。『詩編』（第八十八章）に「わたしの命は冥府に近づきます」「わたしは穴に下る者のうちに数えられ、力のない人のようになりました」「あなたはわたしを深い穴、暗いところ、深い淵に置かれました」などとあるように、深い穴のイメージがあり、古代イスラエル人の考えでは、すべての人が死ぬとラファイムという影のような霊の姿でそこに赴くとされた。ギリシア神話のハデスと同じように暗くわびしい場所であり、死者の魂には何の楽しみもない。また、地獄のような刑罰があるわけではなく、生きていた間の苦労からは解放される場所だとされている。しかし、シェオールの深い穴の中にも場所の区別はあったようで、特別に深い最下層の部分は、汚れた死者が赴くとされる。

ユダヤ教・キリスト教の地獄であるゲヘナやカトリックの煉獄《れんごく》、そして天国といった死者の世界は、後代になってからシェオールから分化したものだといわれる。

⬇［ゲヘナ］［煉獄］［ハデスの国］

❖地獄前地《じごくぜんち》――【ダ】

ダンテ作『神曲』の地獄の入口部分にある不毛の広場。地獄の門の内側ではあるが、まだ三途の川であるアケロン川を越えない場所にある。地獄としては極めて中途半端な場所で、その位置にふさわしく、善いことも悪いこともできず、神からも神の敵からも愛されない卑劣な人生を生きた亡霊たちが棲んでいる。彼らはこの場所で、意味もなくはためく旗を追って、列を作って、意味もなく走り続けている。あたりには蜂や蚊や虫けらが充満していて、亡者を突き刺すので、彼らの顔はみな一面血だらけになっている。こうして走りながら、亡霊たちは是非ともアケロン川を渡って正式な地獄に入りたいと望んでいるが、アケロン川の渡し守カロンはこのような亡者を船に乗せないのである。

➡［ゲヘナ〈ダンテの地獄〉］［カロン］［アケロン川］

❖地獄道《じごくどう》──【仏】

仏教の六道のひとつで、前世において悪業をなした者が転生し、罰を受けるとされる世界。八大地獄（八熱地獄）、八寒地獄、十地獄、十六小地獄、四門地獄などさまざまな地獄があり、刑罰も苛烈を極める。

➡［六道］［八大地獄］［八寒地獄］［十六小地獄］［四門地獄］

❖嫉妬羨望《しっとせんぼう》の環道《かんどう》──【ダ】

ダンテ作『神曲』の煉獄《れんごく》の第二の環道で、他人の不幸を自分の幸福以上に喜んだり、他人の幸福に腹を立てるなどといった嫉妬羨望の罪を清める場所。嫉妬心は他人を見ることから起こるので、ここにいる亡霊たちはみな両目の瞼を針金で縫い合わされており、みすぼらしい懺悔服を着て、荒れた岩だらけの環道の脇に乞食のような格好で座っている。

第二の環道の上には、しばしば精霊が飛び交い、言葉によって亡霊たちに試練を与える。この試練には二種類ある。

ひとつは慈愛に溢れた行為のすばらしさを知らせるためのもので、親友のために身代わりになって死のうとした神話上の人物の言葉や「汝の敵を愛せ」という福音書の言葉などがあたりに響きわたる。

もうひとつは嫉妬による罪深さを教えるもので、創世記の中で嫉妬のために弟を殺したカインの言葉などが響きわたる。

こうした試練を経て嫉妬の罪を清めた亡霊たちは、ここに来たときと同じように石段をのぼって、次の第三の環道にあがることができる。この石段には寛容の天使がいて、亡霊の額に記されたPの文字を一個消し、「あわれみ深い人たちは、さいわいである」「勝利した者よ喜べ」と、福音書をもとにした言葉で祝福する。

➡【煉獄】【ペテロの門】【七つの大罪】

❖至福者《しふくしゃ》の島《しま》——【ギ】

ギリシア神話で語られる極楽のひとつ。ヘシオドスによれば至福者の島（マカロン・ネソイ）は大地の果て、オケアノスのほとりにあって、一年に三回も果実のなる場所だとされている。ゼウスの父クロノスが支配しており、テバイやトロイアで戦って死んだ英雄たちの一部がここに送られたという。クロノスはゼウスによってタルタロスに投げこまれたはずだが、その後に縛《いましめ》を解かれたと説明されている。至福者の島とエリュシオンの野を同じ場所とすることもある。

⬇［タルタロス］［エリュシオンの野］

❖四門地獄《しもんじごく》――【仏】

仏教の八大地獄に付属する小地獄。普通、八大地獄のそれぞれに十六の小地獄が付属するとされるが、この十六小地獄には種々の説があり、四門地獄もその説のひとつ。この説によると四角形の大地獄の四方にそれぞれひとつずつの門があり、その外側にそれぞれ四種類、合計十六種類の小地獄があるとされる。各門の外にある四種の小地獄は次のとおり。

⬇［八大地獄］［十六小地獄］

〈煻煨増《とういぞう》〉膝まで没するような熱灰（煻煨《とうい》）があって、罪人はその中を歩かされ、皮肉血が溶けてただれる。

〈屍糞増《しふんぞう》〉糞尿と泥の川があり、罪人たちはその川に沈められ、糞泥の中に棲む虫たちに喰いつくされる。

〈鋒刃増《ほうじんぞう》〉刀刃路、剣葉林、鉄刺林がある小地獄。刀刃路は無数の剣が刃を上にして並ぶ道で、罪人はこの上を歩かされる。剣葉林は刃の葉を持つ林で、罪人が入りこむと微風が吹き、刃の葉が雨のように降り注いでくる。鉄刺林では無数の剣が突きだした木々があり、罪人はその木をのぼりおりさせられる。罪人が木をのぼるとき剣は下を向き、おりようとするとき剣が上を向く。

〈烈河増《れっかぞう》〉沸騰した灰水の流れる川がある小地獄。罪人はこの川に落とされ、川岸には獄卒たちが鉄杖を持って、這いだそうとする罪人を押し返す。

❖邪淫地獄《じゃいんじごく》——【ダ】

ダンテ作『神曲』の地獄の第二圏で、やむにやまれぬ恋に落ちて愛欲に溺れた者たちが堕ちるとされている。その入口には判官ミノスがいて、地獄にやって来た死者からその罪状を聞いて、邪淫地獄に限らずどの地獄に堕ちるべきかを決めている。

第一圏の「辺獄」と異なり、邪淫地獄の中では嵐が吹き荒れていて、亡霊たちは激しく吹きまわされて、互いにぶつかり合ったりして痛めつけられている。これがあまりに激しいので、亡霊たちはあちこちで泣いたりわめいたりしており、その声は邪淫地獄の入口のあたりまで漏れてくる。しかし、全九圏二十三地獄（地獄前地を含めると全十圏二十四地獄）からなる全地獄の第二の地獄であることからもわかるように、邪淫の罪はそれほど重い罪とはみなされていない。むしろ、罪の中ではもっとも軽いと考えられている。やむにやまれぬ恋の罪には人間同士の関係があり、利己的なものでないことから、ダンテはこれを比較的軽い罪としたと考えられている。

アエネアスと恋に落ちたディド。カエサルやアントニウスを惑わしたクレオパトラ。トロイア戦争の原因となった美女ヘレネや彼女に恋して誘拐したトロイアの英雄パリス。トロイア王女ポリュクセナに恋してアポロン神殿に入り、そこでパリスに殺されたともいわれるギリシアの英雄アキレウス。アーサー王伝説にも登場し、トリスタンとイズーの物語で有名なトリスタンなどがこの地獄にいるとされている。

⬇［ゲヘナ〈ダンテの地獄〉］

❖ジャハンナム――【イ】

ユダヤ教・キリスト教の地獄である「ゲヘナ」を翻訳した言葉でイスラム教の地獄。

キリスト教の場合は、悪人たちは死後にゲヘナに赴き、最後の審判の後もゲヘナで永遠に苦しめられるとされるが、イスラム教では死後の魂は最初はバルザフという地中界にとどまり、最後の審判の後に善人はジャンナという天国に、悪人はジャハンナムという地獄に赴くとされる。

ジャハンナムは劫火が燃えさかる深い穴あるいは奈落のような場所で、穴の上にはアッ＝スィーラト＝ル＝ムスタキーム（真っ直ぐな道）という橋がかかっている。終末の日に復活した死者たちは唯一神の前で生前の善行と悪行の多寡を秤にかけられ、その後でこの橋を渡る。善行を積んだ者が渡ろうとするとあたりが光に包まれ、その者はまるで光のようにあっという間にそれを渡ることができる。しかし、悪人が渡ろうとするとあたりは真っ暗になりジャハンナムの奈落に堕ちてしまうとされている。このことから、イスラムの世界では、ジャハンナムはしばしば巨大な怪獣として形象化され、巨大な口を開けて罪人を飲みこむものとされている。

ジャハンナムの苦しみは基本的に炎の苦しみで、罪人たちは顔を炙《あぶ》られたり、身体を焼かれたり、ぐらぐらと煮えたぎった汁を飲まされて苦しめられる。また、ジャハンナムの底には悪魔の頭のような実をつけたザックームという恐ろしい木が生えており、罪人たちはみなその木の実を腹一杯喰わされるという。ジャハンナムに堕ちた罪人たちはこうした苦しみを永遠に味わい続けるわけだが、生前にほんの少しでも信仰心のあった者には神が慈悲の心を起こし、やがて地獄から救いだしてくれるともいわれる。

イスラム教の天国には八つの層があり、地獄には七つの層があるとされるが、これは地獄より天国に赴く者の方が多いからだという。

⬇［ゲヘナ］［バルザフ］［アッ＝スィーラト＝ル＝ムスタキーム］［最後の審判］

❖衆合地獄《しゅうごうじごく》――【仏】

仏教の八大地獄のひとつで、殺生、盗みだけでなく邪淫の罪を犯した者が堕ちる地獄。八大地獄の中では上から三番目にあり、縦横一万由旬《ゆじゅん》の正方形の広がりで、高さは約二千七百由旬ある。

衆合地獄の責め苦の中心は罪人を押し潰すことで、堆圧地獄《たいあつじごく》ともいわれる。

地獄にはあちこちに多くの鉄の山があり、しかもふたつの山が接するようにそびえている。牛頭《ごず》、馬頭《めず》などの獄卒が武器を持って罪人を追いかけて、これらの山の間に追いこむ。すると、突如として山々が合わさって追いこまれた罪人たちを押し潰してしまう。

別な場所には大きくて平らな石があり、罪人をこの上に乗せては、獄卒たちが岩を落として潰している。

鉄の臼のある場所では、獄卒たちが鉄の杵を振りあげて、罪人たちをついて、粉々にしている。

煮えたぎる赤銅の川では、獄卒たちが鉤のついた武器に罪人たちを引っかけて、川の中

に沈めている。

ある場所には刀のように鋭い葉を持つ林があり、木の上に美人が出現して下にいる罪人たちを誘惑して招く。そこで、罪人たちはみんなして木々をのぼりはじめるが、葉が刀になっているので、肉が次々と裂けてしまう。しかも、罪人たちが木の上まで来ると、今度は木の下に美人が出現し、また誘惑して招く。この林ではこんなことが永遠に続き、刀葉の木をのぼりおりするたびに罪人の身体から血が吹きだすのである。

人間の二百年が夜摩天《やまてん》の一日とされ、夜摩天の二千年が衆合地獄の一日とされるが、罪人たちはここで地獄の二千年を過ごさなければならない。

地獄の四方には四つの門があり、その外側に、大量受苦悩処《たいりょうじゅくのうしょ》、割刳処《かっこしょ》、脈脈断処《みゃくみゃくだんしょ》、悪見《あくけん》処《しょ》、団処《だんしょ》、多苦悩処《たくのうしょ》、忍苦処《にんくしょ》、朱誅処《しゅちゅうしょ》、何何奚処《かかけいしょ》、涙火出処《るいかしゅっしょ》、一切根滅処《いっさいこんめつしょ》、無彼岸受苦《むひがんじゅく》処《しょ》、鉢頭摩処《はちずましょ》、大鉢頭摩処《だいはちずましょ》、火盆処《かぼんしょ》、鉄末火処《てつまつかしょ》の十六小地獄がある。

⬇［八大地獄］［六道］［十六小地獄］

〈大量受苦悩処《たいりょうじゅくのうしょ》〉みだらな性行為にふけったり、のぞき見したりした者が堕ちる小地獄。獄卒たちが多数の鉄串で、罪人の身体をさまざまな角度から貫き通して苦しめる。

〈割刳処《かっこしょ》〉女性の口を使ってみだらな行為をした者が堕ちる小地獄。獄卒たちが罪人の口に釘を打って頭から突きださせ、突きでたところで急に抜き取り、今度は口から耳へ釘を貫き、再び抜き取るというように、同じことを繰り返して苦しめる。また、溶けた銅を口からそそぎこんで内臓を焼きつくす。

〈脈脈断処《みゃくみゃくだんしょ》〉殺し、盗み、邪行を楽しみに行った者が堕ちる小地獄。筒を通して罪人の口の中に溶けた銅を満たし、その状態で罪人に大声で叫ばせて苦しめる。

〈悪見処《あくけんしょ》〉他人の子どもを奪って、よこしまな性行為を行った者が堕ちる小地獄。地獄に罪人と一緒にその子どもたちがいて、獄卒は罪人の見ている前で子どもたちの性器に釘を打ちつけ、罪人たちに激しい精神的苦痛を与える。そのうえで、罪人の肛門に熱した銅を注いで内臓まで焼きつくして、肉体的苦痛も与える。

〈団処《だんしょ》〉牛や馬を相手に性行為を行った者が堕ちる小地獄。地獄には牛や馬がおり、罪人たちは生前と同じように性行為を行おうとするが、牛や馬の体内には炎が充満しており、それが性器を通じて罪人の体内に入りこみ、ついに罪人の身体を燃やし、苦しめる。

〈多苦悩処《たくのうしょ》〉男色者が堕ちる小地獄。地獄には罪人が生前に愛した男がいるが、その身体は炎に包まれており、罪人がそれを抱くと罪人の身体も燃えつきてしまう。しかし、罪人は再び生き返り、同じ苦しみを繰り返される。

〈忍苦処《にんくしょ》〉戦争などで手に入れた他人の妻を寝取ったり、それを他人に与えた者が堕ちる小地獄。獄卒たちが罪人を木から逆さづりにし、下から炎を燃やして焼き殺すことを繰り返す。罪人が息をすると肺までが燃えあがる。

〈朱誅処《しゅちゅうしょ》〉羊や驢馬《ろば》相手に性行為を行ったうえ、仏を敬わなかった人間が堕ちる小地獄。地獄には鉄の蟻が充満しており、罪人の肉を喰い、深く体内に入って、骨や髄までも喰い、罪人を苦しめる。

〈何何奚処《かかけいしょ》〉姉妹を相手に性行為を行った者が堕ちる小地獄。何何奚処にいる罪人があげる苦痛の声は五千由旬にもわたって響いており、ここに堕ちるべき罪人はまだ地獄に到達しない中有《ちゅうう》の間にその声を聞く。しかし、善悪が倒錯している罪人には彼らの苦痛の声が喜びの声に聞こえ、是非ともその地獄に行きたいと願う。こうして地獄に来ると、燃えあがる炎が罪人を苦しめる。しかもおびただしい数の鉄の烏が舞い、罪人に襲いかかると表皮はもちろん肉、骨、内臓までもえぐりだし、苦しめる。

〈涙火出処《るいかしゅっしょ》〉禁を犯した尼僧と性行為を行った者が堕ちる小地獄。獄卒たちが毒樹の刺を罪人の目に突き刺し、さらに鉄の鋏で肛門を裂き、溶けた白鑞をそこに流しこむ。また、あたりは炎に満ち、罪人は自ら炎の涙を流し、その炎によって焼かれてしまう。

〈一切根滅処《いっさいこんめつしょ》〉女性の肛門を使って性行為を行った者が堕ちる小地獄。獄卒たちは罪人の口を鉄叉で押し広げて熱銅を流しこみ、耳には白鑞を流しこむ。また、鉄の蟻がいて罪人の眼を喰い、空からは雨のように刀が降り罪人をずたずたにする。

〈無彼岸受苦処《むひがんじゅくしょ》〉妻以外の女性と性行為を行った者が堕ちる小地獄。罪人は火責め、刀責め、熱灰責め、病苦による責めなど次から次と数多くの責め苦を受けて苦しむ。

〈鉢頭摩処《はちずましょ》〉僧となりながら俗人だったときにつき合っていた女性を忘れられず、夢の中で関係し、人々に淫欲の功徳を説いた者が堕ちる小地獄。あたり一面鉢頭摩（紅蓮華）の赤色をしており、獄卒たちは罪人を瓶の中で煮たり、鉄杵でついたりして苦しめる。罪人が苦しみのあまりあたりを見まわすと池の中に蓮華があり、罪人はそこに行けば救われると考えて走りだす。しかし、地面には鉄鉤が敷き詰められており、罪人の足を引き裂き、しかもやっとのことで蓮華にたどり着くと、その背後に獄卒が控えていて、刀や斧でさんざんに罪人を打ちつけて苦しめる。

〈大鉢頭摩処《だいはちずましょ》〉出家僧でもないのに出家僧であると偽り、しかも戒律に従わなかった者が堕ちる小地獄。広さ五百由旬、長さ百由旬の熱した白鑞の流れる川があり、罪人はその中に落ち、ばらばらになり、骨は石に、肉は泥になり、熱せられて苦しめられる。さらに、身体が魚になり、鳥たちについばまれて苦しめられる。

〈火盆処《かぼんしょ》〉出家僧でもないのに出家僧であると詐称したうえ、女性に興味を持ったり、身のまわりの生活品に執着し、正しい法を行わなかった者が堕ちる小地獄。罪人たち自身が炎の木のように燃えさかり、泣き叫ぶたびに炎が口から、耳から、眼から体内に入りこみ、全身を燃やしつくす。

〈鉄末火処《てつまっかしょ》〉出家僧でもないのに出家僧だと詐称し、しかも女性の舞いや笑い声、装飾品に心引かれてみだらな想像にふけった者が堕ちる小地獄。五百由旬の高さの熱鉄の壁に囲まれた小地獄で、燃えさかる鉄が雨のように降り注いで罪人を焼いて苦しめる。

❖十地獄《じゅうじごく》——【仏】

八大地獄とは別に二大金剛山の間にあるとされる仏教の地獄。厚雲、無雲、呵々、奈何、羊鳴、須乾提《しゅけんだい》、優鉢羅《うはつら》、拘物頭《くもつず》、分陀利《ふんだり》、鉢頭摩《はどま》の十種類の地獄があるとされる。

➡［八大地獄］［地獄道］

❖十六小地獄《じゅうろくしょうじごく》——【仏】

仏教の八大地獄のそれぞれに付属する縦横五百由旬《ゆじゅん》の正方形の小さな地獄。八大地獄の門の外側にあり、それぞれの地獄について十六あるとされる。

十六小地獄の種類についてはいろいろな説があり、八大地獄のそれぞれに独自の十六小地獄があるとするものや、すべてに共通の十六小地獄があるとする考えがある。

『長阿含経』では十六小地獄は八大地獄のそれぞれに共通であるとして、次の十六種類を挙げている。これによると、罪人は八大地獄のひとつで苦しめられた後、さらにこれら十六小地獄をめぐるとされている。

➡［八大地獄］［地獄道］

〈**黒沙地獄**《こくさじごく》〉熱風が吹き荒れ、熱した黒沙（黒い砂）が罪人の身体に張りついて焼きこがす小地獄。黒沙はおびただしい量で罪人は真っ黒になり、皮、肉、骨まで焼かれる。あまりの熱さのために、罪人の身体の中から炎が燃えだすこともある。

〈沸屎地獄《ふっしじごく》〉沸騰した屎の鉄丸があちこちにある小地獄。獄卒たちが罪人を追い立てて、屎の玉を抱きかかえさせるので、罪人の身体は焼けこげる。さらに、その屎を喰わせられ、罪人は内臓まで焼けてしまう。沸屎地獄には巨大な屎の川が流れており、罪人たちはその中に追い立てられて、臭い屎を飲みこんでは吐きだすという説もある。

〈飢餓地獄《きがじごく》〉飢えた罪人たちに高熱の鉄丸を飲みこませる小地獄。獄卒たちが鉄の鉤で罪人の口を押し広げ、無理矢理に飲みこませる。鉄丸が口中から内臓まで焼きつくす。

〈渇地獄《かつじごく》〉喉の渇いた罪人に高熱で溶けた銅を飲みこませる小地獄。飢餓地獄と同じく、罪人は口中から内臓まで焼きつくされる。

〈一銅鍑地獄《いちどうふくじごく》〉銅の釜の中で罪人を煮る小地獄。沸騰する湯の中で、罪人たちは煮豆のようにぐつぐつと煮られる。

〈多銅鍑地獄《たどうふくじごく》〉多数の銅の釜があり、その中で罪人を煮る小地獄。ひとつの釜の中でぐつぐつと煮た後、獄卒が鉄の鉤で引っかけて罪人を別の釜に移し、さらに煮続ける。

〈鉄釘地獄《てつくぎじごく》〉獄卒たちが罪人たちを熱した鉄の上に倒し、釘を打ちつける小地獄。釘は手足からはじめて体中に合計五百本打つ。

〈石磨地獄《せきまじごく》〉巨大な石で罪人の身体を研磨する小地獄。獄卒たちが罪人を巨大な熱した石の上に押し広げ、別の大熱石を回転させてその身体を磨く。皮膚が破れ、肉が破れ、骨が砕けて罪人の血が飛び散る。

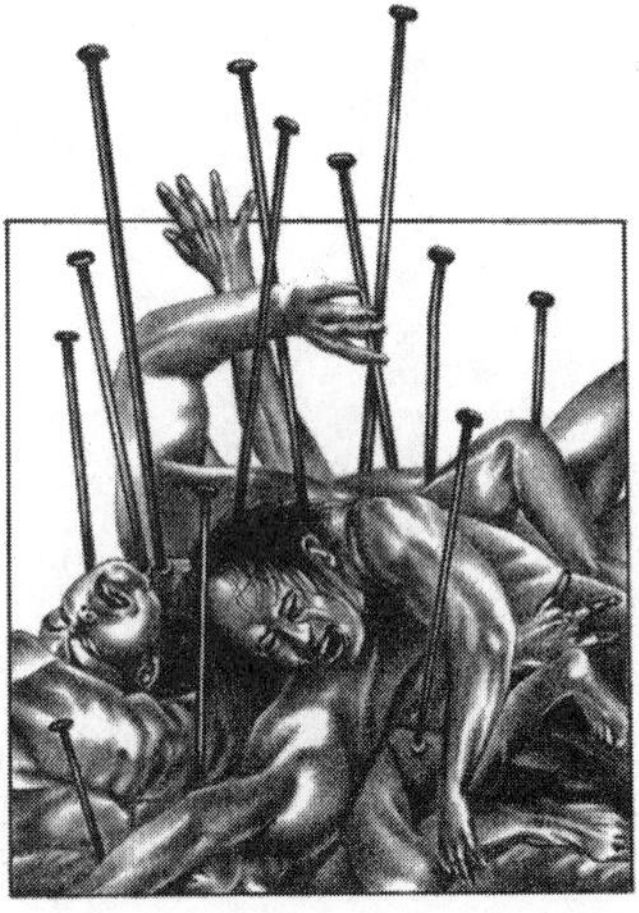

〈膿血地獄《のうけつじごく》〉沸騰した体液や血液などがどろどろとわきだして海となっている小地獄。その中で罪人たちは膿血をごぼごぼと飲みながら逃げまどうが、皮膚や肉が焼けこげ、内臓まで焼けこげる。最猛勝という蜂のような虫がいて、膿血の海から外に出た罪人の顔や頭を責め立てるともいわれる。

〈量火地獄《りょうかじごく》〉巨大な業火の燃える地獄。獄卒が罪人に命じて、鉄の升でその炎を量らせるが、量ろうとすると罪人の手足はもちろん身体まで燃えてしまう。

〈灰河地獄《かいかじごく》〉どろどろに沸騰した灰の川が流れている小地獄。川底からは鋭く長い鉄串が無数に生えでており、渦巻く流れに翻弄される罪人たちは、浮き沈みしながら何度となく鉄串に刺し貫かれる。その後、罪人たちは岸にのぼるが、そこに密生する草や花はすべて鉄刀で、罪人の身体をずたずたにする。そこには獄卒もいて、罪人を追い立て、熱鉄の上に押し倒し、鉤で口を開いて、高熱で溶けた銅を流しこむ。さらに狼たちがやって来て罪人を追いかけ、剣樹にのぼらせる。剣樹には鋭い刀剣が密に生えでており、木にのぼる罪人の身体に突き刺さる。しかも、木の上には鉄のくちばしを持つ鳥がいて、罪人の頭蓋骨をついばむ。

〈鉄丸地獄《てつがんじごく》〉高熱で赤くなった鉄の玉があたり一面に密集している小地獄。獄卒たちが罪人を追い立てるので、罪人たちは熱鉄丸の中を逃げながら、体中が焼けてしまう。

〈釿斧地獄《きんふじごく》〉獄卒たちが斧を使って罪人の身体を切り刻む小地獄。

〈豺狼地獄《さいろうじごく》〉野生の狼の群が棲んでおり、集団で罪人たちに襲いかかっては、喰いちぎってしまう小地獄。

〈剣樹地獄《けんじゅじごく》〉刀剣の葉を持つ剣樹の林のある小地獄。激しい風が吹いており、剣樹の葉を飛ばし、それがばらばらと罪人の身体に降り注いで突き刺さる。さらに、鉄のくちばしを持つ鳥が飛んできて、罪人の頭にとまって、罪人の両目をついばむ。

〈寒氷地獄《かんぴょうじごく》〉激しい大寒風が吹き荒れる小地獄。その風に当たると罪人の身体は凍りつき、凍傷を起こし、皮膚や肉が崩れ落ちてしまう。

❖焦熱地獄《しょうねつじごく》――【仏】

仏教の八大地獄のひとつで、殺生、盗み、邪淫、酒の売買、嘘の他に仏教の教えとは相いれない考えを説く邪見の罪を犯した者たちが堕ちる地獄。八大地獄の中では上から六番目にあり、縦横一万由旬《ゆじゅん》の正方形の広がりで、高さは約二千七百由旬ある。

その名のとおり罪人たちを焼きこがす地獄で、罪人たちは赤く熱した鉄板の上で表も裏も焼かれる。ある者は下から頭のてっぺんまで串刺しにされて炎の上で繰り返し炙《あぶ》られる。獄卒たちの中には鉄棒で罪人の肉を打ち据える者もいて、まるで肉団子のようになって焼かれている罪人もいる。鉄の城や鉄の室に閉じこめられて焼かれるともいわれる。しかも、焦熱地獄の炎は特別で、等活地獄から大叫喚地獄に至る五つの大地獄の炎もここの炎に比べると、霜や雪のように冷たいとされる。

人間界の千六百年が他化天《たけてん》（他化自在天）の一日とされ、他化天の六千年が焦熱地獄の一日とされるが、罪人たちはこの地獄で六千年を過ごさなければならない。

地獄の四方には四つの門があり、その外側に、大焼処《だいしょうしょ》、分荼梨迦処《ぶんだりかしょ》、龍旋処《りゅうせんじょ》、赤銅弥泥《しゃくどうみでい》魚旋処《ぎょせんしょ》、鉄鑊処《てつかくしょ》、血河漂処《けつがひょうしょ》、饒骨髄虫処《にょうこつずいちゅうしょ》、一切人熟処《いっさいにんじゅくしょ》、無終没入処《むしゅうぼつにゅうしょ》、大鉢特摩処《だいはちとくましょ》、悪険岸《あくけんがん》処《しょ》、金剛骨処《こんごうこつしょ》、黒鉄縄摽刀解受苦処《こくてつじょうひょうとうかいじゅくしょ》、那迦虫柱悪火受苦処《なかちゅうちゅうあくかじゅくしょ》、闇火風処《あんかふうしょ》、金剛嘴蜂処《こんごうしほうしょ》の十六小地獄が付属している。

➡［六道］［八大地獄］［十六小地獄］

〈大焼処《だいしょうしょ》〉「殺生をすることで天に転生することができる」という邪見を述べた者が堕ちる小地獄。もろもろの火の他に心のうちに後悔という炎が燃えあがり罪人を焼きこがす。

〈分荼梨迦処《ぶんだりかしょ》〉飢えて死ぬことで天に昇ることができると説いた者が堕ちる小地獄。体中から火が噴きだして苦しんでいる罪人に、誰かがここに分荼梨迦の池があり、水を飲んで休むことができると声をかける。ところが罪人たちが池と思って穴に飛びこむとその中は炎に満ちており、罪人たちをさらに苦しめる。

〈龍旋処《りゅうせんじょ》〉欲、怒り、愚かさを断てば涅槃《ねはん》に入れるという教えは嘘だと説いた者が堕ちる小地獄。身体中に毒を持つ悪竜がたくさんおり、罪人のまわりで激しく回転し、罪人は毒に苦しみながら摩擦によってぼろぼろに砕かれてしまう。

〈赤銅弥泥魚旋処《しゃくどうみでいぎょせんしょ》〉この世に存在する一切は大自在天の作ったもので、輪廻転生などはないと説いた者が堕ちる小地獄。高熱の銅汁の海に鉄の魚が棲んでおり、溺れる罪人の上半

身をくわえ、噛んで苦しめ、下半身は口の外で銅汁の海に焼かれる。海には悪虫もいて罪人に喰いつく。

〈鉄鑊処《てつかくしょ》〉たとえ殺人を犯しても、もしもその人物が転生して天に生まれるならば殺すことは悪くないと説いた者が堕ちる小地獄。平等受苦無力無救、火常熱沸、鋸葉水生、極利刀鬘、極熱沸水、多饒悪蛇という六つの巨大な釜があり、罪人たちを煮て苦しめる。

〈血河漂処《けつがひょうしょ》〉何度となく戒に違反しながら、苦行すればすべての罪は許されるのだからかまわないと考え、身体を傷つけるような苦行を行った者が堕ちる小地獄。血の川の中に丸虫という高熱の虫が群れなしており、悪人の身体に触れて焼き苦しめる。

〈饒骨髄虫処《にょうこつずいちゅうしょ》〉いまよりも善い世界ではなく、当たり前の人間界に転生することを望んで戒を破り、牛の糞に火をつけて自らの身を焼いた者が堕ちる小地獄。罪人たちは鉄の槌で打たれて蜜蝋のようにどろどろにされ、前世の罪のために虫となって地獄に堕ちた者たちと混ぜ合わされて肉の山を作られ、火をつけられて燃やされる。

〈一切人熟処《いっさいにんじゅくしょ》〉邪教を信じ、天界に転生するために山林や草むらなどに放火した者が堕ちる小地獄。目の前で父母、妻子、愛人、親友などかけがえのない人々が焼かれるのを見せることで、罪人たちの心に責め苦を与える。この種の責め苦は肉体的な責め苦よりもはるかに苦しいものとされる。

〈無終没入処《むしゅうぼつにゅうしょ》〉動物や人間を焼き殺した者は火を喜ばせたという理由で幸福を手に入れられると考え、そのようにした者が堕ちる小地獄。罪人は燃えさかる巨大な山に登らされ、獄卒によって、手、足、頭、腰、眼、脳など、身体の各部分を燃やされ、各部分ごとに大きな苦しみを受ける。

〈大鉢特摩処《だいはちとくましょ》〉僧たちに食事を供する大斎の期間中に人殺しをすると望みが叶うと考え、そうした者が堕ちる小地獄。花弁の中におびただしい刺を持つ紅蓮華の花があり、罪人はその中に落とされ、身体中のすべての部分を刺され、しかも傷の中から炎が吹きだす。

〈悪険岸処《あくけんがんしょ》〉水死した者は那羅延天《ならえんてん》に転生し、永遠にその世界に住み続けることができると説いた者が堕ちる小地獄。大きな山があちこちにあり、獄卒たちがその山を越えればもはや苦を受けることはなくなるというので罪人たちはだまされて走りだすが、山の向こう側は切り立った崖で、みなことごとく落ちて地面から突きでた石の刀に突き刺され、さらに燃やされる。

〈金剛骨処《こんごうこつしょ》〉この世にある一切のものは因縁などとは関係なく生じたり滅したりするので、仏法を信じるなどばからしいと説いた者が堕ちる小地獄。獄卒が鋭い刀で罪人を削ってついに骨だけにしてしまうが、この骨は罪業によって金剛のように固くなっている。すると、罪人にだまされた者たちが現れて、骨を取り、骨同士を打ち合わせてさらに罪人を苦しめる。

〈黒鉄縄摽刀解受苦処《こくてつじょうびょうとうかいじゅくしょ》〉人間の行いの善や悪などはすべて因縁によって決まっており、すべてそのとおりになってしまうのだから、あれこれと頑張ってみてもしかたないと説いた者が堕ちる小地獄。獄卒が鉄の縄で罪人を縛り、足から頭に向かって鋭い刀で細かく裂いていく。

〈那《な》迦《か》虫《ちゅう》柱《ちゅう》悪《あく》火《か》受《じゅ》苦《く》処《しょ》〉宇宙にはこの世もあの世も存在しないと説いた者が堕ちる小地獄。罪人の頭から大きな釘を打ちつけて貫通させて大地に立てると、罪人の体の中に虫がわきだし、血管の中を泳ぎまわって血を飲みつくし、さらに肉をうがって喰いつくす。

〈闇《あん》火《か》風《ふう》処《しょ》〉諸法則の中には無常なものと一定普遍のものがあると説いた者が堕ちる小地獄。激しい悪風が吹き荒れて罪人たちを吹き飛ばし、罪人たちは風の中で風車のようにくるくる回転し続ける。しかも、ときどき激しい強風が吹くと、罪人の身体は砂のようにばらばらに砕ける。しかし、砕けるたびにもとどおりに戻り、いつまでも同じ苦しみが続く。

〈金剛《こんごう》嘴《し》蜂《ほう》処《しょ》〉人間の世界は因縁によって生じたので、すべては因縁によって決定されていると説いた者が堕ちる小地獄。獄卒が小さな鋏を使って罪人の肉を少しずつ次々とちぎり取って苦しめ、さらにその肉を罪人の口の中に入れ、自分自身に喰わせる。

❖スワルガ——【ヒ】

ヒンズー教の嵐の神インドラの支配する天国。地上の中心にあるメール山上の雲の中にあったとされる。インド神話ではこの他にも海中にヴァルナ神の支配する天国があるなど、神によって複数の天国があるとされたが、戦の神でもあるインドラの天国にはとくに戦で死んだ立派な戦士たちが住むとされた。スワルガに限らず、インドの天国には木々が茂り、鳥の歌と花の香りに溢れているといわれる。また、小さな神々の群や精霊たち、ナーガ（蛇）などが天国の王のまわりに仕えていた。

インドの天国としてはヤマの国がよく知られているが、後代にはヤマは地獄の王となり、インドラの天国はそれに対応するものとされた。しかし、インドには古くから輪廻転生の思想があるので、天国といってもそこに永遠に住めるかどうかははっきりしない。

➡［ヤマ］［輪廻転生］

❖セケト＝イアル――【エ】

古代エジプトの天国で、「葦の野」の意。

古代エジプトでは多くの場合、死者はオシリスの法廷で審判を受け、ここで義とされることで永遠の生命を手に入れ、オシリスの支配するセケト＝イアルあるいはセケト＝ヘテペトという天国で幸福に暮らせるとされた。

『ヌウのパピルス』では、セケト＝イアルはあくまでもセケト＝ヘテペトの一部とされているが、多くの場合にこのふたつの天国は同じものとして語られている。

セケト＝イアルでの死者の暮らしは、基本的にこの世の暮らしと同じだった。古代エジプト人にとってこの世の暮らしは十分に幸福なものだったので、死後も同じ暮らしが続くことを望んだからだといわれている。この世の暮らしというのは農作業を中心にしたもので、セケト＝イアルは小麦や大麦が豊かに成長する理想郷だった。

セケト＝ヘテペトの方はもともと天国的でない要素も持っていたが、セケト＝イアルの方は一貫してこのようなイメージでとらえられ、これが時代とともにセケト＝ヘテペト全体のイメージとなったらしい。

『ネブセニのパピルス』や『アニのパピルス』にセケト＝ヘテペトのイラストが描かれているが、そこにあるのもここに述べたようなイメージとなっている。それは、全体が長方形で、その中に豊かないくつかの土地があり、その間を幾本もの川が流れているというもので、一見してナイル下流のデルタ地帯の生活が理想とされていることがわかるものになっている。

川に囲まれた土地の数はパピルスによって異なるが、『アニのパピルス』では、水路に囲まれた長方形の全体の中に四つの横長の長方形の土地が上下に四段に並んでおり、一番下の土地には小さな二個の島が付属している。このイラストはセケト＝ヘテペトに到着したアニの行動を時間順に紹介するようになっているが、最上段の島には何人かの神々がいて、アニが彼らを崇拝する様子が描かれている。第二段では、アニはすでにセケト＝イアルでの生活をはじめており、刈り取った麦を干したり、麦打ちをしたりしている。三番目にはアニが牛を使って畑を耕す様子が描かれている。第四番目は畑ではなく魂の住居のよ

うで、左側が魂の座とされており、右側には二艘の船が描かれている。

しかし、いくら農業が理想といっても、王侯や貴族など、労働を好まない人々もいた。そこで、このような人々は死ぬと、ウシャブティという人形と一緒に埋葬された。この人形は死者のための奴隷で、セケト＝イアルに到着した後、死者の代わりに働き、身のまわりの世話などをしたといわれている。


➡［セケト＝ヘテペト］［オシリス］［オシリスの法廷］

❖セケト＝ヘテペト――【エ】

古代エジプトの天国で、「平和の野」の意。「セケト＝イアル（葦の野）」という天国は、もともとセケト＝ヘテペトの一部分だったが、やがてセケト＝ヘテペトの全体を占めるようになり、それにともなってセケト＝ヘテペト全体が天国とみなされるようになったといわれる。

しかし、セケト＝ヘテペト自体は古くは完全には天国といえないような性格も持っていた。このような性格を伝えるものに『ヌウのパピルス』があるが、それによるとセケト＝ヘテペトはテーベ近郊からヘリオポリスのあたりにかけてナイル川に沿って横たわる冥界で、十四の地域に分かれていた。古代エジプトでは王家のピラミッドを含めて、死者のすべてがナイル川の西岸に埋葬されたことからもわかるように、冥界は西方にあるとされ、セケト＝ヘテペトも例外ではないが、観念的にはナイル川流域の都市と関係があったらしい。

この十四地域のうち、第一番目は菓子や麦酒のふんだんにある地域、第二番目がセケト＝イアルで、このあたりはいかにも天国らしい。しかし、第五番目には衰弱した魂の土地、第七番目には炎の土地、八番目には激流の流れる土地などがあって、すべてがすべて天国だったのではないことをうかがわせている。

また、十四の地域ごとに門番の守る門があり、死者たちがここを通過するには専用の呪文が必要だった。この呪文は信仰や生前の行い以上に重要で、死者は必ず、この呪文を覚えていなければならなかった。ただし、これはオシリス信仰が盛んになる以前のことで、オシリス信仰が盛んになり、セケト＝ヘテペトがオシリスの国になってからは、オシリスの審判を通過した死者が永遠の生命を手に入れ、天国としてのセケト＝ヘテペトで暮らすことができるとされた。

⬇［セケト＝イアル］［オシリス］［オシリスの法廷］

❖大叫喚地獄《だいきょうかんじごく》――【仏】

仏教の八大地獄のひとつで、殺生、盗み、邪淫、酒の売買の罪の他に嘘をついた者たちが堕ちる地獄。八大地獄の中では上から五番目にあり、縦横一万由旬《ゆじゅん》の正方形の広がりで、高さは約二千七百由旬ある。

大叫喚地獄の責め苦は叫喚地獄の方法を大がかりにしたようなもので、叫喚地獄で用いられたものよりもさらに大きな鍋や釜で罪人たちが煮られる。道具が大きくなった分苦しみも大きく、罪人たちは等活・黒縄・衆合・叫喚の各地獄の苦しみとその十六小地獄の苦しみを合わせたものよりも、十倍も大きな苦しみを味わう。

人間界の八百年が化楽天《けらくてん》（楽変化天）の一日とされ、化楽天の八千年が大叫喚地獄の一日とされるが、罪人たちはここで地獄の八千年を過ごさなければならない。

大叫喚地獄の四方には四つの門があり、その外側に、吼々処《くくしょ》、受苦無有数量処《じゅくむうすうりょうしょ》、受堅苦《じゅけんく》悩不可忍耐処《のうふかにんたいしょ》、随意圧処《ずいいあっしょ》、一切闇処《いっさいあんしょ》、人闇煙処《じんあんえんしょ》、如飛虫堕処《にょひちゅうだしょ》、死活等処《しかつとうしょ》、異々転処《いいてんしょ》、唐悕《とうき》望処《ぼうしょ》、迭相圧処《てつそうあっしょ》、金剛嘴烏処《こんごうしうしょ》、双逼悩処《そうひつのうしょ》、火鬘処《かまんしょ》、受鋒苦処《じゅほうくしょ》、受無辺苦処《じゅむへんくしょ》、血髄食処《けつずいじきしょ》、十一焔処《じゅういちえんしょ》の十八の小地獄がある。他の八大地獄では小地獄の数は十六で、大叫喚地獄の小地獄の数と異なるが、その理由ははっきりしない。

➡［八大地獄］［六道］［十六小地獄］

〈吼々処《くくしょ》〉 自分を信頼してくれる古くからの友人に対して嘘をついた者が堕ちる小地獄。獄卒が罪人の顎に穴をあけて舌を引きだし、毒の泥を塗りつけて焼けただらせ、毒虫たちが舌にたかって喰いつくす。

〈受《じゅ》苦《く》無《む》有《う》数《すう》量《りょう》処《しょ》〉 人の手下となって、その人物を賞賛するような嘘をついた者が堕ちる小地獄。罪人たちは獄卒に打たれて傷つき、その傷口に草を植えられ、草が根を伸ばして成長したときに、それを引き抜かれて苦しめられる。

〈受《じゅ》堅《けん》苦《く》悩《のう》不《ふ》可《か》忍《にん》耐《たい》処《しょ》〉 王や貴族の部下で、保身のために嘘をついた者、あるいはその地位を利用して嘘をついた者が堕ちる小地獄。罪人たちの体内に蛇が生まれ、それがあちこち動きまわり、肉を喰い、内臓を喰い破って苦しめる。

〈随《ずい》意《い》圧《あっ》処《しょ》〉 他人の田畑を奪い取るために嘘をついた者が堕ちる小地獄。鉄を鍛えて刀を作るときのように、獄卒が罪人の身体を火で焼き、ふいごを吹いて火力を強め、鉄板の上において鉄槌で打ちつけ、引き延ばし、瓶の中の湯に浸して固め、さらに火で焼くという作業を延々と繰り返す。

〈一切闇処《いっさいあんしょ》〉婦女を犯して裁判にかけられながら、王の前で嘘をついてしらを切りとおし、かえって相手の婦女を犯罪者に仕立てあげた者が堕ちる小地獄。罪人の頭を裂いてそこから舌を引きだし、それを熱鉄の刀で引き裂き、舌が生えてくるとまた同じことを繰り返す。

〈人闇煙処《じんあんえんしょ》〉実際は十分に財産があるのに財産がないと嘘をつき、本当は手に入れる資格がないものをみなと一緒に分け合って手に入れた者が堕ちる小地獄。罪人は獄卒たちに細かく身体を裂かれ、生き返ると身体が柔らかなうちにまた裂かれる。また、骨の中に虫が生じて、内側から身体を喰いつくす。

〈如飛虫堕処《にょひちゅうだしょ》〉人々から得た物品を高額で販売し、しかも儲けがなかったと嘘をついて、自分ひとり大儲けした者が堕ちる小地獄。獄卒が罪人の身体を斧で切り裂き、秤で量って、群がっている犬たちに分け与え喰わせてしまう。

〈死活等処《しかつとうしょ》〉出家人でもないのに出家人の格好をし、人をだまして強盗を働いた者が堕ちる小地獄。獄卒に苦しめられる罪人たちの眼に青蓮華の林が見え、罪人たちは救いを求めて走って入りこむが、そこは炎に満ちていて焼き殺される。また、罪人たちは眼、両手足を奪われて、抵抗のしようもなく焼かれる。

〈異々転処《いいてんしょ》〉すぐれた陰陽師ですべて正しく占うことができ、世人の信用を得ているにもかかわらず、占いにおいて嘘をつき、国土を失ったり、立派な人物が死んだりする原因となった者が堕ちる小地獄。目の前に父母、妻子、親友などが出現するので、罪人が救いを求めて走ると、灼熱の川に落ち、煮られる。川から出ると、再び父母、妻子、親友などが出現し、罪人はまた救いを求めて走るが、今度は地面に鉄鉤が生じて、罪人を傷つける。また、回転ノコギリ状の物が、上下から罪人の身体を切り刻む。

〈唐悕望処《とうきぼうしょ》〉病気で苦しんだり、生活で困ったりしている人が助けを求めているのに、助ける助けると口先ばかりで嘘をついて、実際には何もしてやらなかった者が堕ちる小地獄。目の前にいかにもうまそうな食事が用意され、飢渇に苦しむ罪人は喜んで走り寄るが、地面には鉄鉤が生えて罪人を苦しめ、しかも料理と見えたのは炎熱の鉄汁や糞尿などで、罪人はその中に落ちて苦しめられる。また、夜露をしのぐ家を貸そうといって貸さなかった罪人は、深さ五十由旬の瓶の中で高熱の鉄汁に逆さまに浸されて焼かれるなど、嘘に応じた罰がある。

〈迭相圧処《てっそうあっしょ》〉親兄弟親戚縁者などが争っているときに、自分の身近な者が得するように嘘をついた者が堕ちる小地獄。罪人にだまされた者が数多くいて、罪人の肉を鋏で切り取り、切り取っては口の中で噛んで罪人を苦しめる。

〈金剛嘴烏処《こんごうしうしょ》〉病気で苦しむ人に薬を与えるといっておきながら与えなかった者が堕ちる小地獄。金剛のくちばしの鳥がおり、罪人の肉を喰い、喰いつくすと罪人は復活し、またはじめから喰われる。

〈双逼悩処《そうひつのうしょ》〉村々の会合などで嘘をついた者が堕ちる小地獄。炎の牙の獅子がおり、罪人に喰いつき、口の中で何度も噛んで苦しめる。

〈火鬘処《かまんしょ》〉祝い事の最中に法を犯しておきながら、しらを切った者が堕ちる小地獄。獄卒が鉄板と鉄板の間に罪人を挟み、繰り返しこすって血と肉の泥のようにしてしまう。

〈受鋒苦処《じゅほうくしょ》〉布施しようといっておきながら布施をしなかった者が堕ちる小地獄。獄卒が熱鉄の串で罪人たちの舌と口を刺し抜き、嘘をつくことはもちろん泣き叫ぶこともできない。

〈受無辺苦処《じゅむへんくしょ》〉船の船長であるにもかかわらず海賊と結託し、船に乗っている商人たちの財産を奪った者が堕ちる小地獄。獄卒たちが熱鉄の金箸を使って罪人たちの舌を引き抜く。いくら抜かれても舌は繰り返し生えてきて、罪人たちはそのたびに舌を抜かれて苦しむ。さらに目を引き抜いたり、刀で肉を削ったりする。

〈血髄食処《けつずいじきしょ》〉王や領主の地位にあって税物を取り立てておきながら、まだ足りないと嘘をついてより多くの税を取りあげた者が堕ちる小地獄。獄卒が罪人の足を黒縄で縛って木に逆さづりにし、金剛のくちばしの鳥が罪人の足を喰い、流れ落ちてきた自分の血を罪人が飲み続ける。

〈十一焔処《じゅういちえんしょ》〉王、領主、長者のように人から信頼される立場にありながら、情によって偏った判断を下した者が堕ちる小地獄。十の方向に十の炎があって罪人を外側から焼き、罪人の内部に十一番目の炎があって口から吹きだして舌を焼く。

❖泰山《たいざん》――【道】

中国で古くから死者の霊が集まるとされ、人間の寿命を記した原簿があると考えられた山東省の山。後にこの山に地獄もあると考えられた。中国の地獄としては他に酆都《ほうと》あるいは羅酆《らほう》が知られていたが、酆都が中国南部の地獄の中心だったのに対して、泰山は中国北部の黄河流域一帯で信仰された。

泰山は五嶽《ごがく》の筆頭としても重要視された。五嶽とは五行思想にしたがって、中央および東西南北に配された聖なる山のことで、東嶽・泰山、西嶽・華山（陝西省）、南嶽・衡山《こうざん》（湖南省）、北嶽・恒山《こうざん》（山西省）、中嶽・嵩山（河南省）があった。

このうち泰山は、東方海上にあるとされた蓬萊、方丈などといった架空の三神山にもっとも近いところから、もっとも聖なる山と考えられたといわれている。

時代とともに、この泰山に官庁組織のようなものを持つ地獄があると考えられるようになったが、その長官とされたのが泰山府君《たいざんふくん》だった。もともと泰山府君は泰山の山神で東嶽大帝とも呼ばれたが、時代とともに分離され、泰山府君が閻魔大王のような存在になり、東嶽大帝は天帝に近い大きな権威を持つようになったといわれている。

⬇［泰山府君］［酆都］［羅酆山］

❖大焦熱地獄《だいしょうねつじごく》――【仏】

仏教の八大地獄のひとつで、殺生、盗み、邪淫、酒の売買、嘘、邪見の罪の他に、童女や比丘尼《びくに》など清く聖なる者を犯した者たちが堕ちる地獄。八大地獄の中では上から七番目にあり、縦横一万由旬《ゆじゅん》の正方形の広がりで、高さは約二千七百由旬ある。

大焦熱地獄の責め苦は罪人を焼きこがすという点で焦熱地獄と同じだが、その苦しみははるかに大きく、等活地獄から焦熱地獄までの地獄と、その小地獄の苦しみのすべてを十倍して与えられる。罪人を焼くための炎は五百由旬の高さに達し、二百由旬の広がりを持っている。

この地獄に堕ちる罪人たちは、等活地獄から焦熱地獄までの地獄に堕ちる罪人たちとは死んだ瞬間から違っている。罪人たちは中有《ちゅうう》の段階から閻魔王の呵責を受け続け、ほとんど地獄にいるのと同じように苦しめられる。

地獄に堕ちて後は、罪人たちはここで半中劫《はんちゅうこう》（ほとんど無限）にわたって苦しめられる。

大焦熱地獄の四方には四つの門があり、その外側に、一切方焦熱処《いっさいほうしょうねつしょ》、大身悪吼可畏之処《だいしんあくくかいししょ》、火髻処《かけいしょ》、雨縷鬘抖擻処《うるまんとそうしょ》、吒々々齊処《たたたざいしょ》、雨沙火処《うしゃかしょ》、内熱沸処《ないねつふっしょ》、普受一切資生苦悩処《ふじゅいっさいしせいくのうしょ》、鞞多羅尼処《びたらにしょ》、無間闇処《むけんあんしょ》、苦髻処《くかいしょ》、髪愧烏処《ほっきうしょ》、悲苦吼処《ひくくしょ》、大悲処《だいひしょ》、無非闇処《むひあんしょ》、木転処《もくてんしょ》の十六小地獄が付属している。

➡［八大地獄］［六道］［十六小地獄］

〈一切方焦熱処《いっさいほうしょうねつしょ》〉仏教の在家の女性信者を犯した者が堕ちる小地獄。すべての場所、空に至るまで炎が燃えあがっており、罪人たちは常に焼かれ、さらに獄卒が罪人を巻物のように足から頭まで巻いていき、すべての血が頭に入りこんだところで、その頭に大きな釘を打ちつける。

〈大身悪吼可畏之処《だいしんあくくかいししょ》〉出家はしたが、まだ僧にはなっていない女性を犯した者が堕ちる小地獄。獄卒が小さな毛抜き鋏を使って罪人の身体中のすべての毛を一本ずつ肉もろともに抜いて苦しめる。

〈火髻処《かけいしょ》〉仏法を正しく身につけて正しく行っている女性を犯した者が堕ちる小地獄。身体が弓の弦のように細長く、鋭い牙を持った虫たちがたくさんいる。獄卒は罪人を縛ると、その虫を罪人の肛門から体内に挿入し、虫は内臓を喰いつくしながら上へとのぼり、脳を喰いつくした後で、頭を喰い破って外に出てくる。

〈雨縷鬘抖擻処《うるまんとそうしょ》〉国家が危機的な状況にあるときに、その機に乗じて、戒律を守っている尼僧を犯した者が堕ちる小地獄。無数の刀があちこちから突きだして回転しており、罪人が身動きすると、すぐに身体が引き裂かれる。罪人は常にこのような場所で死に、また再

生する。

〈吒々々齊処《たたたざいしょ》〉受戒した正行の女性を犯した者が堕ちる小地獄。激しい風があり、罪人を吹きあげ、ばらばらにしてあちこちにまき散らす。あるいは、金剛の鼠がおり、罪人を喰いちぎり、芥子粒のように細かくしてしまう。

〈雨沙火処《うしゃかしょ》〉仏門に入ったばかりの尼僧を犯した者が堕ちる小地獄。五百由旬の大火炎の底に灼熱の金剛の砂の広大な蟻地獄があり、罪人はずぶずぶと高熱の砂に飲まれて焼かれる。しかも、砂には鋭く尖った小さな石が無数に含まれており、全身を突き刺す。

〈内熱沸処《ないねつふっしょ》〉三宝に帰依し、五戒を受けた女性に対して非法なことを行った者が堕ちる小地獄。五つの火山があり、地獄は炎に包まれているが、その火山だけは樹木が茂り、池がある。罪人たちはそれを見ると急いで火山に駆けつけるが、着いてみると火山には激しい風が吹き荒れ、内部は沸騰し、期待とは裏腹に罪人たちを焼きつくす。

〈普受一切資生苦悩処《ふじゅいっさいしせいくのうしょ》〉 僧侶でありながら戒を受けた女性をたぶらかして、財物を与えて関係した者が堕ちる小地獄。炎の刀が罪人の皮膚をはぎ、肉がむきだしになった罪人をさらに炎で焼く。また、獄卒が罪人の身体にどろどろに溶けた熱鉄を注いで苦しめる。

〈鞞多羅尼処《びたらにしょ》〉 嫌がる女性と無理矢理に関係した者が堕ちる小地獄。暗黒の中で高熱の鉄の杖が雨のように降り、罪人に次々と突き刺さり、内側から罪人を焼きつくす。

〈無間闇処《むけんあんしょ》〉 善を治めた人物を女性に誘惑させて堕落させた者が堕ちる小地獄。金剛さえ突き破るほど鋭いくちばしを持った虫がいて、罪人の骨を突き破って髄を喰う。

〈苦髻処《くかいしょ》〉 もしも自分と関係を結ばなければ王に讒言《ざんげん》して罰を受けさせると脅迫し、立派な僧を誘惑して堕落させた女性が堕ちる小地獄。獄卒が罪人を捕まえ、鉄のヤスリでこすって肉をすり落とす。

〈髪愧烏処《ほっきうしょ》〉 酒に酔って姉妹を犯した者が堕ちる小地獄。罪人は灼熱の炉の中にいて、獄卒がふいごを吹いて火の勢いを強める。また、罪人を太鼓の中に入れて、激しく太鼓を打ちならす。

〈悲苦吼処《ひくくしょ》〉特別な儀式の最中であるにもかかわらず、姉妹と関係を持った者が堕ちる小地獄。一見すると平和そうな林があり、罪人は逃れていくが、そこには千の頭を持つ巨大な竜がたくさんいて、罪人を繰り返し噛む。竜の口の中で罪人は死ぬが、また同じ場所で生き返り、繰り返し噛まれる。

〈大悲処《だいひしょ》〉教典などを学んでいる善人の妻や娘などをだまして犯した者が堕ちる小地獄。びっしりと刀が生えたヤスリのような床があり、獄卒が罪人をつかむと、その床にこすりつけて形がなくなるまで擦り減らしてしまう。

〈無非闇処《むひあんしょ》〉自分の子の妻を犯した者が堕ちる小地獄。沸騰する釜の中で数多くの罪人たちを煮、獄卒が杵でついてひと固まりの団子にしてしまう。

〈木転処《もくてんしょ》〉命を救ってくれた恩人の妻を犯した者が堕ちる小地獄。罪人は沸騰した川の中で頭を下にして煮られ、巨大な魚に喰われてしまう。

❖大食漢地獄《たいしょくかんじごく》――【ダ】

ダンテ作『神曲』の地獄の第三圏で、暴飲暴食にふけった者たちが堕ちる地獄。冷たく激しい永遠の雨が降る地獄で、暗黒の空から大粒の雹《ひょう》、濁った水、雪が降り続け、大地は悪臭を発する。さらに、ギリシア神話の地獄の番犬として知られる三つの頭を持つケルベロスがいて、亡霊を引き裂いて苦しめている。

➡［ゲヘナ〈ダンテの地獄〉］［ケルベロス］

❖怠惰《たいだ》の環道《かんどう》――【ダ】

ダンテ作『神曲』の煉獄《れんごく》の第四の環道で、怠惰の罪を清める場所。怠惰というのは、悪いことだと知りながらずるずると巻きこまれてしまう気弱さとか、現状をよしとして本当によいものや美しいものに心を動かされない態度とか、現実を拒否して逃げだしてしまうような態度を指すといわれる。

そこで、この環道にいる亡霊たちはいつも必死に走り続け、熱意を示し続けるという試練を与えられる。走りながら亡霊たちは、熱意を示した人々の例と怠惰の罪を犯した人々の例を叫ぶ。前者には、受胎告知を受けた後、急いでユダの村まで走ったマリアや、マルセイユの包囲をブルトゥスにまかせ、自分は本来の目的であるポンペイウスと戦うためにスペインへ急行したカエサルの例などがある。後者には、約束の地を目指すモーセに従うことを拒んで砂漠の中で死に絶えたイスラエルの民や、ローマを目指したアエネアスに最後まで従わず、栄えある人生を手に入れられなかったトロイア人などの例がある。

他の六つの環道では、亡霊たちは祈りの言葉を唱えているが、この環道の亡霊たちにとっては走り続けることだけが祈りなので、ここには祈りの言葉はない。

怠惰の罪を清めた亡霊たちは次の環道へ向かうために石段をのぼるが、この石段には熱意の天使がおり、ペテロの門で額に記されたPの文字を一字消し去る。そして、「悲しんでいる人たちはさいわいである、彼らは慰められるであろう」という福音書の言葉で祝福を与える。

➡［煉獄］［ペテロの門］［七つの大罪］

❖高天原《たかまがはら》――【日】

古代日本において死者が赴くとされた天上の他界。日《ひ》の若宮《わかみや》ともいう。日本の古代人たちは高天原に限らず、高山の上の天空に他界があって、死者の霊が赴くと考えたといわれるが、高天原はとくに天子（天皇）の霊が赴く場所と考えられた。

記紀神話の中では、高天原は天照大神《あまてらすおおみかみ》が治める天上の神の国だが、神々が仕事を終えて帰る国でもあって、たとえば伊耶那岐命《いざなぎのみこと》は地上で神としての仕事を終えると、天に帰り、日の若宮（高天原）にとどまったとされる。伊耶那岐の場合は神なのだから、仕事を終えた後に高天原に帰るのは当然といえば当然だが、天照大神の子孫である天子の場合も、生きている間は地上にとどまるものの、死後は高天原に住むとされた。民俗学者の折口信夫によれば、古代日本人の考えでは、高天原にはあらかじめ天子となるべき聖霊が存在しており、それが地上に降りて天子となり、ある程度の仕事を終えた後に再び高天原に帰ると考えられたという。これが繰り返されるのが歴代の天子だった。したがって、天子には死はなく、ただ交代があるだけだと考えられた。

⬇［伊耶那岐命］

❖タルタロス――【ギ】

ギリシア神話の地獄。オリュムポスの神々を冒瀆したような重罪人が堕ちるギリシアの冥界の中でも最悪の場所。

タルタロスはもともとはカオスから生まれた原初神のひとりだが、とくに人格はなく、常に場所として存在した。タルタロスがあるのは大地の最深部で、大地からタルタロスまでの距離は天から大地までの距離に等しく、大地から落とした鉄床が九日九夜落ち続けて十日目にやっと届く距離だった。また、タルタロスのまわりは青銅の囲いに取り巻かれており、さらにニュクス（夜）が三重に取り巻いていた。青銅の囲いには青銅の門があったが、そこには三人の百腕の巨人ヘカトンケイルが見張りをしており、誰も逃げだすことはできなかった。内部は恐ろしく巨大な深い穴になっており、門から内部に入りこんだら一年かかってもその底にたどり着けないほどだった。

タルタロスに堕とされた者は数多い。ギリシア神話の最初期の神々の時代には、ゼウスと敵対して戦ったクロノスやティタン神族の神々、多数の巨人ギガスたちが堕とされた。英雄の時代になってもアガメムノンの一族の祖であるタンタロス、ハデスを欺いたシシュポス、ヘラを誘惑したイクシオン、ダナオスの娘のダナイスたち、双子の巨人オトスとエピアルテスなどがタルタロスの底で永遠の責め苦を受けている。

ローマ時代の詩人ウェルギリウスは、広大なタルタロスは三重の壁に取り囲まれ、それをプレゲトン川が取り巻いていたとしている。

➡［ヘカトンケイル］

❖畜生道《ちくしょうどう》──【仏】

仏教の六道のひとつで、人道と餓鬼道の間に位置する。畜生道、餓鬼道、地獄道は罪を犯した者が転生する世界で、三悪道または三悪趣といわれる。

地獄道や餓鬼道は基本的に地下にあって人間の住む世界とは別のものだが、畜生というのは動物のことだから、畜生道の世界には人道と重なっている部分もある。しかし、人道と畜生道では畜生道の方が広く、陸・海・空に広がっている。畜生の本来の住処は海だが、後に陸や空にも広がったといわれている。また、餓鬼道や地獄道中に動物として生まれる者もある。

畜生道に堕ちる者は生前に罪を犯した者であるが、畜生の種類は三十四億にものぼるとされており、その種類ごとに因縁が異なっている。たとえば、生前に罪を犯したとはいえ、布施を行って次世において夫婦となろうと誓い合った者は鴛鴦《おしどり》、鴿鳥《はと》などに転生して、つがいとなって楽しく暮らせる。太鼓を打ち、貝を吹きならしなどして町々を襲撃した強盗などは、一度地獄に堕ちて苦しみを受けた後、さらに鹿に生まれ変わって、常に人間に殺される恐怖を感じながら生きなければならない。また、財をむさぼるために亀、鼈《すっぽん》、魚、蟹、蛤などを殺した者は、地獄に堕ちてその苦しみを受けた後に、蛭《ひる》、蚤《のみ》、虱《しらみ》などに生まれ変わるなどといわれる。

⬇［六道］［餓鬼道］［地獄道］

❖地上楽園《ちじょうらくえん》――【ダ】

ダンテ作『神曲』の煉獄山《れんごくざん》の頂上にある地上の楽園。煉獄において罪の清めが終了した者たちがやって来る。しかし、清められた亡霊たちがここに来るのはこの場所に住むためではなく、ここから天界へ出発するためであり、地上楽園はあくまでも天界への出発点として存在している。

地上楽園は平和で草花や木々に覆われており、大きな森があり、二本の小川が流れている。この小川は地上楽園にあるひとつの泉から流れだすもので、ひとつはレテ、ひとつはエウノエと呼ばれる。レテはギリシア神話のレテの川と同じ忘却の川で、亡霊はこの水を飲むことで邪悪な心や罪を忘れる。エウノエはダンテが『神曲』のために発明した川で、この水には善を想起させる力があるとされる。これらの水はふたつではじめて意義のある効力を発揮するもので、地上楽園にやって来た亡霊は必ずこのふたつの川の水を飲まなければならない。

地上楽園は『創世記』にあるエデンの園と同一のものとされており、蛇にそそのかされたエバがその実を食べたとされる知恵の木の大木もある。しかし、エバの事件があってから、その木には葉もなく花も咲かず、まるで枯れているように裸の状態で、地上楽園に住む人もなくなったとされている。

ダンテ自身は、完全に罪を清めた亡霊スタティウスと貪欲の環道で出会い、彼とともに地上楽園に入ったが、彼らは最初、森の中を流れるレテの小川のほとりで、ダンテの恋人ベアトリーチェに仕えるマテルダという夫人に迎えられている。そして、マテルダと一緒に川上へ向かううちに、今度は眩いばかりの輝きに包まれた行列に迎えられている。この行列は数人の天女たちや二十四人の長老たちに導かれたもので、その後方には四匹の聖獣たちに守られるようにして、聖獣グリフィンの引く凱旋戦車があり、その上にベアトリー

チェが乗っていた。ここに登場するグリフィンは鷲の頭と翼、ライオンの胴体を持つ古代ギリシア時代から知られた聖獣で、四匹の聖獣はもともと『黙示録』に登場するもので、それぞれが六つの翼を持ち、羽には無数の目がついているという不思議な生き物である。

こうしてベアトリーチェに迎えられたダンテとスタティウスは、マテルダによってレテの水とエウノエの水を飲まされ、天界に行く準備を整えた。それから彼らは天界の第一天である月へ向かうのだが、ダンテを迎えた行列も凱旋戦車も天界への旅にはとくに必要なものではなく、ダンテとスタティウスはベアトリーチェに導かれて、どんな道具も使わずに天界へと舞いあがっていったとされている。

➡［煉獄］［レテの川］

ドゥアト——【エ】

古代エジプトの冥界。第五王朝の頃から隆盛となった太陽神ラーは日中の間「数百万年の船」に乗って天空を旅し、地上の王国の十二の州をめぐるとされたが、日没とともに死に、アウフと呼ばれる死んだ太陽神となると、夜の間は「メセクテトの船」に乗って、ドゥアトにある十二の州を旅するとされた。十二の州は夜の十二時間に対応していた。しかし、ドゥアトは地下にあるわけではなく、一般的には西方にあるといわれた。あるいは、ヌン（原初の水）の下にあるといわれることもあった。

ドゥアトへの入口は古くは古代都市メンデスの近くにあったが、オシリス信仰が広まり、オシリスがアビドスの死の神ケンティ＝アメンティウの機能を吸収してからは、アビドスの近くにあるとされた。太陽はそのあたりでは西方の山々の割れ目に沈んだので、そこがドゥアトへの入口とされ、「マヌの山」と呼ばれた。

その場所から、ドゥアトは普通は北の方角に延びていると考えられた。ドゥアトの全体は円形をしていたが、その中に南北に延びる渓谷があった。その渓谷の底を川が流れており、ラーの船はその川を進んだ。その川はヌンの流れとされることもあったが、地上のナイル川の源流ともされており、ドゥアトだけでなく天空も流れていた。そして、地上と同様に、ドゥアトの中でも川の両側にはさまざまな住人が棲んでいた。これらの住人は神であれ人間の死者であれ、ラーが訪れていない間は、闇の中で死んでいる状態を余儀なくされた。毎夜、ラーが訪れて、その光に照らされたときにだけ生き返るのである。しかし、これらの死者たちは、古代エジプトの一般的な死者たちではなかった。多くの死者たちはみなオシリスの審判を受け、天国に赴くか、さもなくばその場で魂もろとも抹殺されたので、ドゥアトに棲み続けるということはなかった。それで、ドゥアトにいる死者たちは、もっと古い原始の時代からそこに棲み続けている死者たちだと理解されている。

ドゥアトの支配者はオシリスともラーともいわれた。これはオシリスを信じるかラーを信じるかで異なっていた。また、これによって死者たちのドゥアトの旅の意味合いも多少異なっていた。ラー信仰の場合、死者はラーとともにドゥアトを旅することで、ラーと同じように復活し、ラーの天国で暮らすことが理想とされた。オシリス信仰の場合は、ラーは単に、ドゥアトにあるオシリスの法廷まで死者を運ぶことが仕事だった。死者はそこで審判を受け、オシリスの支配するセケト＝ヘテペトという天国で永遠の生命を手に入れることを理想とした。しかし、いずれの場合もドゥアトの基本的な構造は同じで、死者にとってはドゥアトの中で再死（死後に再び死ぬこと）しないことが重要だった。

エジプトの死者の書の中でもラー信仰が強いとされる『アム・ドゥアトの書』では、ドゥアトの十二州には大きく分けて四つの区画があるとされている。一番最初の第一州はドゥアトのプロローグ的な役割を持つ玄関で、四区画とは別だった。ここは、いかにも日没直後の場所らしく、弱々しいながらもまだ空の光の感じられる場所だった。ラーの船がナイルの流れに乗ってこの場所に入ると、川の両岸にそれぞれ九匹の猿と十二人の女神が現れ、ラーを讃えながら船を出迎えた。船にはラーと死者の他に、七人の神と七人の女神が乗り、船の舵取りや見張りを行った。この先に第二州に入るための門があり、猿たちがそれをあける役目を持っていた。このような門は各州の境にあったようで、比較的にオシリス信仰の影響が強いといわれる『門の書』では各州の境に門があり、ときどき船に乗っている死者がその場所で船をおろされることがあるとされている。このため死者たちは、門を無事に通過できるようにウアチやウジャトなどの数多くの護符を身につけ、さらに場所によって異なる呪文を記した死者の書を持参する必要があったのである。

第二州および第三州は、アビドスの死の神ケンティ＝アメンティウの支配する国とされている。ここは、第一州に比べるとはるかに危険で、川にはラー神の宿敵である巨大な怪蛇アペプが棲んでおり、しばしば船を襲いにきた。このために神々はアペプから船を守るために戦わなければならなかった。両岸にオシリス神の姿をした神々が待ち受けているところでは、これらの神々が死者のバやカイビトをこなごなに切り裂いたり、監獄に入れたり、炎の地で焼き殺すために連れ去ったりすることもあった。『門の書』ではこのあたりに火の池や煮えたぎる池があったとされている。

第四州と第五州は鶙《はいたか》の姿をしているといわれる死神セケルの支配する地域で、土地としては豊饒だったそれまでの領域と異なり不毛の砂漠だった。セケルはメンフィスで墓場の神とされていたので、ドゥアトにおけるセケルの領域もメンフィスのあたりにあるとされた。あたりは厚い暗闇に覆われており、双頭あるいは三頭の蛇の怪物がいた。このことはラーの航海にとって大きな障害となった。しかも、ドゥアトのナイル川はこの砂漠を流れていなかったので、ラーの船はこの砂漠を進むのに双頭の蛇の姿にならなければならなかった。蛇の船が第五州に入ると、そこでは嵐のような騒音が聞こえた。そして、あちこちに煮えたぎる池や燃える炎があった。そういう場所では不幸な死者たちが細かく切り裂かれ煮られたり燃やしつくされたりしており、ラーの船が近づくと死者たちが泣いて嘆いた。古代エジプト人には一般に地獄の観念はなかったとされるが、セケルの領域は他の国の地獄に似ていた。

第六州から第九州まではオシリスの王国で、ここまで来るとドゥアトのナイル川が再び流れはじめていたので、ラーの船はもはや蛇ではなく船の形で進むことができた。オシリスの王国には当然オシリスの法廷があったが、ここでオシリスの審判を受けるという考えはオシリスを信仰する者の考えだった。そんなわけで、『門の書』では死者はオシリスの王国に上陸し審判を受けるとされているが、『アム・ドゥアトの書』では死者は上陸せず、ラーの船は進み続けるとされている。

しかし、オシリスの王国までやって来たラーの船は、このあたりで進路を変える必要があった。オシリスはもともとナイル川下流のデルタ地帯で崇拝された神で、ドゥアトのオシリスの王国もデルタ地帯のあた

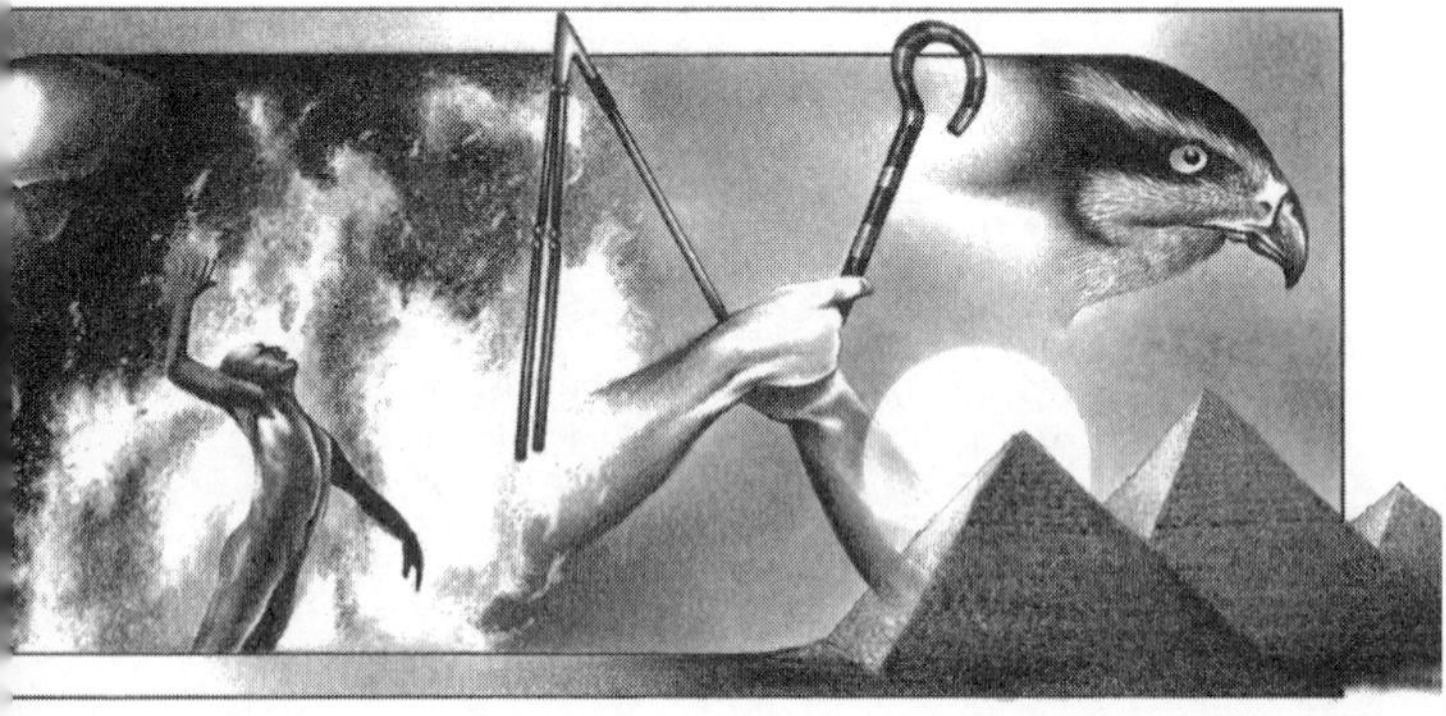

りにあるとされた。これは、ドゥアトのナイル川をアビドス付近から下りはじめたラーの船がついにナイルの最下流までたどり着いたことを意味していた。そこで、ラーの船は針路を東に変えて、これからは日の出の山に向かうのである。オシリスの王国にも蛇やワニの棲む場所はあるが、困難はセケルの王国ほど大きくはなかった。

第十州と第十一州はケプリ神の王国だった。ケプリ神はラー信仰の高まりとともにラーと同一視され、暁の若い太陽を意味したといわれる神である。このあたりにも死者を焼きつくす恐ろしい炎の洞窟などがあったが、ここまで来ればラーの旅が終わりに近づいていることは確かだった。『門の書』でも第九および第十州で、ラーの旅が無事に終了することを予感させるように、ラーの敵とされるアペプが退治され、鎖につながれている様子を描写している。

第十二州はドゥアトの出口である。入口の第一州が

日没時の残照に照らされていたのと同じように、このあたりは日の出前の明るさに包まれている。ここでラーは完全に若返った姿に復活し、その後、新しい一日のためにドゥアトを出て昼の旅に出発するのである。

このようにしてラーが復活すると、ラーとともに無事にドゥアトの旅を終えた死者も復活し、ラーの天国で永遠の生命を手に入れることができるとされた。オシリスを信じる者は、途中にあったオシリスの法廷で審判を受け、義とされた時点で永遠の生命を手に入れて、セケト＝ヘテペトで暮らすことができたのである。

➡［オシリス］［ラー］［バ］［カイビト］［セケト＝ヘテペト］

❖等活地獄《とうかつじごく》――【仏】

仏教の八大地獄のひとつ。想地獄《そうじごく》ともいう。八大地獄の中では一番上にあり、地表からの距離は千由旬《ゆじゅん》、縦横一万由旬の正方形の広がりで、高さは約二千七百由旬ある。

生前に生き物をむやみと殺した者たちが堕ちる地獄で、亡者たちはここで互いに殺し合うことで殺戮の苦しみを味わう。地獄の亡者たちは鋭く長い鉄の爪を生やしているが、ある者たちはこの爪で互いにつかみ合うので、どんどんと肉が落ちてついに死んでしまう。特別な者たちは、鋭い刀剣で切り合って殺し合う。そうでない者たちも、獄卒たちが鉄杖・鉄棒で頭から足先まで打ちつけて粉々にしてしまう。しかし、亡者たちは死ぬことはできない。どこからか冷たい風が吹いてくると、肉や皮が再生し、みな生き返り、繰り返し同じ苦しみを味わうことになるのである。風が吹かない場合も、獄卒たちが死体に向かって「活きよ、活きよ」というと、亡者たちは生き返ってしまう。

人間の五十年が四天王天の一日にあたるが、この四天王天の五百年が等活地獄の一日にあたる。そして、等活地獄の亡者たちはここで五百年間苦しまなければならないとされる。これは人間界の約一兆六千六百億年にあたる。

等活地獄の四方には四つの門があるが、その外側に十六の小地獄が付属しており、逃げまどう亡者たちがしばしば迷いこむ。これらの小地獄には、屎泥処《しでいしょ》、刀輪処《とうりんしょ》、瓮熟処《おうじゅくしょ》、多苦処《たくしょ》、闇冥処《あんみょうしょ》、不喜処《ふきしょ》、極苦処《ごくくしょ》、衆病処《しゅうびょうしょ》、両鉄処《りょうてつしょ》、悪杖処《あくじょうしょ》、黒色鼠狼処《こくしょくそろうしょ》、異異廻転処《いいかいてんしょ》、苦逼処《くひっしょ》、鉢頭麻鬚処《はちずまびんしょ》、陂池処《ひちしょ》、空中受苦処《くうちゅうじゅくしょ》がある。

➡［八大地獄］［六道］［十六小地獄］

〈屎泥処《しでいしょ》〉沸騰したどろどろの銅と糞尿が混ざり合って沼のようにたまっている地獄で、亡者たちはその中で屎を喰って苦しむ。屎の味は苦いうえ、屎の中に金剛のくちばしの虫がいて、亡者に群がって肉を喰い破る。鳥や鹿を殺した者たちが堕ちる。

〈刀輪処《とうりんしょ》〉十由旬の高さの鉄の壁に取り囲まれた地獄で、猛火が燃えさかり、熱鉄の雨が降る。また、樹木から刀の生えた刀林所があり、罪人が入りこむと、両刃の剣が雨のように降ってその身体に切りつける。刀を使って殺生した人間が堕ちる。

〈瓮熟処《おうじゅくしょ》〉動物たちを殺生して殺して食べた者が堕ちる地獄で、獄卒が罪人を鉄の瓮《かめ》に入れてぐつぐつと煮てしまう。

〈多苦処《たくしょ》〉十千億種類の激しい痛みや苦しみのある地獄で、生前に犯した悪行に応じた形で罪人を苦しめる。人を縄で縛ったり、杖で打ったり、断崖絶壁から突き落としたり、子どもを恐れさせたり、拷問のような形で人々に大きな苦痛を与えた者たちが堕ちる。

〈闇冥処《あんみょうしょ》〉暗闇の中で闇火によって罪人を焼き続ける地獄。激しい風があって、熱風が刀のように罪人の身体を切り裂く。羊や亀を殺した者が堕ちる。

〈不喜処《ふきしょ》〉昼も夜も火炎が燃えさかる地獄。炎の中に熱炎のくちばしの鳥、犬、狐がいて、常に不気味にうなりながら罪人の骨と肉を喰いちぎり、金剛のくちばしの鳥が骨の髄を喰う。生前に法螺貝を吹いて、鳥獣を殺害した者たちが堕ちる。

〈極苦処《ごくくしょ》〉断崖絶壁の下にある地獄で、罪人たちがいつも鉄火に焼かれている。生前に勝手気ままに殺生をした者たちが堕ちる。

❖常世《とこよ》の国《くに》――【日】

日本古代にはるか彼方の海上にあるとされた他界。不老不死の国であると同時に死者の赴く国と考えられた。不老不死の国としての常世の国は中国の神仙思想の影響を受けていた。蓬莱山《ほうらいさん》といえば中国ではるか海上にあると信じられた三神山のひとつで、不老不死の国とされた山だったが、日本では「とこよのくに」に「蓬莱山」という字をあてることもあった。したがって、常世の国は一種の理想郷であって、どこにあるかはわからないが、橘の木がいつでも香りの良い木の実をつけていると想像された。

文献に登場する常世の国としては『日本書紀』(神代巻)にあるものが有名で、大国主《おおくにぬしの》神《かみ》と一緒に国作りをした少彦名命《すくなびこなのみこと》が、国作りの後に熊野の岬から常世の国に旅立ったとされている。『日本書紀』には死後の魂が常世の国に旅立ったという話もあり、神武天皇の兄が死んだ後に海を渡って常世の国に赴いたとされている。

死者の魂が赴く理想的な常世の国という信仰は日本仏教の浄土観と結びついて、熊野を中心に広がる補陀落《ふだらく》信仰も生みだしている。これは、死をひかえた修行者が船に乗って沖へ漕ぎだし、そこで捨身入水することで浄土に生まれ変わろうとする風習で、補陀落渡海ともいわれている。

常世の国を幸福な世界ではなく、暗い死者の国だとする考え方もある。この代表は民俗学者の折口信夫で、「とこよ」の「とこ」は「底」、「よ」は「夜」と結びついており、常世は地下あるいは海底にある、暗い死の国だったとしている。

❖貪欲《どんよく》の環道《かんどう》――【ダ】

ダンテ作『神曲』の煉獄《れんごく》の第五の環道で、貪欲の罪とそれと正反対の乱費の罪を清める場所。刑罰として、罪人たちはみな地面にうつ伏せになり、涙を流しながら貪欲とは反対の清貧と慈愛に生きたすぐれた人々の物語と、貪欲によって不幸に陥った人々の物語を語り続ける。清貧と慈愛の例としては、ベツレヘムのみすぼらしい宿でイエスを生んだ聖母マリア、賄賂を拒んで困窮のうちに没したローマ時代のコンスルだったカイウス・ファブリキウス、困窮ゆえに娘を売ろうとした貧者の家に金を投げこんだとされる四世紀頃の守護聖人ニコラウスのことなどが語られる。貪欲の例としては、『アエネアス』の物語の中で金に目がくらんで妹ディドの夫シュカエウスを殺したピュグマリオン、触るものすべてが金になることを望み、その望みが叶うことでかえって不幸になったミダス王、ヨシュアがエリコの町を占領したとき、町の財宝を勝手に盗んで殺されたアカンのことなどが語られる。

在任わずか三十八日で死んだローマ法王アドリアーノ五世、フランス王室の祖ユーグ・カペーなどがこの環道で罪を清めている。

煉獄では亡霊たちの誰かが罪が清められたことを自覚すると、それを祝福するために山全体が地震を起こすが、ダンテがこの環道を訪れているとき、偶然にもこの環道で罰せられていた魂が罪の浄化を自覚したので、激しい地震が起こった。その人物はローマ時代の詩人スタティウスで、罪の浄化を自覚すると、うつ伏せの状態から起きあがって歩きだしたが、彼がダンテに語ったところによれば、彼は四百年以上を怠惰の環道で、五百年以上をこの環道で罪を清めるために費やしていたのだという。

こうして罪を清めた者は、次の環道へ向かうための石段をのぼることが許される。この石段には公平無私の天使がおり、ペテロの門で罪人の額に記されたＰの文字を一字消し、「義にかわいている人たちは、さいわいである」という福音書の言葉で祝福する。

⬇【煉獄】【スタティウス】【ペテロの門】【七つの大罪】

❖貪婪乱費地獄《どんらんらんぴじごく》――【ダ】

ダンテ作『神曲』の地獄の第四圏で、欲張りと浪費家が堕ちる地獄。入口にギリシア・ローマ時代の富の神プルートがいて、わけのわからない言葉をわめきながら見張りをしている。地獄の中には、互いに区別がつかないほど真っ黒に顔を塗りつぶされた欲張りの群と、浪費家の群がいて、それぞれが反対方向に、誰もが巨大な岩を転がしながら、円周状の道を大声でわめきつつ走らされている。これらのふたつのグループは、道のある一点で出会うと突然殴り合いをはじめ、それからそれぞれが反対方向に走りはじめる。そして、再び道の反対側の一点で出会うと、まったく同じことを繰り返し続けるのである。この間、彼らは互いに罵り合うが、その声は「なぜ貯める?」「どうしてそんなに使う?」といっている。

⬇〔ゲヘナ〈ダンテの地獄〉〕

❖ナラカ(捺落迦《ならか》)——【ヒ・仏】

インドの地獄。インドを起源とする信仰の大きなものにヒンズー教と仏教があるが、いずれの場合も地獄を指すときにはナラカという言葉を用いる。日本語の地獄はナラカの翻訳だが、ナラカを音訳して、地獄のことを捺落迦と書くこともある。

ヒンズー教と仏教では、地獄思想に関しては仏教の方がはるかに壮大な内容を持っており、「八大地獄」「八寒地獄」「十六小地獄」など数多くの地獄がある。

これに対して、ヒンズー教では地獄思想はそれほど大きな発展を見せていない。ヒンズー教の経典には古い順に『ヴェーダ』『ブラーフマナ』『ウパニッシャド』と呼ばれる数多くの文献があり、これらの文献は紀元前一五〇〇年頃から同二〇〇〇年頃までの間に順次登場してきたといわれているが、このうち『ヴェーダ』と呼ばれる文献には、後期のものを除いて地獄を意識している記述はない。

しかし、『ブラーフマナ』の時代になるとナラカの存在ははっきりと意識されていたようで、『ジャイミニーヤ・ブラーフマナ』の中には「ブリグの地獄遍歴の物語」があり、地獄において人間が人間を切り刻んで食べている様子などが描かれている。

『ウパニッシャド』の次の時代になると地獄思想はさらに発展し、ヤマが地獄の王と考えられるようになり、地獄にはチトラグプタという記録官がおり、死者の生前の行為を記した記録簿を管理しているといわれた。また、この時代の『ヴィシュヌ・プラーナ』という聖典には、二十以上の地獄名が挙げられるまでになったが、ここに挙げられている地獄は次のとおりである。


➡［地獄道］［八大地獄］［八寒地獄］［ヤマ］

〈ラウラヴァ〉〝恐怖〟の意。嘘をついた者や偽証をした者が堕ちる。

〈ローダ〉〝障害〟の意。堕胎をした者が堕ちる。また、人や牛を殺した者が堕ちる。

〈スーカラ〉〝豚〟の意。バラモンを殺した者、窃盗を行った者、酒飲みが堕ちる。また、これらの者と交わった者も堕ちる。

〈ターラ〉〝南京錠〟の意。第二階級あるいは第三階級に属する人を殺した者が堕ちる。また、師の妻と交わった者が堕ちる。

〈タプタクンバ〉〝灼熱の瓶〟の意。自分の妹を犯した者が堕ちる。また、使者としてやって来た者を殺した者が堕ちる。

〈タプタローハ〉〝灼熱の鉄〟の意。妻に売春させた者や自分の信者を捨てた者が堕ちる。また、看守やばくち打ちが堕ちる。

〈マハージュヴァーラ〉〝大炎〟の意。自分の息子の妻あるいは自分の娘と交わった者が堕ちる。

〈ラヴァナ〉〝塩〟の意。ヴェーダの教えや師の言葉に従わず、口汚く罵った者が堕ちる。

〈ヴィモーハナ〉〝惑乱〟の意。人の財物を盗んだり規則違反をした者が堕ちる。

〈クリミバクシャ〉〝虫を喰う者〟の意。父やバラモン、神を憎悪する者が堕ちる。

〈クリミシャ〉〝昆虫を喰う者〟の意。魔術を用いて他人に害を与えた者が堕ちる。

〈ラーラバクシャ〉〝つばを喰う者〟の意。神や祖霊に食事を供えたり、客に食事を出すよりも先に自分が喰ってしまった者が堕ちる。

〈ヴェーダカ〉〝穿孔〟の意。人間や動物を殺すために矢を作った者が堕ちる。

〈ヴィシャサナ〉〝殺人的〟の意。戦争で人間を殺すために槍、剣などの武器を作った者が堕ちる。

〈アドームクハ〉〝逆しま〟の意。本来は自分の物ではない物を不法な仕方で受け取ったり、占星術で人をたぶらかした者が堕ちる。

〈プーヤヴァーハ〉〝膿の流れ〟の意。猫、鶏、犬、豚、山羊、鳥を育てた者、米と肉を混ぜて食べた者などが堕ちる。また、暴力を振るった者が堕ちる。

〈ルディラーンダ〉〝血の井戸〟の意。放火犯、裏切り者、毒殺者などが堕ちる。芸人や漁師、妻の売春で暮らす者も堕ちる。

〈ヴァイタラニー〉〝渡し場〟の意。村を略奪した者が堕ちる。また、蜜蜂の巣を壊した者が堕ちる。

〈クリシュナ〉〝黒〟の意。詐欺を働いた者や他人の土地に侵入した者が堕ちる。

〈アシパトラヴァナ〉〝剣葉樹の森〟の意。何の計画もなく森林を切り開いたり、木を切った者が堕ちる。

〈ヴァフニジュヴァーラ〉〝火炎〟の意。狩猟で鹿を殺した者が堕ちる。また、羊飼いをした者が堕ちる。

〈サンダンシャ〉〝釘抜き〟の意。約束や誓約を破った嘘つきが堕ちる。

〈シュヴァボージャナ〉〝犬を喰う者〟の意。若いヴェーダ学生で、夢精によって精液を漏らした者が堕ちる。また、息子に聖典を教わる者が堕ちる。

❖肉欲《にくよく》の環道《かんどう》――【ダ】

ダンテ作『神曲』の煉獄《れんごく》の第七の環道で、同性間・異性間を問わず、肉欲に溺れた者たちの罪を清める場所。煉獄山の山腹から炎が吹きだし、環道を覆い、そこを進む亡霊たちを清める。道の反対側、切り立った崖の下からは風が吹きあげており、炎を吹き戻し、環道の右縁の部分だけは炎から免れている。煉獄を訪ねたダンテは、この地を進むとき、このわずかな隙間を進んだ。

炎の中を進む亡霊たちは、同性愛者、異性愛者の二グループに分かれており、同性愛者たちは時計まわりに、異性愛者たちはその反対に環道をめぐっている。歩きながら、彼らは肉欲の環道にいる者の祈りとして貞節を求める聖歌を歌い、自らを浄化する試練として貞節の美徳に生きた者の例を叫ぶ。この例には、まだ夫と交わらない処女のうちに懐胎したマリア、ゼウスの子どもを懐胎したニムフのカリストを自らの従者から追放した処女女神ディアアナ（アルテミス）のことが語られる。

反対方向に進む亡霊の二グループは、環道のある地点で必ずすれ違うが、このとき彼らは挨拶としてお互いにすばやく簡単に抱擁し合う。同時に、彼らのふたつ目の試練として、それぞれに肉欲の罪で滅びた者たちの例を叫ぶ。同性愛者の亡霊たちは、自然に反した同性愛の罪のために、天から炎が下って滅ぼされた町であるソドムとゴモラの名を叫び、異性愛者たちは、牝牛の張りぼてに入りこむことで牡牛への恋を成就した、クレタ島の王妃パシパエの名を挙げる。それからまた、彼らは炎の中を歩きだす。

肉欲の環道はダンテの煉獄の最後の環道なので、ここで罪を清めた者は、煉獄山の頂上にある地上楽園に進むことができる。地上楽園に進むには石段をのぼらなければならないが、この石段の前には炎の壁があり、別な環道で完全に罪を清め、肉欲の環道で罪を清める必要のない亡霊も、この炎だけは通過しなければならない。石段には貞節の天使がおり、「我が父に祝福された者よ来たれ」といって亡霊を迎え、亡霊の額に記された最後のPの一文字を消し去る。

こうして亡霊は天界へと昇るために、地上楽園に入りこむ。

⬇［煉獄］［ペテロの門］［七つの大罪］

❖ニブルヘイム――【北】

北欧神話の冥界。北欧神話では、宇宙は上下に並んだ三層の円形の世界から構成されている。一番上が神々の住むアスガルズ、真ん中が人間の住む大地ミズガルズ、そして一番下が死者たちの赴くニブルヘイムである。

三層の世界を支えているのはユッグドラシルという巨大なトネリコの木で、それぞれの世界に根を張っているとされる。

ニブルヘイムは世界の全体が誕生する以前の原初の時代から存在する闇と氷の世界で、最初から死者の国だったわけではなかった。神々の手で三層の世界が誕生した後に、悪神ロキが奇怪な三人の子をもうけたが、そのうちのひとりである女神ヘルが、神々の手でニブルヘイムに投げこまれるということがあった。このときに、神々は彼女にニブルヘイムの支配権を与え、これ以降ニブルヘイムが死者たちの赴く冥界となったのである。

しかし、すべての死者たちがニブルヘイムに赴くわけではなかった。キリスト教侵入以前の北欧では、戦争で勇敢に死んだ兵士たちは、一種の天国であるヴァルホルの宮殿に迎えられるとされた。したがって、死者たちのほとんどはニブルヘイムにやって来たが、前記の者たちは別だった。

人間の住むミズガルズから見たとき、ニブルヘイムは北方そして下方のはるか彼方にあるとされた。それは馬に乗って、真っ暗で何も見えない深い谷を九夜走り続けて到達する場所だった。

ニブルヘイムには数多くの川が流れていた。これらの川はニブルヘイムの中央にある、フヴェルゲルミルという泉から流れでていた。この泉には世界樹ユッグドラシルの根が伸びていたが、泉にはニーズホッグという怪竜がいて世界樹の根をかじっているとされた。

数多くの川の中でもヘルの館に一番近いのはギョッル川で、黄金で覆われた橋がかかっ

ており、死者たちはみなこの橋を渡ると考えられた。が、ヘルの館はここからさらに北方そして下方にかなりの距離があるとされた。
ヘルの館はエリューズニルと呼ばれ、高い城壁と堅固な門に守られていた。門のそばには冥府の番犬ガルムがおり、やはりヘルの館を守っていた。やって来た死者たちは、この門からヘルの館に入り、ヘルによって冥界における住処を与えられたのである。とはいえ、死者たちが棲むのは基本的にヘルの館の内部だったようで、主神オージンの息子ヘルモーズが冥界を訪ねたときも、ヘルの館の中で数多くの死者を目撃している。
しかし、北欧の人々は、ヘルの館とニブルヘイムを別の場所にあると考えることもあった。この考え方では、死者たちはまずヘルの館に送られるが、中でも邪悪な者たちは、ヘルの館を通過し、さらに下層にあるニブルヘイムで第二の死を迎えるとされた。

⬇［ヘル］［ガルム］［ヴァルホル］［ヘルモーズ］

❖ニライカナイ――【日】

沖縄で海の彼方あるいは海底にあるとされた他界。ニライカナイのニは根の国の根と同根で、根源という意味があり、神々や祖先の住む楽土とされているが、同時に死者の魂が赴くともいわれた。ニライカナイに住む祖霊は、一年に一度帰ってくるので、沖縄にはそれを迎える儀礼があったといわれる。

❖ヌン――【エ】

「原初の水」を表す古代エジプトの神で、この世のはじめからあった無限の広がりを意味していた。ギリシア神話のオケアノスにも似た存在で、大洋もナイル川もヌンから流れでるとされた。太陽神ラーが天空やドゥアト（冥界）を旅するときに船を浮かべるのもヌンの水の上だったので、時とともにヌンが地獄の深淵を意味するようになった。

⬇［ラー］［ドゥアト］

❖根《ね》の国《くに》——【日】

日本古代に死者が赴くと考えられた他界。根《ね》の堅州国《かたすくに》、底の国ともいう。記紀の中で、父伊耶那岐命《いざなぎのみこと》から海原の国を支配しろといわれた須佐之男命《すさのおのみこと》が、自分は母のいる根の堅州国に行きたいといっていることなどから、しばしば伊耶那美命《いざなみのみこと》が死後に赴いた黄泉の国と同一視される。また、『古事記』では根の国を訪れた大国主神《おおくにぬしのかみ》が地上へ逃げ帰る場面で、須佐之男が黄泉比良坂《よもつひらさか》まで追いかけたとされており、根の国と黄泉の国が同一視されていたことがわかる。『古事記』において、根の国がムカデ、虱《しらみ》、蜂などの暗いイメージで語られていることや、各種の祝詞の中で、根の国から人間にさわりをもたらすものがやって来るように語られていることも、根の国が黄泉の国と同様に、暗いイメージでとらえられていたためだといわれる。江戸時代の国学者平田篤胤《ひらたあつたね》も根の国と黄泉の国を同一視したひとりで、須佐之男命が王であり、伊耶那美命がそれに次ぐ神だとしている。

しかし、大国主神が須佐之男の娘須世理毘売《すせりびめ》をこの世に連れ帰ったように、生きた人間が根の国とこの世を往来することが禁止されているわけではない。このため、一般的には、根の国は黄泉の国とは他界だという点では一致するものの、黄泉の国には復活があり得ないのに対し、根の国が人間の復活を司る他界だという点で、まったく異なる他界だとされている。

そもそも根の国の「根」に含まれるnの音は、沖縄の海上他界として知られるニライカナイの「ニ」に含まれるものと同じで、語源的には常世の国のような明るいイメージを持つものだったといわれる。このため、根の国の入口が出雲にあることは確かだが、それはけっして地下の国ではなく、日本から見て水平方向にあった国だともいわれる。このn音に「根」という文字を与えたことから、木の根のイメージに引きずられ、根の国が黄泉の国と同じく地下にある暗い国だと考えられるようになったらしい。

➡［須佐之男命］［大国主神］［黄泉比良坂］［伊耶那美命］

❖八大地獄《はちだいじごく》――【仏】

仏教の地獄。八熱地獄ともいう。等活地獄、黒縄地獄、衆合地獄、叫喚地獄、大叫喚地獄、焦熱地獄、大焦熱地獄、無間地獄という八個の巨大な熱地獄が縦に重なったもので、人間の生活する贍部州《せんぶしゅう》という土地の地下にある。

等活地獄から大焦熱地獄までの七つの地獄はそれぞれ縦横一万由旬《ゆじゅん》（一由旬＝約七キロメートルまたは十四キロメートル）の広さがあり、これが縦に重なって地下千由旬から二万由旬までに達するとされる。その下に縦横高さそれぞれ二万由旬の無間地獄がある。ただし、地獄のある位置や大きさについては種々の説がある。

八大地獄はどれも正方形で、熱地獄ごとにその周辺には十六小地獄または四門地獄と呼ばれる十六の小地獄が付属しており、全体で百三十六個の地獄を持つ巨大地獄となっている。

八大（熱）地獄はその名のとおり炎によって熱して苦しめる地獄で、八大地獄に並ぶように八寒地獄があり、そこにも大小合わせて百三十六地獄があるといわれる。

➡【六道】【十六小地獄】【四門地獄】（八大地獄のそれぞれについては各項目参照）

❖八寒地獄《はっかんじごく》――【仏】

八大地獄（八熱地獄）のすぐ横に並んであるとされる仏教の地獄。熱地獄とは反対に、罪人たちは極寒の世界で苦しめられる。頞部陀《あぶだ》、尼剌部陀《にらぶだ》、頞哳陀《あたた》、臛臛婆《かかば》、虎虎婆《ここば》、嗢《う》鉢羅《はら》、鉢特摩《はどま》、摩訶鉢特摩《まかはどま》の八地獄がある。

❖ハデスの国《くに》――【ギ】

ギリシア神話の冥界。ハデスはギリシア神話の冥界の王の名だが、この名前が直接ハデスの国である冥界を指すこともある。

ハデスの国の位置は古くは世界の西の果て、オケアノスの流れの果てにあると考えられ、オデュッセウスが冥界を訪れたときも、オケアノスの流れに沿って進んでいる。『オデュッセイアー』の中で、魂の案内者ヘルメス神がオデュッセウスに殺されたペネロペの婚約者の魂を冥界に案内する場面では、ヘルメスはオケアノスの流れに沿って下り、レウカスの岩のそばを通り、太陽の没する門を入り、夢の国を過ぎて、一般の亡霊たちが棲むアスポデロスの野に着いたとされている。

しかし、時代とともにハデスの国は地下にあると考えられるようになり、ギリシアの各地にハデスの国に通じる洞窟があると考えられるようになった。中でも有名なのはペロポネソス半島南端のタイナロンの洞穴で、ヘラクレス、テセウス、オルペウスらはここからハデスの国へと進入している。このほか、アルゴリス半島のヘルミオネの井戸、ポントスのヘラクレイア、イタリアのクマエなどにハデスの国に通じる通路があったという。

ハデスの国は何本かの冥府の川（三途の川）に取り巻かれており、冥府に入りこむにはこれらの川を渡らなければならなかった。冥府の川にはアケロン（悲嘆）、ステュクス（憎悪）、ピュリプレゲトン（火の川）、レテ（忘却）などがあった。冥府の川の中では、歴史的に古いのはステュクス川だが、三途の川として一般的なのはアケロン川で、この川に三途の川の渡し守カロンがおり、小遣い銭くらいの値段で亡者の渡し守を務めていた。

冥府の川を越えたところに、三つの頭を持つ冥府の番犬ケルベロスがいて、ハデスの館の門を見張っていたという。

ギリシア神話にはハデスの国の他にもいくつか死者の棲む場所があるが、これらの位置関係はそれほどはっきりしていない。たとえば、一般的な亡霊の棲むアスポデロスの野はハデスの国にあったが、選ばれた者たちのいくエリュシオンの野や至福者の島は、オケアノスの彼方にあるとされることが多い。

エリュシオンの野や至福者の島に棲む亡霊は幸せだが、ハデスの国に棲む亡霊たちはそれほど幸せではないと考えられている。ハデスの国にやって来る亡霊はけっして悪人ではなく一般的な死者の魂で、そこには地獄のタルタロスにあるような責め苦もないのだが、亡者たちは影のような曖昧な存在で、楽しいことはあまりない。『オデュッセイアー』では、英雄アキレウスの魂もここに棲んでいることになっているが、彼は冥府を訪ねてきたオデュッセウスに向かい、ここは思慮を持たぬ亡者の住居であって、このような者たちの王となるよりは、地上において他人の下で働く小作人になった方がましだと現状を嘆いている。

こうした亡霊たちの他に、ハデスの国には当然冥府と関係の深い神々も住んでいる。そのような神には冥府の王ハデス、王妃ペルセポネや、ヘカテ、エリュニス、ステュクス、タナトスなどがいる。

なお、聖書でも冥界のことをハデスと呼ぶことがある。

➡［ハデス］［ヘルメス］［オデュッセウス］［アスポデロスの野］［エリュシオンの野］

❖ハデスの町《まち》——【ダ】

ダンテ作『神曲』の地獄で、第五圏と第六圏の間にある町で、建物が円形状に延びてお

り、その内側に第六圏から先の地獄がある。いわば地獄の中の境目で、これ以前の地獄は上層地獄、これ以降は下層地獄とされる。上層地獄と下層地獄では罪人の種類も異なり、やむにやまれぬ罪というよりも、むしろ邪悪で獣的な罪を犯した者が下層地獄に堕とされると考えられている。

『神曲』が書かれた当時はイスラム教の勢力が非常に強く、キリスト教ヨーロッパを大いに苦しめていたという事実を反映するように、ハデスの町の建物はイスラム教の寺院風の円屋根を持っている。

そして、その建物は地獄の内部で燃える劫火の明かりで赤く染まっている。町のまわりはまるで鉄のように見える城壁で囲まれており、そこに地獄の中門であるハデスの門がある。門の櫓には数千以上の堕天使たちがたむろして、やって来る者を見張っている。ギリシア神話に登場する地獄の女神エリニュスたちや、その顔を見た者すべてが石になるという怪物メドゥーサらも、このあたりをうろついている。

このような場所だけに通過するのは困難で、ウェルギリウスとダンテもここを通過するには天の使いの助けを必要とした。

⬇［ゲヘナ〈ダンテの地獄〉］［エリニュスたち］

❖ハマースタガーン――【ゾ】

ゾロアスター教の冥界のひとつ。ミスラ、ラシュヌ、スラオシャ三神による死後の審判で、善行と悪行の量がまったく等しいとされた者が赴く。天国と地獄の中間にあたる冥界。

⬇［ミスラ］［ラシュヌ］［スラオシャ］

❖バルザフ――【イ】

イスラム教において、死後に人間の魂が赴くとする地。「地中界」の意味で「墓」のことともいわれる。イスラム教では人間は死後すぐには天国や地獄には行かず、最後の審判の後にはじめて天国と地獄に振り分けられるとされる。そこで、人間が死んだときから最後の審判までの間とどまるとされるのがバルザフである。

人間が死んでバルザフに入るとその夜にふたりの天使が現れて、その人間の信仰を確かめるためにいくつかの質問をする。この質問にどう答えるかによって、死者のその後の境遇に大きな違いが生まれるが、この質問の後、この世の終末のときに復活するまでの間、死者たちはバルザフにとどめ置かれるのである。

しかし、バルザフにいる死者たちは復活の日まで眠っているわけではなく、むしろ現世にいるとき以上に目覚めた状態でいるといわれる。イスラム教では現世に生きている間がむしろ眠った状態であり、人間は死んだ後ではじめて目覚めるとされるので、バルザフでの出来事はすべてが空想的で非現実的ではあるものの、その感覚は一層リアルで直接的だという。また、バルザフにいる間は死者は地獄にも天国にも属していないが、やがて自分が赴くに違いない世界について何らかの予兆を受け取っており、どことなく天国的な、あるいは地獄的な経験をするとされる。

バルザフにいる死者たちが復活するのは終末の日だが、それがいつなのかははっきりしない。ただ、そのときが来ると天使イスラフィールが二度ラッパを吹き鳴らすという。最初のラッパでバルザフにいた死者の魂がすべて意識を失う。また、地上で生きていた人間たちはすべて死滅し、山々は崩れて地上は平らになってしまう。それから二度目のラッパが鳴り、すべての者が復活するのである。バルザフに長くいた者たちの骨や肉はとっくの昔に土になっているが、たとえそうであっても死者たちは生きていたときの姿で復活する。そして、復活した死者たちは群れなして神のもとに赴き、そこで最後の審判を受けて天国（ジャンナ）と地獄（ジャハンナム）に送られるのである。

終末の日はすべての存在に同時に平等に訪れるものである。したがって、死後の魂はいつ死んだかによって、バルザフで過ごす期間が異なることになる。数千年もバルザフにとどまった者もいれば、数百年あるいはもっと短かった者たちもいる。しかし、終末の日に復活した死者たちが振り返ってみると、バルザフにいた期間がどんなに長かろうと、とても短かったように感じられるという。どれくらい短く感じられるかは、善人であるか悪人であるかによって異なっている。善人であればバルザフで過ごす期間は長く感じられるのに、悪人の場合は数百年が十日間に感じられたり、極端な場合は一時間に感じられてしまうこともある。

こうしたことが起こるのはバルザフにとどまっていた間、死者の魂が眠っていたからではなく、復活した人間たちがすでに永遠の時間に属しているからだとされる。最後の審判を経た人間は、その後は永遠に天国や地獄にとどまることになるが、復活した人間たちはすでにそのような壮大な時間の中にいるので、現世で生きていた時間やバルザフにとどまっていた時間の感覚が、すべて短く感じられてしまうのである。

↓［最後の審判］［ジャハンナム］

❖バルドゥ（中有《ちゅうう》）──【チ・仏】

仏教において、人間が死んでから次に新しい世界に誕生するまでの死の期間。仏教ではこの宇宙に天・人・阿修羅・畜生・餓鬼・地獄という六つの世界（道）があり、この世の生き物たちは、これら六つの世界の中で永遠に輪廻転生を繰り返すと考える。そして、輪廻転生を繰り返す生き物の生のあり方を四段階に分け、生まれる瞬間を生有《しょうう》、生きている期間を本有《ほんう》、死の瞬間を死有《しう》、死んでから転生するまでの期間を中有という。たとえば、悪いことをした人間が地獄に堕ちるというのは、人間が死んだ後に新しく地獄道に誕生することを意味するが、この場合なら、人が死んで次に地獄道に誕生するまでの期間が中有と呼ばれることになる。

しかし、日本にもある四十九日忌のように、中有を認める仏教の風習はアジア全土に広がっているが、仏教の中には中有の存在をまったく認めない学派もあり、仏典においても中有について詳しく語っているものは少ない。人間が中有の間に十王と呼ばれる十人の閻魔王の庁をめぐるとする『地蔵菩薩発心因縁十王経』という経典もあるが、これは仏典の中に中有について語っているものが少ないために、後代になって中国あるいは日本で作られた偽経だとされている。

しかし、こうした中でも中有の存在を重要視する思想もあって、とりわけチベット密教にそのような特質がある。

チベット語では中有のことをバルドゥというが、チベット密教ではこのバルドゥの期間をいかに過ごすかによって、死者が輪廻転生から逃れる（解脱する）ことができるかどうかが決まるとしている。輪廻転生は仏教にとって基本的な思想だが、それはけっして望まれた状態ではなく、迷いの状態とされる。したがって、輪廻転生から逃れてニルヴァーナ（涅槃《ねはん》）に入ることがすべての仏教の目的となる。こうなると、人間がどのような理由で輪廻転生するかが問題になるが、普通の仏教ではそれは業《ごう》（カルマ）によるとされる。カルマは現在一般的な大乗仏教では、心や身体の一切の行為の総和と考えられる。このカルマが比較的に善いものであればそれに応じて善い世界へ転生でき、悪いものであればそれに応じて悪い世界に転生することになる。

チベット密教においても、カルマが重要視されることは変わりがない。たとえば、とくにすぐれた人物やどうしようもない極悪人には中有は存在しないという考えは、一般の仏教でもチベット密教でも共通している。とくにすぐれた人物（すぐれたヨーガの実践者）は死後直ちに涅槃に入ることができるし、極悪人の場合は死後直ちに地獄に堕ちてしまうからである。しかし、そのような人物ではない一般の人々については、チベット密教ではバルドゥの過ごし方が何よりも重要だと考える。カルマに応じて涅槃に入る可能性に差異はあるものの、バルドゥの過ごし方によっては、誰でもが輪廻転生を脱して涅槃に入ることができると考えるのである。

　こうした考えに基づいているので、チベット密教では一般に『チベットの死者の書』として知られている経典の中で、死者がバルドゥの期間に体験する出来事と、それに対する心構えを詳しく説いている。

　現在、『チベットの死者の書』と呼ばれる経典は十種類程度あるという報告もあるが、この中でもチベット語で〝バルドゥ・トェ・ドル〟（「中有における聴聞による解脱」）という経典が、バルドゥについて詳しく記述しており、また広く読まれているといわれている。

　ここで、この書に従ってバルドゥについて記述すると、バルドゥには大きく分けて三つの段階があるとされる。第一は死の瞬間の中有（チカエ・バルドゥ）、第二は存在本来の姿の中有（チョエニ・バルドゥ）、第三は再生へ向かう迷いの状態の中有（シパ・バルドゥ）である。これら三段階は、人が死んだ後の四十九日間に順次経験するものとされるが、そこにおいて、人はそれぞれに異なったさまざまなヴィジョンを見る。このヴィジョンはすべて死者自身の悪いカルマが引き起こす幻視であるにもかかわらず、死者の心を迷わせ、いとうべき輪廻転生へと誘う働きを持つ。これらのヴィジョンがすべて幻視であることを悟り、心を空の状態に保つことができれば、死者は輪廻転生を逃れて解脱することができるのだが、それはなかなか難しい。もちろん、それから逃れる方法がないわけではない。それこそ『チベットの死者の書』の役割であって、もしも死んでいく者が生きている間からこの書によってバルドゥに対する心構えを培い、また、死につつある過程において、宗教上の師や親しい友人によって、この書に記されている祈りの言葉を読み聞かせられるなら、その死者にはうまくすれば解脱が、たとえそうでなくてもよい転生が与えられるとするのである。

では、死者たちは四十九日間のバルドゥの期間にいったいどのような体験をするのか。『チベットの死者の書』で語られている三段階のバルドゥに沿って紹介しよう。

⬇［十王］［輪廻転生］［寂静尊］［忿怒尊］［閻魔王］

〈チカエ・バルドゥ（死《し》の瞬間《しゅんかん》の中有《ちゅうう》）〉チベット密教では、人間の身体を血肉の塊を構成する五つの元素（土、水、火、風、空）と、微細な意識の流れ＝生命の風《るん》のふたつのレベルに分けて考える。生命や意識活動を司る風は、人間が生きている間は全身を駆けめぐっているが、人が死んで吐く息が止まるとその流れは身体の中央を走る脈管に集まり、しばらくして身体から出ていく。このとき、風が身体のどの部分から外に出ていくかはとても重要で、頭頂にあるとされる「ブラフマンの穴」から出ていけば、その人は解脱することができる。しかし、風がブラフマンの穴から出ることは極めて稀で、多くの場合には目や耳、尿道などの穴から外に出てしまう。そして、この場合はその人はまだ解脱できず、中有にとどまるとされる。

ここで、人が外に吐く息が止まり、生命の風がまだ身体の中にとどまっている状態をチカエ・バルドゥという。この状態は、死者のカルマによっても異なるが、一般に三日から三日半の間続くとされる。この間、人は失神状態にあるが、生命の風が身体から出た瞬間には再びある種の感覚を取り戻す。このときには死者はかつてと同じように、親族や関係者を見ることができるようになるのである。このため、この瞬間の死者には自分が死んでいるのかいないのかよくわからないとされる。

〈チョエニ・バルドゥ（存在本来《そんざいほんらい》の姿《すがた》の中有《ちゅうう》）〉生命の風が身体から外に出た後、死者はひとつの意識体となってさまざまな幻視を見ることになる。美しい光の色彩、なごやかな仏たち（寂静尊《じゃくじょうそん》）や恐ろしげな神々（忿怒尊《ふんぬそん》）の姿などを死者は見るのである。

これらのヴィジョンは死者のカルマによっていろいろに違った形で現れる。はっきりとした仏の姿となることもあれば、意味不明の不定形となることもある。しかし、いずれにしても、多くの場合においてこれらのヴィジョンは死者を錯乱させる。これらがすべて死者自身の意識の投影であって、死者を傷つけることはないということに気づけば、その時点で死者は解脱できる。だが、それに気づかなければ、死者は相変わらずバルドゥの中を

さまようことになる。
　この段階をチョエニ・バルドゥといい、最高で十四日間続く。この十四日間の間、さまざまなヴィジョンが決まった順番で現れる。
　最初の六日間、眩い光に包まれた寂静尊と呼ばれる仏の神群が出現する。一日目にはヴァイローチャナ如来（毘盧遮那仏《びるしゃなぶつ》）が女尊アーカーシャダートゥヴィーシュヴァリー（虚空界自在母《こくうかいじざいぼ》）をともなって出現する。二〜五日目までは、ヴァジュラサットヴァ（金剛薩埵《こんごうさった》）、ラトナサムバヴァ（宝生仏《ほうしょうぶつ》）、アミターバ（阿弥陀仏）、アモーガシッディ（不空成就仏）の諸如来がそれぞれの神群を引き連れて現れ、六日目にはすべての寂静尊が出現する。また、この期間には輝かしい神群と同時に、天・地獄・人・餓鬼・阿修羅・畜生という六道を表す鈍い光も順次出現し、六日目には六道すべての鈍い光が出現する。
　このように輝かしい光と鈍い光の二種類があるの

は、それによってバルドゥをさまよう意識を試すためである。ここで、死者が目の前にあるすべてのヴィジョンが幻だと気づくか、諸仏の発する輝かしい光を受け入れるなら、死者は解脱できる。しかし、輝かしい光はあまりにも恐ろしい感じがするし、鈍い六道の光はいかにも親しみやすいというので、死者が鈍い光を受け入れてしまえば、その死者はさらに中有をさまようことになるのである。

　こうして七日目になると、寂静尊でも忿怒尊でもないヴィディヤーダラ（持明者《じみょうしゃ》）の神群が出現する。また、畜生道の鈍い光も出現するが、ここでも死者が正しいことを悟らなければ中有が続くことになる。

　八日目から十四日目までは死者は五十八の忿怒尊の神群を見る。忿怒尊は和やかな寂静尊が姿を変えたものだがひどく恐ろしい燃え立つような姿をしている。たとえば、八日目に出現するブッダヘールカは、身体は暗褐色で、色の異なる三つの顔があり、手は六本で四本の足を広げ、九つの目で死者をにらみつける。十四日目になると、すべての忿怒尊が恐ろしいヤマ王（閻魔王）の姿で出現して死者を脅かす。しかも、これらの神々は巨大な者は大空と同じ大きさ、中程度の者で須弥山《しゅみせん》と同じ、小さな者でも人間の十八倍の背丈がある。こんなふうに恐ろしい姿の神々が出現するので、この期間の死者は恐怖と戦慄とおののきに支配されて失神を繰り返し、悟ることはほとんどできず、もちろん、ほんの少しでも悟りさえすれば解脱は可能だが、ほとんどの場合は悟ることができず、バルドゥをさまよい続けることになる。ただし、密教の行者だった者や密教を信仰していた者は、どんな最低な者であっても、この段階までに悟ることができるという。

〈シパ・バルドゥ（再生《さいせい》へ向《む》かう迷《まよ》いの状態《じょうたい》の中有《ちゅうう》）〉チョエニ・バルドゥにおいてさえ悟ることのできなかった死者は、バルドゥにおける最後の段階――シパ・バルドゥまでやって来る。この期間は最長で二十一日間続くが、ここで死者たちは、それぞれのカルマに応じた幻影に悩まされることになる。死者たちの前には耐え難いほど恐ろしい巨大な暗闇が立ちはだかり、「打ちのめせ」とか「殺してしまえ」という恐ろしげな声まで聞こえてくる。罪深い者たちの場合は地獄の鬼たちが現れ、「殺せ」「打ちのめせ」と叫びながら追いかけてくる。激しい吹雪や豪雨、山が砕けたり、湖の水が氾濫したり、火が燃え広がるといった天変地異にも苦しめられる。仏の教えをまじめに実践してきた者たちは、いろいろと楽しい経験をすることができる。

その後、死者たちの前にヤマ王（閻魔王）が現れる。そのそばにはピシャーチャ鬼がいて、死者が生前に行った悪い行いを数えあげる。このとき、「私は悪いことはしていません」と嘘をついても無駄である。ヤマ王の業の鏡に生前の行いのすべてが映しだされるからだ。そして、死者たちはカルマに応じた罰を受けることになる。ヤマ王が死者の首を紐で縛り、その身体を裂いて血をすすったり脳味噌をなめたりするのである。

だが、ここまで来ても、仮に死者たちがすべてが幻だということを悟りさえすれば、解脱することはできる。しかし、ここまで来てもなお悟ることができなかった場合、死者にとって大切なことは解脱することよりも、むしろよりよい転生を得ることに変わってくる。

このとき死者の前に六道からの六つの光が現れる。これらの光はどれも薄明かりだが、天道は白、阿修羅道は赤、人道は青、畜生道は緑、餓鬼道は黄、地獄道は煙色をしている。同時に、死者の身体もこれから生まれ変わる世界の色を帯びてくる。もちろん、この段階でもすべてが幻だと悟れば死者は解脱の可能性を持っている。しかし、いまとなって大事なことは、できる限りよりよい世界に転生することだとされる。そのために大事なことは胎の入口を正しく選択することである。胎とは母親の胎内を意味する。ここで注意深く選択すれば、たとえ輪廻転生から逃れられなくとも、仏の教えの広まっている世界へ転生することができるのである。

こうして、母親の体を選択した死者は、やがて生まれ変わり、新しい世界へ転生することになるのである。

❖反逆地獄《はんぎゃくじごく》──【ダ】

ダンテ作『神曲』の地獄の第九圏で、神々に対して反逆するという、もっとも重い罪を犯した者たちが堕ちる最下層の地獄。

第八圏の悪の濠は大きな漏斗状をしており、中央が深淵になっているが、反逆地獄はこの深淵の底に位置している。深淵の周囲は切り立った崖になっており、その上端の方に周辺ににらみを利かすように数人の巨人が立っている。巨人たちは身長がどれも十五～十八メートルあり、上半身だけを崖の上に突きだして、外側を向いて立っている。これらの巨人には、バベルの塔を築いたとされるニムロデや、ギリシア神話に登場するエピアルテス、アンタイオス、ティテュオス、テュポンがいる。

反逆地獄は巨人たちのいる場所からさらに深い場所にある氷の世界で、そこは永遠に凍りつくコキュトスという沼地になっている。コキュトスは同心円状に区分された四円に分かれており、その中央に悪魔大王が陣取っている。四円は外側から、カイーナ、アンテノーラ、トロメーア、ジュデッカとなっている。

➡［ゲヘナ〈ダンテの地獄〉］［悪魔大王］

〈カイーナ〉コキュトスの一番外側にある地獄で、カインの国の意。創世記に登場するアダムの子カインは弟アベルを殺した人物で、カイーナは肉親を裏切った者が堕ちる地獄とされている。ここで、罪人たちは凍りつくコキュトスの沼に首まで漬けられており、寒さに震えている。体中が凍りついているので、耳がかけてしまった者などがいる。

〈アンテノーラ〉コキュトスの第二円にある地獄で、アンテノルの国の意。アンテノルはギリシア神話に登場するトロイア人で、彼がギリシア軍と通じていたことからトロイアが滅びたとされている。アンテノーラは故国や党を裏切った者が堕ちる地獄で、カイーナと同様に罪人たちは氷漬けの状態で、互いに罵り合ったりしている。

〈トロメーア〉コキュトスの第三円にある地獄で、トロメオの国の意。トロメオは『マカベア前書』に登場するエリコの首長で、客人を裏切って殺したとされている。トロメーアに堕ちるのもそのような罪を犯した者たちで、罪人たちはやはりコキュトスに氷漬けにされている。しかし、トロメーアは地獄の中でも特別の場所で、地上で嫌悪すべき裏切りを犯した罪人は、まだ生きている間に魂だけトロメーアに堕とされ、氷漬けの罰を受けさせ

られる。このため、魂は地獄で責め苦を受けているが、肉体は生きて地上で暮らしているという不思議なことが起こる。

〈ジュデッカ〉コキュトスの第四円にある地獄で、ユダの国の意。ユダはキリストを裏切ったイスカリオテのユダのことで、ジュデッカは偉大な恩人を裏切った罪人が堕ちる地獄とされている。コキュトスの他の円と同様に、罪人たちの多くは氷漬けにされており、透明な氷の中に横たわったり、頭を上にしたり下にしたりしている罪人たちが透けて見える。

ジュデッカの中央に悪魔大王が閉じこめられている。悪魔大王はジュデッカの中心にある氷の穴から、胸のあたりから上の部分だけを突きだしているが、その身体は恐ろしく巨大で、反逆地獄を取り巻いていた巨人たちよりもはるかに大きく、体中に毛が生えている。コキュトスが凍りついているのもこの大王のせいで、彼はこうもりのような羽毛のない翼を持っており、これを羽ばたかせることで冷たい風が起こるとされている。

大王は赤、黄、黒の三つの頭を持っており、この色は白人、黄色人、黒人を表しているといわれる。そして、口ごとに罪人をひとりずつくわえている。そのひとりはイスカリオテのユダで、頭から大王に飲みこまれ、足だけを外に出している。残りのふたりは、カエサルを裏切ったブルトゥスとカシウスで、足の方を飲みこまれ、頭の方を外に出している。

大王は地獄の中心、最下部に存在するが、その位置は地球および重力の中心にも位置しており、大王をはしご代わりにして氷の穴を通り抜けると、そのときから上下が逆になり、大王の足が上に向かってそびえているように見える。こうして、反対側に出ると、そこには煉獄《れんごく》の世界が広がっている。大王の頭のある方が北半球、足のある方が南半球になっている。

❖不帰《ふき》の国《くに》――【メ】

シュメール、アッカド、バビロニアなど古代メソポタミアの冥界。「暗黒の国」と呼ばれることもある。古代シュメール、バビロニアの神話で原初神のひとりとされる神に、淡水を表すアプスーがいるが、この淡水の固まりは大地の下にあると考えられた。不帰の国があるのはこのアプスーのさらに下だった。このため、地上から冥界へ行くには途中で水の流れを越えなければならなかったが、いわば三途の川であるこのアプスーの流れは別名フブル川と呼ばれた。

冥界の様子については、『イナンナの冥界下り』『ギルガメシュ叙事詩』などからある程度知ることができる。それによると不帰の国には七つの門があり、そのそれぞれに恐ろしい番人がいた。このうち最初の門はガンジル門といい、門番はネティだった。ネティの姿ははっきりしないが、門番たちの中には、鋭い鷲のような爪を持つ者がいて、訪れる者に襲いかかることもあった。

七つの門の内側に冥界の死者や冥界の神々が住んでいた。神々の代表は冥界を支配する女王エレシュキガルとその夫のネルガルで、ラピスラズリのように輝く宮殿に住んでいた。そこには他に、記録係のベーリット・セーリ、女王に仕えるナムタル、精霊であるガルラたちもいた。

冥界にやって来た死者たちはベーリット・セーリの記録に基づいて審判を受け、冥界に棲むことを許されたが、そこでの生活は全般的に悲惨だった。冥界は光のない闇の国であるうえに、死者たちの食べ物は埃や土だった。しかし、ギルガメシュの落とし物を親友のエンキドゥが冥界に取りにいく神話では、エンキドゥの影だけが地上に戻り、冥界での死者の暮らしについて、生前の暮らしが大きな影響を与えるらしいことを証言している。

それによると、地上で懸命に生活し、数多くの子供を持った人間は、冥界で楽しい生活を送れるとされている。たとえば、子どもが少なかった者はパンと水だけで暮らさなければならないが、子どもを五人持った者は書記のような暮らしができ、七人持った者は神々と一緒に音楽を楽しむこともできる。親よりも早く死んだ者は水を飲むこともできず、結婚せずに死んだ者は永遠に泣いて暮らさなければならない。また、戦場で惨めに死んだ者は冥界で休み場所を見つけることができないのである。

不帰の国に入りこもうとすることは、生きている人間はもちろん、天の神々にとってさえ危険なことで、そのためにはいくつもの決まりを守らなければならなかった。冥界の王になる以前の、まだ天界の神だったネルガルが冥界を訪れようとしたときには、父であるエア神から、冥界の椅子に腰掛けてはいけない、飲食をしてはいけない、冥界の水で足を洗ってはいけない、女王エレシュキガルが湯浴みのために裸になっても誘惑されてはいけないなどと注意を受けている。

また、英雄エンキドゥが冥界に赴こうとしたときは、ギルガメシュから注意が与えられた。それは、冥界に行くのにいい服を着てはいけない、いい香油を身体に塗ってはいけない、冥界で槍を投げてはいけない、杖を持っていってはいけない、サンダルを履いてはいけない、また冥界において愛する妻や息子にキスしたり、彼らをたたいてはいけないというものだった。当然のことだが、これらの規則のひとつでも破った者は、二度と冥界から逃れることはできないのである。

➡［イナンナ］［エレシュキガル］［ネルガル］

❖憤怒地獄《ふんぬじごく》──【ダ】

ダンテ作『神曲』の地獄の第五圏で、わけもなく他人に当たり散らすような憤怒の罪を犯した者が堕ちるとされている。この地獄は、全体がギリシア神話の地獄の川と同名のス

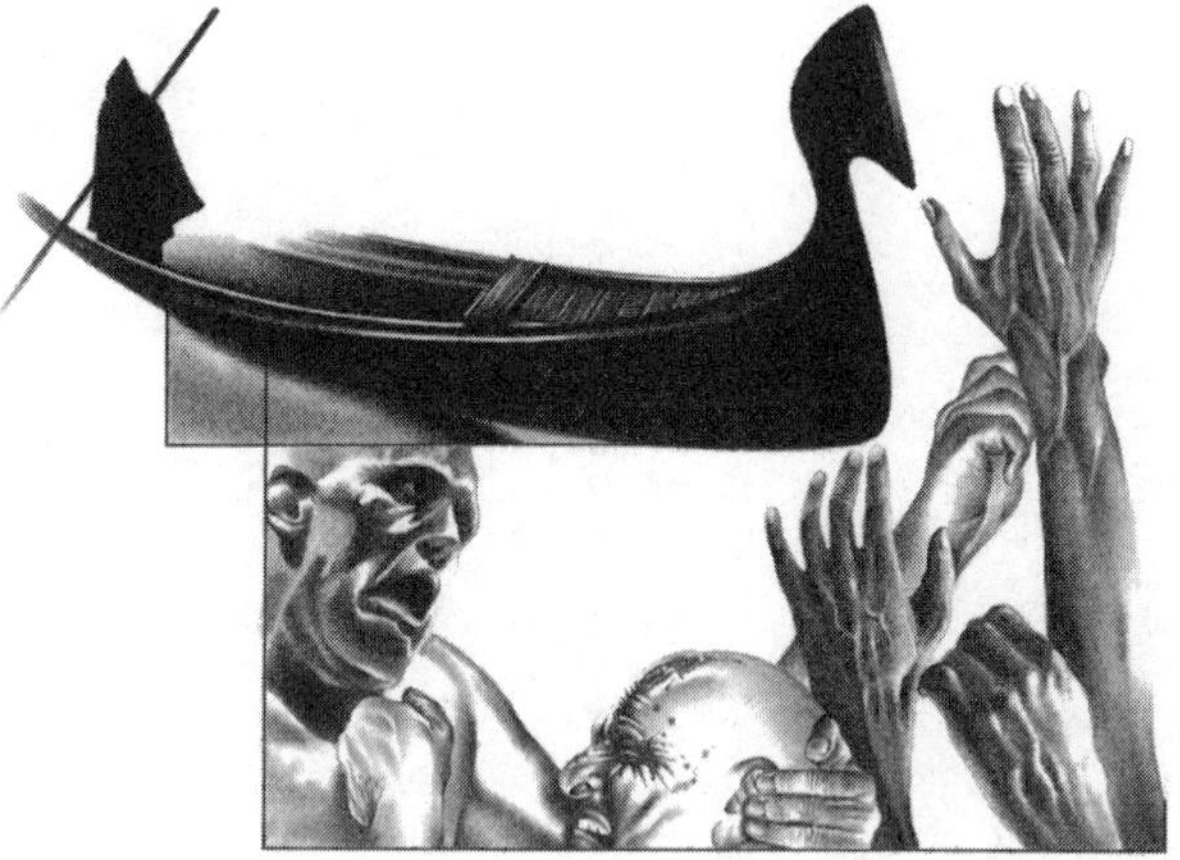

テュクスという煮えたぎる沼地になっており、亡者たちはその泥水の中で苦しめられる。しかも、亡者たちは互いに反目し合っており、怒気をあらわにして殴り合ったり、ぶつかり合ったり、相手の肉を噛みちぎったりしている。そのため、あたりには亡者の阿鼻叫喚が響いている。『神曲』の他の地獄圏と同じく、ステュクスの沼地は全体として円周状になっているので、地獄の奥に進むにはこの沼地を越えなければならない。地獄の入口にあったアケロン川ではカロンが渡し守をしていたが、ステュクスではギリシア神話に登場するプレギュアスがその仕事をしている。この沼地を越えるとハデスの町があり、そこから先が下層の地獄となっているので、ステュクスの沼地は第二の地獄の入口の役割も果たしている。

❖憤怒《ふんぬ》の環道《かんどう》――【ダ】

ダンテ作『神曲』の煉獄《れんごく》の第三の環道で、憤怒の罪を清める場所。憤怒は人間の視線を曇らせ、判断を誤らせ、自然の感情を抑圧するので、この環道にいる亡霊たちは黒々とした厚い煙に包まれ、何も見えない状態でいつまでも祈りを捧げ続けなければならない。そのうえで、彼らはまるで目の前で本当に起こっているかのような幻影によって試練を与えられる。この試練には二種類ある。

ひとつは憤怒とは正反対の柔和を表すもので、アテナイの僭主《せんしゅ》ペイシストラトスが、恋慕から町中で彼の娘に抱きついた青年を許した場面、聖ステパノが異教徒たちに石を投げつけられながらも、神に向かって彼らの罪を許すように祈りながら死んだ場面などが浮かびあがる。

もうひとつは憤怒の罪を犯して罰せられた例で、自分の夫が妹を犯したとき、怒りに駆られて息子を料理して夫に喰わせ、この罰を受けて鳥に変えられたプロクネ、息子トゥルヌスがアエネアスとの戦いで殺されたと思いこみ、怒りのあまり自殺してしまった母アマータの例などが浮かびあがる。

こうした試練を経て憤怒の罪の汚れを浄化した魂は、第四の環道へ向かう石段をのぼることができる。この石段には柔和の天使が待機しており、ペテロの門を通過するときに亡霊の額に記されたPの文字を一字消し、「平和を作りだす人たちはさいわいである」と福音書の言葉で祝福する。

➡【煉獄】【ペテロの門】【七つの大罪】

❖辺獄《へんごく》――【ダ】

ダンテ作『神曲』の地獄の第一圏で、リンボともいう。地獄を円形に取り巻くアケロン川の内側に沿って広がっており、キリスト教の洗礼を受けなかった者や、徳はあるが異教徒だった者が堕ちるとされている。中世のキリスト教では、キリスト教徒以外の者は地獄に堕ちるとされたため、偶然にもキリスト以前に生きていた人々は、キリスト教徒であるはずがなく、みな地獄に堕ちることになった。しかし、これらの人々の中には徳のある立派な人々も多い。こうしたことから、ダンテはキリスト教以前の人々の中でもとくに立派な人々を、地獄らしい刑罰が存在しない辺獄に置いたといわれている。辺獄には高貴な城があって、死者たちはそこに住み、とくに幸福ではないが、罰を受けることなく暮らすことができる。ここにいる人々は、ギリシア・ローマ時代の立派な哲学者、弁論家、詩人などで、ホメロス、アリストテレス、プラトン、ソクラテス、キケロ、ユークリッド、プトレマイオスといった人々である。ダンテが地獄と煉獄《れんごく》をめぐるときに案内者となるローマ時代の詩人ウェルギリウスも、本来は辺獄の住人だったとされている。

キリスト教以前ということになると、旧約聖書に登場するアダムやその息子のアベル、洪水で有名なノア、『出エジプト記』のモーセ、族長アブラハム、ダビデ王、イスラエルなども、辺獄の住人ということになる。しかし、これら旧約聖書の偉人たちについては、ずっと昔にキリストが地獄に下ったときに救いだし、いまでは天国に住んでいると『神曲』に登場するウェルギリウスは説明している。

⬇［ゲヘナ〈ダンテの地獄〉］［ウェルギリウス］

❖暴虐地獄《ぼうぎゃくじごく》——【ダ】

ダンテ作『神曲』の地獄の第七圏で、暴力者たちが堕ちる地獄。この地獄は鋭く切り立った高い崖の下にあり、崖のおり口には怪物ミノタウロスが見張りをしている。崖の岩はひどく崩れているが、これはずっと以前にキリストが地獄に下ったときに激しい地震が起こったためだとされている。

暴虐地獄に堕ちる暴力者には三種類があり、それに応じて地獄の内部も三つの円に分かれている。外側がプレゲトン川、中央が自殺者の森、内側が熱砂の荒野である。

⬇［ゲヘナ〈ダンテの地獄〉］［イエス・キリスト］

〈プレゲトン川《がわ》〉 暴力者の中でも数多くの他人の血を流した暴君たちが堕ちる川で、内側の地獄を取り巻くように円周状に流れている。ピュリプレゲトン川ともいう。アケロン川、ステュクス川、コキュトス川と同じく、ギリシア神話の時代から冥界の川として知られている。

炎の川の意で、煮えたぎる血が流れており、その中では幾千人もの暴君たちがいまにも溺れそうな様子で永遠の罰に苦しんでいる。川は片側が深く、反対側が浅くなっているが、川の岸辺には数多くの半人半馬のケンタウロスが弓を持って見張っており、誰も逃げだすことはできない。マケドニアのアレキサンダー大王もこの川で苦しめられている。

〈自殺者《じさつしゃ》の森《もり》〉 暴虐地獄の第二円にある森で、自分自身に暴力を加えた結果として自殺者になった者、および自分の財産を無理矢理に蕩尽した者たちが堕ちる。森には木々が茂り道さえ通っていないが、そのように茂る木々の中に自殺者の魂が閉じこめられている。第二圏邪淫地獄の入口にいる地獄の判官ミノスは自殺者の魂をこの森に送るが、その魂が森の大地に落ちると、それが種子となって、節くれだって醜く曲がった木が生えてくるのだという。この木は死者そのものなので、傷つけられたり、枝が折れたりすると、血が吹きだし、痛みのために木がうめき声を発する。ダンテはこの森にやって来たとき、試みに一本の枝を手折ったが、するとそこから言葉と血とが同時に吹きだした。森には人間の女の

顔を持つ怪鳥ハルピュイアイが数多く棲んでおり、絶えず葉をついばんだりして木々を苦しめている。
　蕩尽者たちの魂も、自殺者の木々を苦しめる役割を果たす。蕩尽者たちはこの森に裸で置き去りにされ、血に飢えた黒い猟犬の群に追いかけられているが、森の中を全力で逃げまわるときに、あちこちでぼきぼきと木々の枝を折ってしまうのである。このために、自殺者の森では、少しの間も木々のあげる悲鳴が止むことはない。しかも、蕩尽者たち自身もけっして猟犬から逃げ延びることはできず、ついに追いつかれると、肉を

引き裂かれる。そして猟犬たちは苦しみの声をあげている蕩尽者の肉をくわえて走り去るのである。

〈熱砂《ねっさ》の荒野《こうや》〉暴虐地獄の第三円にある地獄で、神と自然と技芸に対して暴力を加えた者が堕ちる。ここは草木が一本もない荒涼とした砂漠であり、旧約聖書の中で神に滅ぼされたソドムやゴモラの町のように空から炎の固まりが降り注いで、炎熱によって死者の魂を苦しめている。魂たちは身に降りかかる火を払い落とすが、炎は次から次と降り続くので休まる暇がない。

ギリシア神話の中の「テバイの七将」として知られる物語で、テバイを攻撃した武将のひとりカパネウスも神に背いた者としてこの地獄に堕とされており、炎の雨の中でいつまでも大神ゼウスを罵っている。自然に背いた者としては同性愛者たちが、技芸に背いた者としては高利貸したちが、この地獄で苦しめられている。

❖飽食《ほうしょく》の環道《かんどう》――【ダ】

ダンテ作『神曲』の煉獄《れんごく》の第六の環道で、飽食の罪を清める場所。ただ単に暴飲暴食を行った者だけでなく、常軌を逸して食べ物の嗜好にうるさかった者たちが罪を清める。大喰らいたちの煉獄らしく、この地の亡霊たちは飢えと渇きに苦しみ、やせ衰えて目がくぼんでいる。

環道には二本のたわわに実った樹木と、小滝となって流れ落ちる水があり、樹木のうちの一本はエデンの園にあった知恵の木が分かれて生えたものである。しかし、これらの木々はそれ自身が声を出して飲食を禁じるので、亡霊たちは飲むことも食べることもできない。木々には、亡霊たちへの試練として、自制の美徳を実践した人々のことと、飽食の罪のために罰を受けた者のことを告げる働きもある。自制の美徳を実践した者としては、イエスの母マリア、バビロニア王の提供する飲食物を拒否して神から知恵を授けられたダニエル、いなごと野蜜を食物としていたヨハネなどの例が語られる。飽食の罰を受けた者としては、ペイリトオスの結婚式で飲み過ぎて暴れ、この結果テセウスらに殺されたケンタウロス一族、敵地へ向かう途中の川であたりを警戒することもなく水を飲み、このために戦士としての資質を疑われ、戦闘に参加できなかったギデオンの部下の話などが語られる。

こうした試練を経て飽食の罪が浄化された亡霊は、石段をのぼって次の環道へ向かうこ

とができる。この石段に自制の天使が待っており、亡霊たちの額に記されたPの文字を一字消し、「神の光に照らされ、過度な飲食の欲を持たず、常に義にのみ飢えている者はさいわいである」という言葉で祝福する。

⬇［煉獄］［ペテロの門］［七つの大罪］

❖酆都《ほうと》——【道】

道教の冥界の王都。羅酆《らほう》ともいう。もともとは中国北方海上の癸地《きち》という架空の地にある羅酆山にあるとされていたが、後に四川省の酆都にあるとされるようになった。中国では泰山にも冥府あるいは地獄があったとされるが、泰山が中国北方の黄河流域における地獄信仰の中心地だったのに対して、酆都は四川省から長江中下流域における中心地だったといわれる。

羅酆山の冥府が現実の土地に移されたものなので、基本的な組織などは羅酆山の冥府と同じであり、地獄の主宰者も酆都大帝だとされている。

地獄の王都らしく伝説も多いが、『聊斎志異』にある「酆都御史」という物語によると、酆都のはずれに奥深い洞穴があり、俗に閻魔大王の役所といわれていたという。また、酆都地獄で使われる刑具はみな人間の作った物で間に合わされており、桎梏《かせ》が古くなって使えなくなると、それが洞穴の前に出してある。これを見つけると、県知事はすぐにも新しい物を用意して古い物と取り替えておくが、そうすると翌日にはなくなっていたなどと語られている。

⬇［羅酆山］［泰山］［酆都大帝］

❖酆都三十六獄《ほうとさんじゅうろくごく》――【道】

道教の冥府の王都である酆都にあるとされている地獄。酆都羅山の中央に酆都羅山総都阿鼻無間地獄があり、東西南北にそれぞれ九獄ずつ三十六の地獄が配されている。地獄の名称は、東が天一、監天、平天、虚天、皇天、九天、元正、刑正、太真、西が鉄車、鉄馬、鉄牛、鉄驢、鉄錐、鉄牀、鉄杖、鉄鏘、鉄鏃鏫、南が流火、火丸、火箭、飛火、焼脚、火象、然身、元平、禁罰、北が玄沙、北玄、女青、河伯、幽玄、累劫、律令、糞尿、冰池とされている。

⬇［酆都］

❖酆都二十四獄《ほうとにじゅうよんごく》――【道】

道教の冥府の王都とされる酆都にあるという地獄。二十四獄の名は経典によって異なる。『四極明科』では、藍天、玄沙、無上、太真、虚無、火庭、毒刃、寒夜、律令、風刀、九幽、刑正、太平、清沼、玄陰、天玄、天一北、三十六天、元正、河伯、禁罰、黄天、累却、女青があるとされる。『要修科儀戒律鈔』では、金槌獄、鑊湯獄、抜舌獄、五牢大地獄、大檻獄、酆都獄、八闥獄、迷犁獄、北寒獄、火山獄、碓地獄、黒闇獄、大剣獄、燋火獄、石灰獄、黄泉大闥獄、障明獄、銅火獄、炎鑪獄、沸山獄、分形獄、磨山獄、餓鬼獄、黒水獄となっている。

➡【酆都】

❖ミクトラン――【マ】

マヤ・アステカ族の冥界。マヤ・アステカにはトラロカンを含めて四つの天国があるといわれるが、ミクトランは天国とは別の死者の国。しかし、地獄のような苦しみのある場所ではなく、一般的な死者が赴く冥界で、とくにいいこともないが悪いこともない死者の国とされる。

ナワ族のものとされる神話の中にミクトランまでの道のりを語るものがあるが、その道のりはとても長く危険なもので、死者たちは副葬品として納められた投げ槍の束を持って旅に出るという。旅の途中には障害となる高い峯や八つの砂漠、八つの山がある。さらに蛇やワニなどの猛獣、恐ろしい旋風、悪魔にも襲われる。このような種々の困難の後に死者ははじめてミクトランに着き、そこで死者の王であるミクトランテクートリの許しを得て、ミクトランに棲むことができるのである。

❖無間地獄《むけんじごく》──【仏】

阿鼻地獄ともいう。仏教の八大地獄中最悪の地獄で、殺生、盗み、邪淫、酒の売買、嘘、邪見、犯持戒人（童女や比丘尼《びくに》など清く聖なる者を犯す）の他に父母殺害や阿羅漢（聖者）殺害など、仏教において最も重い罪を犯した者たちが堕ちる地獄。八大地獄の最下部にあり、大きさも他の地獄より大きい。縦横二万由旬《ゆじゅん》の正方形の広がりで、高さも二万由旬あるといわれることもあれば、それ以上の大きさがあるともいう。

最悪の地獄らしく、無間地獄に堕ちる罪人たちは中有《ちゅうう》の期間から大いに罪を責められる。それから地獄に堕ちるが、無間地獄の上部でさえ地上から二万由旬という深さに位置しているので、罪人たちは地獄に堕ちるまでに、まっ逆さまに堕ち続けて二千年もかかる。

無間地獄に着くと、そこには他の地獄とは比べものにならない大きな苦しみが待っている。地獄は至るところ炎に満ちていないところはない。その中に牛頭《ごず》、馬頭《めず》などの獄卒はもちろん、背丈が四由旬、六十四の目を持つうえに火を吐くという奇怪な鬼も棲んでいる。罪人たちはこれらの鬼たちに追われて、燃えさかる熱鉄の山を、永遠にのぼりおりさせられる。また、ある罪人は舌を抜きだされ、百本の鉄釘を打たれる。鬼の他にも、毒や火を吐く大蛇や虫たちが無数にいて、罪人を苦しめる。これらの苦しみから見れば、大焦熱地獄の苦しみさえ、夢のような幸福に見えるほどである。

罪人たちが地獄にとどまる期間も最も長く、一中劫《ちゅうごう》に及ぶ。一中劫というのは、一辺が一由旬の巨大な石を、百年に一度だけ柔らかな綿でさっと払うという作業を繰り返し、石が磨滅して消えてなくなるまでの時間よりもさらに長い時間だとされる。

無間地獄の四方には四つの門があり、その外側に、烏口処《うこうしょ》、一切向地処《いっさいこうちしょ》、鉄野干食処《てつやかんじきしょ》、野干吼処《やかんくしょ》、無彼岸常受苦悩処《むひがんじょうじゅくのうしょ》、黒肚処《こくとしょ》、身洋処《しんようしょ》、夢見畏処《むけんいしょ》、身洋受苦処《しんようじゅくしょ》、雨山聚処《うせんじゅうしょ》、閻婆《えんば》叵度処《はどしょ》、星鬘処《せいまんじょ》、苦悩急所《くのうきゅうしょ》、臭気覆処《しゅうきふくしょ》、鉄鍱処《てっちょうしょ》、十一焔処《じゅういちえんしょ》がある。

➡［八大地獄］［六道］［十六小地獄］

〈烏口処《うこうしょ》〉 阿羅漢（小乗修行の最高位者）を殺した者が堕ちる小地獄。獄卒が罪人の口を裂き、けっして閉じないようにした後で、どろどろの沸騰する泥が流れる川に落とす。沸騰した泥が罪人の口から喉を焼きながら内臓に入りこみ、すべて焼きつくす。

〈一切向地処《いっさいこうちしょ》〉 とりわけ尊い尼僧や、阿羅漢を強姦した者が堕ちる小地獄。罪人は頭を下にしたり上にしたりして、くるくると回転させられながら、炎に焼かれ、また灰汁の中で煮られる。

〈鉄野干食処《てつやかんじきしょ》〉 仏像、僧房など僧侶の身のまわりの品を焼き払った罪人が堕ちる小地獄。罪人たちの身体からは火が噴きだし、空からは鉄の瓦が豪雨のように降り注いで、罪人の身体を粉々にする。また、炎の牙を持つ狐に似た動物がやって来て、罪人を喰う。

〈野干吼処《やかんくしょ》〉すぐれた智者、悟りに達した者、阿羅漢などをそしった者が堕ちる小地獄。鉄の口を持つ火を吐く狐がおり、罪人に群がって、手、足、肺、舌、鼻など罪のある部分を次々と喰いちぎる。

〈無彼岸常受苦悩処《むひがんじょうじゅくのうしょ》〉自分の母親を犯した者が堕ちる小地獄。獄卒が鉄の鉤を使って罪人の魂を臍《へそ》から取りだし、それを鋭い刺で刺す。さらに罪人の臍にくぎを打ち、口の中に高熱の鉄を注ぎこむ。

〈黒肚処《こくとしょ》〉仏に属する物品を喰ったり自分の物とした者たちが堕ちる小地獄。罪人たちは飢えと渇きに苦しみ、そのあげくに自分の肉を喰う。さらに、黒い腹の蛇がいて、足の甲から罪人を喰っていく。しかも、喰いちぎられた部分の肉は次々と生じてくるので、苦しみが終わることはない。

〈身洋処《しんようしょ》〉仏に捧げられた財物を盗んだ者が堕ちる小地獄。燃えあがる巨大な二本の鉄の木の間に地獄があり、激しい風のために二本の木が擦れ合い、間に棲む罪人たちを粉々にする。木の枝には金剛のくちばしを持つ鳥もいて、砕けた罪人を喰う。

〈夢見畏処《むけんいしょ》〉僧侶たちの食料を奪い、飢えさせた者が堕ちる小地獄。罪人を鉄の箱の中に座らせて、杵でついて肉の塊にする。

〈身洋受苦処《しんようじゅくしょ》〉篤志家が出家者や病人に布施した財物を、僧侶を装って奪い取った者が堕ちる小地獄。高さ百由旬の燃える鉄の木があり、その木の下にある地獄にこの世にあるすべての病があって罪人を苦しめる。

〈雨山聚処《うせんじゅうしょ》〉辟支仏《びゃくしぶつ》（菩薩より価値の低い仏）の食物を奪って自分で喰った者の堕ちる小地獄。巨大な鉄の山が上空から落ち、罪人を押し潰す。押し潰された罪人は再び生き返り、同じことが繰り返される。獄卒たちは罪人の身体を引き裂いて、高熱の液体を切り口に注ぐ。また、人間界にあるすべての病が存在し、罪人を苦しめる。

〈閻婆叵度処《えんばはどしょ》〉 田畑の水や飲み水を供給する川などを破壊して、人々を渇死させた者が堕ちる小地獄。閻婆という象のように巨大で、くちばしから火を吐く鳥がいて、罪人をくわえて空高く舞いあがり、そこから罪人を落として粉々にする。また、地面には無数に鋭い刃が突きでており、罪人の足を裂き、炎の歯を持つ犬が罪人を噛む。

〈星鬘処《せいまんじょ》〉 修行によって飢えている僧侶から食料を奪った者が堕ちる小地獄。地獄にはふたつの角に大きな苦しみの場所がある。一方で罪人は釜の中でぐつぐつと煮られて、くるくると回転する。もう一方では、激しい風が無数の剣を吹き飛ばして罪人をぼろぼろにする。それから、罪人は釜に入れられ溶けた銅で煮られる。

〈苦悩急所《くのうきゅうしょ》〉仏教の説を伝えるための書き物や絵画などを、歪めたり破損したりいたずらしたりした者が堕ちる小地獄。獄卒が罪人の両目に溶けた銅を流しこみ、その眼を熱した砂ですり減らし、さらに身体の他の部分も同じようにすり減らす。

〈臭気覆処《しゅうきふくしょ》〉僧たちの田畑その他、彼らに帰属すべきものを焼いた者が堕ちる小地獄。無数の針が突きだした燃えあがる網が罪人を捕らえ、身体中を刺し貫きながら燃やしつくす。

〈鉄鍱処《てっちょうしょ》〉食料などが不足する貧しい時代に、僧侶たちの面倒を見るといっておきながら何もせず、飢えさせた者が堕ちる小地獄。罪人たちは数多くの炎に取り囲まれて、飢渇の苦しみを与えられる。

〈十一焰処《じゅういちえんしょ》〉仏像、仏塔、寺舎などを破壊したり燃やしたりした者が堕ちる小地獄。獄卒たちが鉄棒を持って追いかけ、罪人は蛇に噛まれたり、炎にこがされながら逃げ続ける。

❖幽冥界《ゆうめいかい》――【日】

復古神道において、人間が死後に赴くとされている冥界。江戸時代の国学者・平田篤胤《ひらたあつたね》（一七七六～一八四三）によって確立した。

平田篤胤は大倭心《やまとごころ》を確固としたものにするためには死後の世界を知らなければならないと考えて冥界の研究をはじめたが、この冥界研究は宇宙論と結びついており、この宇宙論から独自の理論によって幽冥論が主張された。

篤胤の宇宙論では、宇宙は基本的に天《あめ》・地《つち》・泉《よみ》からなっていたが、天は太陽、地は地球、泉は月を意味していた。これらの三者は現在では分離しているが、そもそものはじめにはひとつに結びついており、混沌の状態を呈していた。こうした状態からまず神の国である天が分離し、それからしばらくして黄泉の国である泉が分離した。記紀神話の中で、伊耶《いざ》那岐命《なぎのみこと》や大国主神《おおくにぬしのかみ》が出雲にある黄泉比良坂《よもつひらさか》を通って黄泉の国へ赴いたのは、まさに泉が地から分離する以前のことだとされた。泉が地から分離してからは、生きている人間がこの世と黄泉の国とを往復するのは完全に不可能になった。

しかし、この世と黄泉の国の間を行き来できないのは死者の魂も同様だった。そもそも、篤胤は黄泉の国を死者の魂が赴く国とは考えなかった。伊耶那美命《いざなみのみこと》が死んで黄泉の国へ行ったのは確かだが、これはただ単に死んだからではなく、火の神を生んで全身が焼けた姿を伊耶那岐に見られたことを恥じたからだと解釈された。また、記紀神話で語られているように、黄泉の国から逃げ帰った伊耶那岐は、黄泉比良坂を千引岩《ちびきのいわ》で塞いだうえ、そこに境の神である岐神《ふなどのかみ》を祭った。このために、黄泉の国の神々はこの世に姿を現すことはできないし、この世の死者たちも黄泉の国に赴くことは不可能だとされた。伊耶那岐以降にも、大国主神が黄泉の国との間を往復したことがあったが、これは特別な神の意志によって可能になったのだと篤胤は説明している。

こうして死者の魂が黄泉の国へ赴くことの不可能性が証明されたわけだが、こうなると死者の魂の行き場所が問題だった。ここで、新しく死者の魂の行き場所として主張されたのが幽冥界だった。

では、この幽冥界はどこにあるのか。篤胤によれば、この幽冥界は人間が暮らすのと同じこの地上にあった。しかも、それはいたるところにあるとされた。というのも、死者の魂がとどまるのは基本的には墓のそばだったからだ。日本の神々が神社の中に静まっているのと同じように、死者の魂も墓のそばで永久に静まっているのである。

しかし、死者の魂はただ動かずにじっとしているわけではなく、幽冥界にも衣食住があり、人間界と同じような生活があるとされた。人間界で趣味の合う者同士が集まるように、幽冥界でもその種の人々は集まって暮らしていた。篤胤は自身の師にあたる本居宣長の霊の暮らしについても想像しているが、それによれば、宣長の霊は同じ学問を志した先輩たちと歌を詠んだり、文を書いたりして暮らしているという。

これだけでは人間の生活とまったく同じことになってしまうが、霊たちには人間にない不思議な能力があった。それは人間の世界に対して不思議な霊異を起こすことができることだった。人間の世界からは幽冥界を見ることはできないが、幽冥界からは人間の世界を

見ることができ、霊たちは心をかける者たちを霊異によって援助することができた。人間界に起こる不思議な現象としては、古くから天狗や妖怪などが知られるが、これらの怪異な存在も幽冥界に棲んでいるのである。

幽冥界には当然、それを支配する神もいて、これは大国主神だとされた。大国主神は日本神話の中では、天照大神《あまてらすおおみかみ》系の神に日本を譲ったことで知られるが、それ以降はこの世のことは天照大神の子孫である天皇が治め、冥界のことは大国主神が治めるようになったという。しかも、幽冥界の王である大国主は、仏教の閻魔大王のような権限を持っており、現世での功罪を幽冥界において裁くことができた。この世から幽冥界を見ることはできないが、幽冥界からはこの世を見ることができたので、大国主神は死後の霊魂が生きている間に何をしていたかすべて見通していた。本人がまったく気づかず、他人にもそれとわからないような功罪まで大国主神は知っており、その人が死んだ後に、細かくその功罪を裁くのである。ただし、どのような形で罰を与えるのかなどについては篤胤は詳しく語っていない。これは幽冥界が地獄ではないためと考えられるが、その霊魂の罪があまりに大きい場合には、古くから汚れた他界として知られている黄泉の国へ送られることがあるかも知れないと篤胤はいっている。

⬇［伊耶那岐命］［大国主神］［黄泉の国］［伊耶那美命］

❖黄泉の国《よみのくに》――【日】

日本古代に死者が赴くとされた地下の冥界。夜見の国ともいう。

記紀の中で、死んだ伊耶那美命《いざなみのみこと》をこの世に連れ戻すために黄泉の国へ下った伊耶那岐命《いざなぎのみこと》は、伊耶那美の身体が、膿がわいてウジがたかった汚い姿になっているのに驚いて逃げ帰ったとされているが、この物語からもわかるように、黄泉の国は天国のような暮らしやすい冥界ではなく、汚れた不吉な国と考えられている。地下にあるのであたりは暗く、伊耶那美の姿を見るのに、伊耶那岐は火をともさなければならなかった。

黄泉の国の王は黄泉神《よもつかみ》あるいは黄泉大神と呼ばれ、伊耶那美が黄泉の国に下ってからは彼女が黄泉大神になったとされている。須佐之男命《すさのおのみこと》が下った根の国も日本で古くから信じられた他界であって、この根の国と黄泉の国を同一視する考えでは、伊耶那美の次に須佐之男が黄泉大神になったといわれる。

これらの神々に仕える者としては、黄泉醜女《よもつしこめ》や八雷神《やついかづちのかみ》のような鬼たちがいて、番人のような働きをしている。伊耶那岐が黄泉の国から逃げ帰るときも、これらの鬼たちに追いかけられている。

記紀を読む限り、黄泉の国は地下にあると考えられ、この地下世界と地上との間に黄泉《よもつ》比良坂《ひらさか》という坂があるとされている。黄泉比良坂が地上に近いところにあるかどうかははっきりしないが、その坂自体は出雲にあると考えられている。しかし、伊耶那岐が黄泉の国から逃げ帰ったときに、黄泉比良坂を千引岩《ちびきのいわ》で塞ぎ、さらに境の神である岐神《ふなどのかみ》を祭ったので、黄泉の国の住人が地上に出てくることはないという。

黄泉の国は全体として暗く汚れた場所だが、けっして罪のある者だけが堕ちる地獄のような場所ではなく、死んだ者はみなそこに赴くと考えられた。また、暗いとかウジがわいているという描写から、一般に、黄泉の国は横穴式墳墓から連想されたものだろうといわれている。


⬇【伊耶那岐命】【伊耶那美命】【黄泉比良坂】

❖羅酆山《らほうさん》——【道】

道教の冥府の王都である羅酆《らほう》または酆都《ほうと》があるとされた架空の山。酆都山ともいわれる。

陶弘景《とうこうけい》（四五二〜五三六）の『真誥《しんこう》』によると、羅酆山は北方癸地《きち》にあり、高さ二千六百里、周囲が三万里あるとされる。北方癸地は中国北方の海のはるか彼方にある。山の麓に周囲一万五千里の巨大な洞があるが、山上にも洞内にも六天鬼神のための宮室が六宮ずつあり、山上のものを外宮、洞中のものを内宮という。宮の大きさは周囲千里ある。

山上、洞内の六宮の制度は同じで、人間は死後にこの六宮にやって来るとされる。第一宮は紂絶陰天宮《ちゅうぜついんてんきゅう》といい、人間は死ぬとまずはじめにここに来て処分を受けなければならない。ただし、先に名山および泰山・江河に行く者は来る必要はないが、処分を受ける日や罪を責めたり吉凶を定める日には来なければならない。第二宮は泰煞諒事宗天宮《たいさつりょうじそうてんきゅう》で、急死者が訪れる。第三宮は明晨耐犯武城天宮《めいしんたいはんぶじょうてんきゅう》で、賢人聖人はまずはじめにここに来る。しかし、急死者も賢人聖人も、次には必ず第一宮を訪れる。第四宮は恬昭罪気天宮《てんしょうざいきてんきゅう》で、禍福吉凶、続命罪害のことを処理する。第五宮宗霊七非天宮《そうれいしちひてんきゅう》、第六宮敢司連宛屢天宮《かんしれんえんるてんきゅう》については『真誥』には記されていないが、現世において信仰が薄く、世間的なことに夢中になっていた者が第五宮に、道を学んだにもかかわらず戒を破った者が第六宮に赴くという説もある。

普通、道教の冥府の主宰者は酆都大帝とされるが、『真誥』では、第一宮にいる北帝君が六天宮を統括しているとされている。また、第四宮を鬼官北斗君が治めていたという。羅酆山には前記の天宮のほかに、酆都二十四獄、酆都三十六獄、九幽地獄という地獄があったという説もある。

羅酆山はもともとは中国の北方にあるという架空の山だったが、そこにあった羅酆という冥府の王都は、後に四川省にある酆都という現実の土地にあるとされ、酆都とも呼ばれるようになったといわれる。現実の酆都には平都山という山があり、これが羅酆山の代わりになった。

➡【酆都】【酆都大帝】【酆都二十四獄】【酆都三十六獄】【九幽地獄】

❖煉獄《れんごく》——【キ・ダ】

カトリック系キリスト教の冥界のひとつ。プロテスタント系のキリスト教では煉獄の存在は認めていない。

キリスト教では古くから人間が死ぬと、特別にすぐれた義人たちは天国へ昇り、罪人たちは地獄へ堕ちるとされた。しかし、このように考えると、大した罪は犯していないとしても不完全な人間に過ぎない一般的なキリスト教徒は、死後に天国に赴くことができなくなってしまう。そこで、やがては天国へ赴くための準備を行う場所として、煉獄という冥界があるという考えが広く信仰されるようになったといわれている。つまり、許すことのできない大罪を犯した者は地獄に堕ちるとしても、許せる程度の小さな罪を犯した者は死後に煉獄に赴き、煉獄の炎で焼かれることで罪を浄化し、必ずや天国に赴くことができると考えられたのである。

死後に地上での罪を清め、その結果として天国に赴くことができるとする考えは、紀元二世紀頃の教父たちの著作の中にその萌芽があり、十三世紀にはローマ・カトリック教会の公会議で正式に煉獄が定義されるまでになった。しかし、煉獄における苦行やその様子までも体系的に記述し、煉獄の存在を確実なものにしたのは、やはりダンテの『神曲』だといえる。
ここではこの書に従って煉獄について述べていくが、それによれば煉獄は、海に囲まれた煉獄山という山にあるという。煉獄山はエルサレムから見て地球の裏側にあり、高くそびえている。その山を円周上に取り巻くように、死後の魂に試練を与えるための七つの環道があるが、全体では次のような構成になっている。

煉獄山の麓……煉獄前地
　前地一…破門者の地
　前地二…悔悛の遅れた者の地
煉獄の入口……ペテロの門
第一の環道……傲慢の環道
第二の環道……嫉妬羨望の環道
第三の環道……憤怒の環道
第四の環道……怠惰の環道
第五の環道……貪欲の環道
第六の環道……飽食の環道
第七の環道……肉欲の環道

煉獄山の頂上……地上楽園

煉獄に赴くことになった死後の魂はローマのティベレ河口に集まり、そこから天使の船に乗ってこの煉獄山にやって来ると、山腹にある環道の中から自分の罪を清めるのに必要な場所に赴き、そこでさまざまな苦行を経験して罪が清められると、ついに天国へ昇ることができるのである。

煉獄において罪を清めるために必要な期間は、魂によって異なっている。冥界旅行の途中でダンテと知り合い、やがてダンテとともに天国に昇ることになったローマ時代の詩人スタティウスは、第四の環道で四百年、第五の環道で五百年を過ごしたとされている。罪が清められたかどうかは誰に教えられるでもなく、本人にはっきりと自覚され、それを自覚した者はその環道を立ち去ることができるのである。また、もともと自分の罪と関係のない環道は、魂は罰を受けずに通過することができる。

煉獄山の入口にはペテロの門があり、そこで魂の額に七つの大罪を表す七個のPの文字が記されるが、魂がひとつの環道を通過するたびにこの文字は消えていく。そして、魂の罪が完全に清められ、天国に行く資格が与えられると、その魂のために煉獄山全体が地震のように激しく揺れ、他の魂たちが合唱するとされている。

こうして天国行きの資格を与えられた魂は自ら山を登り、頂上にある地上楽園に赴く。

すると、煉獄山の上空にある天界からこの地上楽園に魂を迎える天使たちがやって来て、魂を天界へと連れていくのである。

↓［ペテロの門］

❖煉獄前地《れんごくぜんち》――【ダ】

ダンテ作『神曲』の煉獄島の海辺にある広野から、煉獄の入口であるペテロの門までの地帯。煉獄島は島全体が塔のようにそびえ立つ峨々たる山塊で、山腹に七つの環道を持つ煉獄があり、死者たちがこの環道をめぐりながら上昇することで生前の罪が順次清められていく仕組みになっている。幸いにも地獄行きとならなかった死者の魂たちはローマのティベレ河口に集まり、そこから天使が舵を取る船――この船は水に浸かることなく波の上を快走する――に乗って煉獄前地の海辺にやって来る。カエサル時代の政争に敗れて自殺した小カトーがこの地で煉獄の番人をしており、亡霊たちを山の二合目付近にある煉獄の門へと追い立てる。

しかし、せっかく煉獄島へやって来た亡霊の中にも、資格を欠いているために、すぐにはペテロの門を通過できない者もいる。このような亡霊たちが決められた期間だけ待機する場所が煉獄前地で、「破門者の地」「悔悛の遅れた者の地」という、ふたつの地が用意されている。

➡【煉獄】【カトー】

〈破門者の地《はもんしゃのち》〉煉獄山の最下部の急峻な崖にある最初の高台で、教会から破門された者たちが拘留されている地。破門された者たちは人生の最後の瞬間に前非を悔いたとしても、破門されていた期間の三十倍の期間を、破門者の地で牧人のいない羊の群のようにさまよい続けなければならない。ただ、地上で生きている者たちが彼らのために祈った場合には、この地での拘留期間が短くなることもある。地獄とは異なり、この規則は煉獄のすべての地にあてはまる。

〈悔悛《かいしゅん》の遅《おく》れた者《もの》の地《ち》〉煉獄山下部の第二の高台で、教会には属していたものの、人生の最後のときになってはじめて悔悛した者が拘留される地。ここにいる亡霊たちはみな人生の長さと同じだけ拘留されなければならないが、悔悛を引き延ばした理由によって三種類のグループが存在している。ひとつ目は自らの怠惰によって悔悛のときを延期し続けた者たちで、この地で生前と同じ怠惰な暮らしに耐えなければならない。ふたつ目は戦争や殺人などによって、予想外のときに死んでしまい、悔悛したものの告解を受けることができなかった者たちで、人生を終えたときと同じ慌ただしさと騒がしさに耐え続けなければならない。三つ目は王侯や政治家のように、自らを忘れて没頭しなければならない職務があったために悔悛を遅らせてしまった者たちで、この地の中ではもっとも幸せな場所に住んでいる。詩の中では王侯や政治家のように地位の高い人物しか紹介されていないが、一家の主人のような人物で、家族のために仕事に没頭していたような人々も三つ目のグループに含まれるといわれている。

❖六道《ろくどう》――【仏】

仏教の宇宙論で人間が輪廻転生するとされる六つの世界。天・人・阿修羅・畜生・餓鬼・地獄がある。どの世界に転生するかは前世の業にかかっている。業は基本的に身体行動、言語行動、精神行動の三種の行動のことで、善を行った者は上中下の三段階に分類され、それぞれ天、人、阿修羅の世界に転生する。悪を行った者も上中下に分類され、それぞれ畜生、餓鬼、地獄に転生する。畜生、餓鬼、地獄の三道は悪道の結果として罰を受けるところであることから、三悪趣といわれる。

輪廻転生は永遠に繰り返されるものなので、たとえ地獄であっても無限にとどまるわけではなく、やがて別の世界に転生する可能性がある。これは天界でも同様で、天界といえば神々の世界だが、そこには寿命があり、来世において地獄に堕ちることもある。

六道が存在するのはひとつの宇宙の内部で、その宇宙は須弥山宇宙《しゅみせんうちゅう》と呼ばれる。仏教ではこのような宇宙がほとんど無数に存在するとされるが、人間にとって関係があるのは須弥山宇宙だけである。

　須弥山宇宙は現在の地球が存在する太陽系のようなものだと考えていいが、構造は仏教独自のものになっている。この宇宙観では、人間が暮らしている大地が存在している平面は円形で、その中心に須弥山という高さ十六万由旬《ゆじゅん》の山があるとされる。由旬は長さの単位で一由旬が七キロメートルとも十四キロメートルともいわれる。須弥山のまわりは同じ中心を持って正方形状に走る七つの山脈によって七重に取り巻かれている。そのまわりは広大な海で、海のまわりは円周上に走る鉄囲山《てっちせん》が取り巻いている。これが水平面の世界の果てだが、この円形の平面は直径が約百二十万由旬もある。この平面には下部も存在していて、全体は円筒状をしている。この円筒の厚さは約百十万由旬あり、上部が金輪、下部が水輪と呼ばれる。水輪の下にはさらに風輪という巨大な円筒があり、これが大地を支えているとされる。

　鉄囲山に囲まれた海には四つの大陸が浮かんでいる。これらの大陸は須弥山の東西南北に位置しており、それぞれ勝神洲《しょうしんしゅう》、贍部洲《せんぶしゅう》、牛貨洲《ごかしゅう》、倶盧洲《くるしゅう》と呼ばれる。このうち贍部州が人間の住む大陸とされる。したがって、六道のうち人間の世界である人道は、この贍部州にあることになる。また、動物、昆虫、魚の世界である畜生道は、贍部州と海に広がっていることになる。

　餓鬼道と地獄道は贍部州の地下にある。餓鬼道はそれほど深くなく地下五百由旬の場所にあり、地獄は地下千由旬のところから八大地獄が縦に重なっているとされる。ただし、深さや大きさなどの距離については文献によって実にさまざまな記述があり、最初の地獄である等活地獄までで五千由旬とするものや、上から七番目の地獄である大焦熱地獄まで十億由旬もあるとするものもある。

阿修羅道があるのも地下世界だが、これは贍部州の地下ではなく海底のさらに下にあるとされている。

六道の最後のひとつである天道は須弥山のはるか上空にあるとされている。天道には大きく分けて欲界、色界、無色界という三つの界があり、そこに存在する数多くの天界がすべて縦方向に並んでいるが、その最上部にある無色界はほとんど宇宙の果てから突きだすような位置にあるとされている。

⬇［地獄道］［餓鬼道］［阿修羅道］［畜生道］［輪廻転生］

❖海神《わたつみ》の国《くに》――【日】

日本古代に海中にあると考えられた他界。とくに海を生活の場としていた人々に、死者の霊が赴く場所として信じられたといわれる。

海神の国の様子を伝えるものとしては、記紀神話の中の海幸・山幸の物語がある。それによると、兄の海幸から借りた釣り針をなくした山幸は、それが見つからずに困り果てていたが、塩土老翁《しおつつのおじ》に作ってもらった無目籠《まなしかたま》に入って海に沈むと、ひとりでに美しい小浜に着いたという。これが海底にある海神の国の小浜だったが、山幸が籠を捨てて出ていくとすぐに海神の宮に着いた。それはすばらしい宮で、立派な垣に囲まれ、高殿は光り輝いていた。この宮で、山幸は海神の娘の豊玉姫と結婚し、三年間も幸せに過ごすのだが、この話からもわかるように、海神の国は地獄のような場所ではなく、死者の魂が永遠に幸せに暮らせる場所だった。浦島太郎の物語もこれに似ているが、浦島の訪ねた竜宮城も海神の宮の系譜を引いているという。

このように幸せな海神の国ではあるが、田の水までも自由にするなど、海神自体は人間にとって恐ろしい神だったといわれている。

III

神裁判官

死後の世界には一般人の赴くような普通の冥界ばかりか、罪人が赴く地獄や善人が赴く天国に類したものもある。しかし、一般人とか罪人、あるいは善人といっても、いったいどのような基準で区別するのだろうか。この区別を行うのが冥界に住む神や裁判官である。冥界の神・裁判官というといかにも恐ろしげで、実際にも恐ろしい存在だが、多くの場合、裁きを行う際にはその判断は公正で確実だとされている。これらの神・裁判官は本人さえ知らないようなことさえ知っている。だから、彼らをだますことは不可能だし、間違えることもほとんどないのである。ここでは、このような神・裁判官やそれに仕える神々について紹介している。

❖アイアコス――【ギ】

ギリシア神話の冥府の裁判官のひとり。有名な英雄アキレウスの一族の祖で、神々に寵愛され、死んでからは冥府の裁判官の地位を与えられたという。彼は冥府の門の鍵を管理し、冥府の門番も彼の仕事とされている。アリストパネスの喜劇『蛙』には、ヘラクレスに変装して冥界を訪れたディオニュソスと、冥府の門で押し問答する場面がある。

❖アウフ――【エ】

古代エジプトの太陽神ラーの別名。太陽神ラーは船に乗って昼の間は天空を旅し、夜の十二時間はドゥアトという冥界を旅するとされたが、この間は死んだ太陽神としてアウフという名で呼ばれた。

➡［ラー］［ドゥアト］

❖アヌビス――【エ】

ジャッカルの頭に人間の姿をした古代エジプトの死者の神。ジャッカルそのものとして描かれることもある。ジャッカルは砂漠をうろつき、しばしば墓のまわりにも出現したので、死の神として崇拝されたといわれる。死者の神としてはオシリスよりも古くから信仰されており、冥界の最大の神でもあった。

オシリス信仰の高まりとともに、ラーあるいはオシリスの息子と考えられるようになったアヌビスは、オシリス神話の中では、セト（オシリスの弟）によってばらばらにされたオシリスの身体を復元し、軟膏と種々の薬を用いて防腐処置を施し、麻布でそれを包むという重要な役割を果たした。古代エジプトでは死者が永遠の生命を手に入れるためには、身体が生きていたときの姿で残っていなければならないとされたから、このような作業は不可欠だった。

アヌビスは、さらにオシリスのための葬祭儀礼を執り行った。このため、アヌビスはエジプトで最初にミイラを作った神とされ、彼が死者に対して行った儀礼が、その後のエジプトの葬祭儀礼の模範になったといわれる。死者が天国で復活したとき、話をしたり、食事を取ったりできるように、手斧のような物で死者の口に触れる「開口の儀式」も、アヌビスによって最初に行われたという。

死者がラーの船でオシリスの法廷に向かうときにも、アヌビスは重要な役割を果たした。アヌビスが船の先頭に立ち、冥界への道を切り開いたのである。正式には、この役割はその名前が「道を切り開く者」という意味を持つウプアウト神の役割だった。が、この神はアヌビスとそっくりな姿をしており、しばしば混同されたので、アヌビスもそのような役割を持つといわれた。アヌビスとウプアウトが同時に描かれるような場合には、二神が冥界の南北を示すといわれることもある。

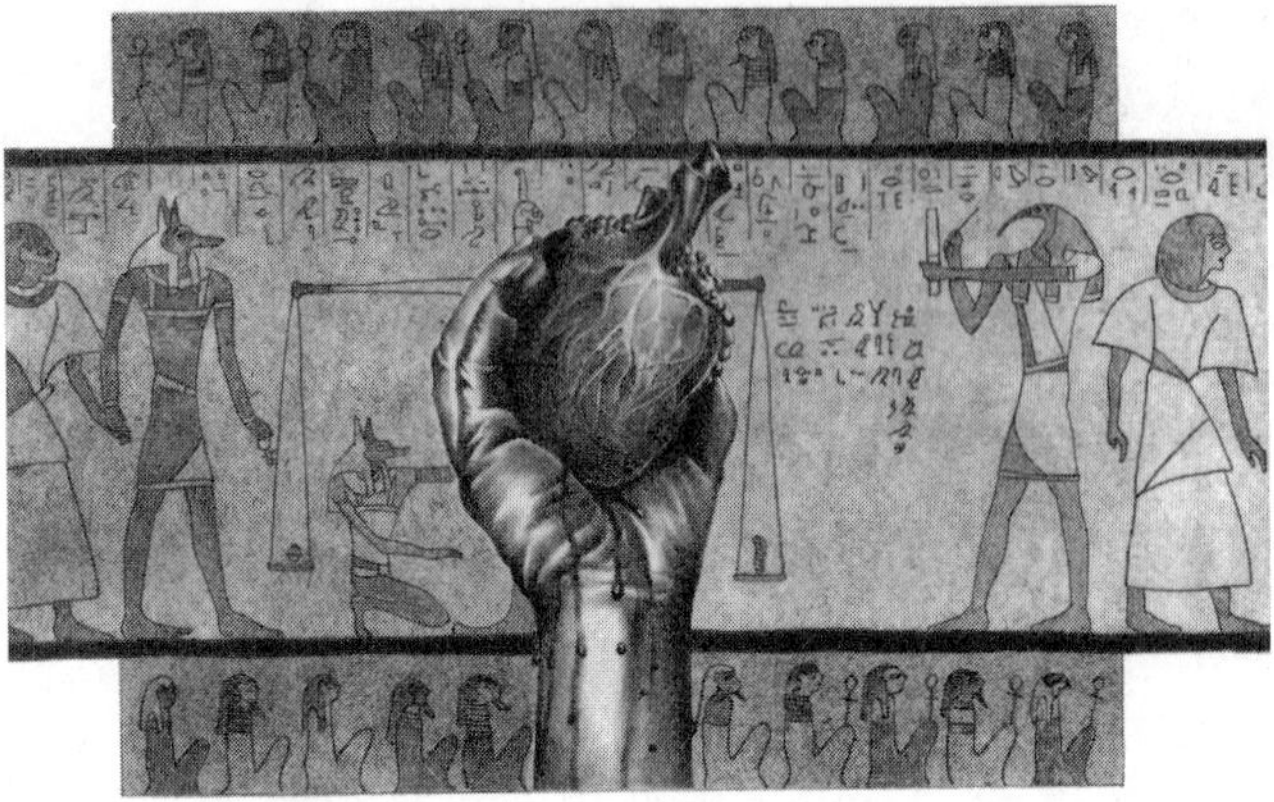

オシリスの法廷におけるアヌビスの役割はさらに重要だった。そこでアヌビスは死者の心臓を預かり、真理の秤に乗せてそれを計量する役割を持っていた。法廷には死者の心臓を喰いつくそうとする怪物アメミットが控えていたので、結果がはっきりするまでの間、アヌビスは死者の心臓を怪物から守る必要もあった。死者が永遠の生命を手に入れ、天国で復活できるかどうかは、真理の秤を使った心臓の計量にかかっていたから、アヌビスの役割は死者にとってこのうえなく重要なものだったのである。

⬇［オシリス］［オシリスの法廷］［アメミット］

アヌンナキ――【メ】

古代シュメール、バビロニアの冥界の神々。アヌンナキという言葉ですべての神々を指すこともあるが、後に地と冥府の神々を表すようになった。冥府のアヌンナキたちは死者たちの監視をしたといわれる。

❖アンラ・マンユ――【ゾ】

ゾロアスター教の唯一の最高神アフラ・マズダーと対立する最大の悪魔。アフリマンともいう。すべての悪魔たちを配下に治めるが、これらの悪魔たちは悪思界、悪語界、悪行界などの地獄に棲み、死者を責めさいなむとされる。人間に死が訪れるのもこれらの悪魔たちのせいだとされる。

ゾロアスター教では、ゾロアスター誕生から三千年の後に最後の審判が行われるとされるが、この際に起こった最終戦争で悪魔たちは決定的な敗北を喫し、アンラ・マンユも地獄に逃亡して滅び去るとされている。

⬇［悪思界・悪語界・悪行界・無始暗界］［最後の審判］

❖伊耶那美命《いざなみのみこと》――【日】

日本神話の女神で黄泉の国の支配者。伊耶那美は生きている間、伊耶那岐命《いざなぎのみこと》と一緒に日本列島を生み、さらに幾柱もの神々を生んだことで知られる。しかし、火の神である迦具土を生んだときに全身が焼けて死に、黄泉の国へ下った。これを悲しんだ伊耶那岐は伊耶那美をこの世に連れ戻そうと黄泉の国へ赴いたが、伊耶那美の姿が醜く変じているのに驚いて地上に逃げ帰った。このとき、伊耶那岐は黄泉の国とこの世の境にある黄泉比良坂《よもつひらさか》を千引岩《ちびきのいわ》で塞ぎ、伊耶那美に離縁をいい渡した。このため、伊耶那美はこの世に戻ることができなくなったが、これ以降、黄泉大神《よもつおおかみ》として黄泉の国を支配したといわれている。伊耶那美が黄泉の国に下った時点では、そこは黄泉神《よもつかみ》が支配していたとされているので、伊耶那美がこの世に戻ることができないと決まった時点で、黄泉の国の支配者が変わったと考えられる。

しかし、平田篤胤《ひらたあつたね》の説によれば、伊耶那美が黄泉の国を支配していたのはごく一時期のことで、須佐之男命《すさのおのみこと》が黄泉の国へ赴いてからは、須佐之男がこの国の支配者となり、伊耶那美はそれに次ぐ冥界の神になったとされている。ただし、記紀神話の中で須佐之男が下ったとされている根《ね》の堅州国《かたすくに》あるいは根の国は、黄泉の国と同一視されることがあるものの、一般的には黄泉の国とは別の他界だとされている。この場合は須佐之男が黄泉の国の支配者になることはないので、伊耶那美が支配し続けたものと考えられる。

⬇【伊耶那岐命】【黄泉の国】【須佐之男命】

イシス——【エ】

古代エジプトの女神で、冥界の王オシリスの妻。偉大な魔法使いと考えられ、彼女の呪文によって、死者は復活し、死後の世界で永遠の生命を手に入れるとされた。セトがオシリスの身体をバラバラにしたときは、イシスはそれを集め、トトやアヌビスの協力を得て、死体に防腐処置を施してオシリスを復活させた。彼女の影響力は冥界全体に広がっていて、死者は彼女の息を呼吸するといわれた。

⬇［オシリス］［アヌビス］［トト］［セト］

❖イスラフィール──【イ】

イスラム教の天使（マラーイカ）のひとりで、生者から魂を奪う死の天使とされる。イスラムの天使には天国、地獄の番をする者などさまざまな者がいるが、中でもイスラフィールは重要で、終末の日を知らせる役目を持っている。このとき、イスラフィールはラッパを二度吹き鳴らすが、最初のラッパが鳴ると生者たちは死に、死者たちも意識を失うという。そして、二度目のラッパですべての死者が復活して神の前に赴き、最後の審判を受けるとされている。

⬇［最後の審判］［ジャハンナム］

❖ヴァルキリャ──【北】

北欧神話で主神オージンの使者として戦場に赴き、すぐれた英雄を見つけては死の運命を与えたとされる戦いの女神たち。彼女たちの見つけた英雄の戦死者たちは、すぐにも神の国アスガルズにあるヴァルホル宮殿に送られ、エインヘリャルとなって理想的な生活を送るとされた。エインヘリャルの生活は、毎日欠かさず戦闘訓練をし、それ以外の時間は思う存分に飲み喰いできるというものだが、ヴァルキリャたちは、このようにしてヴァルホルで暮らすエインヘリャルたちを接待する役目も持っていた。

⬇［オージン］［ヴァルホル］［エインヘリャル］

❖エレシュキガル――【メ】

古代シュメール、バビロニアの冥界「不帰《ふき》の国《くに》」の女王。豊穣の女神イナンナ（アッカド語ではイシュタル）の姉で、夫のネルガルと一緒に冥界を支配した。

⬇［不帰の国］［ネルガル］［イシュタル］

❖閻魔王《えんまおう》――【仏】

仏教の地獄の王。閻羅王、閻魔羅王などともいう。

イランやインドに古くから伝わる神で、アヴェスター聖典に登場するイマ、『リグ＝ヴェーダ』に登場するヤマ（夜摩）がその起源だとされる。どちらにおいても閻魔はこの世で最初の人間とされているが、『リグ＝ヴェーダ』においては、はっきりと死者の神であることが強調されている。これは、最初の人間であるヤマが、最初の人間であるがゆえにこの世で最初に死に、死者の道を発見したからだとされる。

しかし、『リグ＝ヴェーダ』のヤマは、後の閻魔王が地下世界に棲んだのとは異なり、天界に棲んでいるとされており、死者の罪を裁くというような恐ろしいイメージは与えられていない。反対にヤマは歓楽のイメージをともなっており、死者の魂は天にあるヤマの世界へと昇り、そこで毎日酒を飲み、音楽を聴きながら楽しく過ごすのが理想だとされている。天界のヤマは、サマラーという神話的な牝犬の子どもとされる二匹の四つ眼の犬を番犬にしているが、これらの犬にしてもいわゆる地獄の番犬的な恐ろしいイメージはなく、死者の魂をヤマの世界まで無事に送り届けるための道案内の役割をするとされている。

このように歓楽のイメージを持つヤマは、仏教では閻摩天あるいは夜摩天と呼ばれる天界の神になったとされており、現在でも地獄の閻魔王とは区別されている。

しかし、死者の神としてのヤマは、人々が死に対して恐れを持つにしたがって、徐々に恐ろしいイメージを持つようになったといわれている。紀元前後の数世紀間にまとめられたとされている叙事詩『マハーバーラタ』でも、ヤマはすでに地獄の王とされており、真っ赤な血の色の上着をつけ、冠を被り、親指大の鉤を使って人間の体の中から魂を引きだすとされている。

こうしたヤマの恐ろしいイメージが仏教の中でさらに発展して、現在の閻魔王になったとされている。

仏教の地獄の王として恐れられるこの閻魔王は、地下にある閻魔界に立派な閻魔王宮を構えて棲んでいる。『世記経』（長阿含経）によれば、閻魔王宮は人間が暮らす閻浮提《えんぶだい》（贍部州《せんぶしゅう》）の南、大金剛山の内にあり、その治めている広さは縦横六千由旬《ゆじゅん》あるとされている。ここで閻魔王は普段はそばに仕える女たちと一緒に楽しく暮らしているが、不思議なことに、ときどき地獄の亡者たちのように、大獄卒の手で口の中に溶けた銅を流しこまれるなどの苦しみを与えられる。しかし、これはあくまで一時のことで、獄卒が罪人を連れてくれば、地獄の王として彼らを裁くことになる。この裁判にあたって重要な役割を果たすものとして、三使者がいる。三使者とは、老、病、死のことで、閻魔王はこれら三使者について罪人に問うことで、その罪を調べるのである。老に関していえば、「おまえは生きている間に、年老いて髪が白くなり、弱り切っている者を見なかったか？」と質問される。そして、実際には見たにもかかわらず、人生の無常を悟らずに放逸に過ごしたのは何故かという形で議論が進み、罪人の罪の重さが証明されるのである。こうした問いが老、病、死の三使者について問われ、人生を放逸に過ごした罪人たちが地獄に送られることになり、獄卒に引き渡されるのである。

ここで述べた裁判の仕方は『世記経』に基づくものだが、『十王経』では、閻魔王宮には浄玻璃《じょうはり》の鏡という特別な鏡があり、これに死者の一生が隅々まで映しだされて、その罪に応じて死後の行き先が決まるとされている。また、道教の影響下にあるこの経では、閻魔王にあたる者が十人いて十王といわれており、みな別々なところに城を構えているが、閻魔王はこのうちの五番目に登場するひとりに過ぎないとされている。このほか、閻魔王宮には閻魔王の下に泰山府君《たいざんふくん》や小野篁《おののたかむら》など何人もの判官が仕えていて、罪人を裁くなど種々の説がある。

閻魔王は地獄の王であると同時に餓鬼界の王であるともいわれている。しかし、餓鬼はもともと祖霊という程度の意味で、『リグ＝ヴェーダ』の時代にはヤマと一緒に天に棲んでいたわけだから、祖霊が餓鬼となって地下で暮らすようになったとき、その王が閻魔であるのはとくに不自然ではないだろう。

➡【十王〈閻魔王〉】【ヤマ】【浄玻璃の鏡】

❖大国主神《おおくにぬしのかみ》――【日】

復古神道が死者が赴く世界だとする幽冥界の支配者。記紀神話の中で、大国主神は一度は日本の王となりながらも、天照大神《あまてらすおおみかみ》系の神に国を譲ると、その後は出雲に引きこもったとされているが、平田篤胤《ひらたあつたね》に代表される復古神道では、この大国主神が日本の冥界である幽冥界の王になったとしている。この王は仏教の閻魔王にも似た権限を持っており、平田篤胤の説では、大国主神は人間が現世で行った功罪を幽冥界において裁くことができた。この世から幽冥界を見ることはできないが、幽冥界からはこの世を見ることができたので、大国主神は死後の霊魂が生きている間に何をしていたかをすべて見通していた。本人がまったく気づかず、他人にもそれとわからないような功罪までも大国主神は知っており、その人が死んだ後に、細かくその功罪を裁くのである。

➡［幽冥界］［大国主神（Ⅵ）］

❖オージン──【北】

北欧神話の隻眼《せきがん》の主神で、死者の神でもあって、ヴァルホルズ「戦死者の父」とも呼ばれた。キリスト教以前の北欧では戦死こそ名誉であるとされたが、戦死者のうちの半分はオージンが自分のものとし、神の国アスガルズにあるヴァルホル宮殿に住まわせたとされる。北欧神話では神々の時代の終わりにラグナレクという戦争が起こるとされているが、オージンが戦死者を集めたのはこのときのためで、これらの戦死者たちはエインヘリャルと呼ばれた。とくにすぐれた英雄たちを集めるために、オージンはヴァルキリャという戦いの女神を使者として戦場に送り、戦士を物色させるほどだった。オージンがすぐれた戦士を愛したことは、十世紀前半のノルウェー王エイリークが死んでヴァルホルにやって来たときに、大いに喜んだとされていることでもわかる。オージンはまた呪法の神でもあり、死者たちを呼び覚ますこともできた。

➡［ヴァルホル］［エインヘリャル］［ヴァルキリャ］

❖オシリス――【エ】

古代エジプトの冥界の王で、オシリスの法廷で死者の魂の運命を決定した。もともとは古い穀物神だったが、やがて冥界の王として古代エジプト人の人気を博し、第十八王朝の頃からはエジプトの最高神として崇拝されるようになった。

オシリスが住んでいたのは十二州に分かれたドゥアト（冥界）の第六州で、そこにオシリスの館があり、その中にオシリスの法廷があった。死者に君臨するオシリスは普通ミイラの姿で描かれ、法廷の奥に作られた壇上の玉座に座っていた。頭には南北エジプトの統合を象徴するアテフ冠（羽毛のついた白い王冠）を被り、手には平和のシンボルや支配を表す笏を持っていた。玉座の背後には妻のイシスと妹のネフティスが控え、すぐ前にはホルスの四人の息子がいた。こうしてオシリスは、エジプト中の数多くの神々を陪審とし、トトとアヌビスに死者の心臓を計量させて、死者の運命を決定した。裁判で無罪となった者だけがオシリスの支配するセケト＝ヘテペト（平和の野）という天国に行くことができた。

オシリスが死者の王となった経緯については神話の中で詳しく語られている。それによると、オシリスは大地の神ゲブと天空の女神ヌトの子どもだった。ヌトは本来太陽神ラーの妻だったので、ラーは腹を立て、彼女に対してこの世に存在しない月の、存在しない日に子どもを生まなければならないと宣言した。そこで、ヌトは月の神トトに相談を持ちかけ、それまでの十二カ月から少しずつ時間を分けてもらい、新しい五日間を作りだした。エジプトでは古くから一年は三百六十日だったが、このときから一年が三百六十五日になったという。

こうしてつけ加えられた五日間はそれまでの一年とは無関係だったので、ヌトはこの五日間に子どもを生むことになった。オシリスはこの最初の日に生まれた。それから一日ごとに、ホルス、セト、イシス、ネフティスが生まれ、オシリスは妹イシスと、セトは妹ネフティスと結婚した。

やがて大地の神ゲブの王位を継いだオシリスは地の王として上下エジプトを支配し、穀物の栽培法や葡萄酒、麦酒の醸造法を教えてエジプト人を教化すると、さらに世界中にこれらの文化を広めた。このため、オシリスはエジプト人に大いに崇拝された。

ところが、彼の弟のセトは兄の人気に嫉妬した。彼は七十二人の仲間と共謀し、オシリスを宴会に招き、ゲームを装って、あらかじめオシリスの体に合わせて作った櫃の中に彼が横たわるように仕向けた。オシリスがそうすると、セトは櫃のふたを閉め、しっかり釘付けにしたうえにハンダ付けにして、ナイル川に流してしまった。

これを知ったイシスは懸命に捜索し、やがてオシリスの櫃がシリアのビブロスに流れ着いているのを発見したが、そのときすでにオシリスは死んでいた。悲しみに泣きながらも、イシスは櫃をエジプトまで運び、デルタ地帯にあったブトという町の近くに隠した。

ところが、偶然にもそのあたりに狩りに出かけたセトがそれを発見した。しかも、セトはそれが誰の死体であるのかすぐに理解し、今度はその死体を十四個の部分に切り裂いて、エジプトの各地にばらまいてしまった。

イシスはたいへんな思いをして、生殖器以外のすべての部分を探しだした。生殖器だけは、ナイル川の魚に食べられてしまったのである。

これを見た太陽神ラーが、ジャッカルの頭を持つ神アヌビスを遣わした。アヌビスはイシス、ネフティス、トトの協力を得て、オシリスの身体を復元すると、麻布でそれを包み、防腐処置を行い、エジプトにおけるミイラ作りの創始者となった。また、エジプト人がその後行うようになった死者に対する儀式のすべてを行って、オシリスを復活させた。

しかし、復活したオシリスは地上の王となることはなかった。この後、オシリスは冥界の王として君臨する道を選んだ。彼は冥界において、神であるか人間であるかにかかわらず、すべての死者の審判を行うことで、万人の王となったのである。

死後に復活して、冥界で永遠の命を得たオシリスはエジプト人たちの模範でもあった。エジプト人たちは死者に対して、オシリスになされたのと同じ儀式を行うことで、死後に永遠の命が得られると考えた。ミイラ化を含むさまざまな儀式によって、死者たちもまたオシリスと同一の存在になると考えられたのである。

➡［オシリスの法廷］［ドゥアト］［セケト＝ヘテペト］［アヌビス］［イシス］

❖小野篁《おののたかむら》――【日】

平安時代初期の歌人（八〇二～八五二）で、しばしば冥界に通い、閻魔の庁で裁判官を務めたといわれる人物。篁が閻魔の庁で裁判を行ったという物語は『今昔物語集』（巻二十）、『江談抄《ごうだんしょう》』などにある。

『今昔物語集』によれば、当時右大臣だった藤原良相《ふじわらのよしみ》が重い病気にかかって死んだとき

のこと。良相はすぐに閻魔王の使いに捕らえられて閻魔王宮に連れていかれた。そこには閻魔王に仕える臣下たちがずらりと並んでいたが、その中に小野篁がいた。しかも、篁は閻魔大王に向かい、良相が親切な立派な人物であることを告げて許しを請い、大王がそれを許すと、今度は良相を捕縛した者に向かって、現世に連れ帰るように命じたのである。

このおかげで良相は一度死んだにもかかわらず蘇生し、元気を取り戻した。が、冥途での出来事がどうしても不思議でならなかった。そこで、あるとき宮中で篁に会ったとき、ついに閻魔王宮での出来事を尋ねてみた。と、篁が答えるには、彼がまだ若く、宮中で罪科に処せられたとき、良相があれこれと親切に弁護してくれたことがあったので、今回はその礼をしたのだという。そして、今回のことは誰にも口にせず、秘密にしておくようにといったというのである。

『今昔物語集』の物語はこれで終わりだが、これとは別に、篁が冥府に通うときに使用したという通路の伝説もある。この言い伝えによれば、篁は京都にある六道珍皇《ろくどうちんのう》寺《じ》の裏にある井戸から冥府へ通い、明け方になると、嵯峨の薬師寺の井戸から現世に戻ってきたとされている。

➡ [閻魔王] [六道の辻]

❖華山府君《かざんふくん》――【道】

中国の冥府の神のひとり。中国では五行思想にしたがって、中央および東西南北に配された聖なる山のことを五嶽として崇拝していた。五嶽には東嶽・泰山（山東省）、西嶽・華山（陝西省）、南嶽・衡山《こうざん》（湖南省）、北嶽・恒山《こうざん》（山西省）、中嶽・嵩山（河南省）があったが、このうち西嶽・華山の山神が華山府君である。

華山神は古くから、ある人がどれくらい出世するかなど、人間の運命を司るとされたが、後に寿命の尽きた人の魂を冥界に呼びだす仕事も担当するようになった。が、中国では東嶽・泰山の泰山府君《たいざんふくん》が地獄の長官であり、死者の魂の監督を行っていた。したがって、華山府君の役割はあくまでも泰山府君の下に位置するもので、泰山府君が人の魂を召喚するのに、その名簿を華山神に送りつけ、それをもとに華山神の配下の者が死者を連れてくるとされた。

➡ [泰山] [泰山府君]

❖韓擒虎《かんきんこ》——【中・道】

中国隋代の将軍。都督、知事などを歴任した英雄だが、死後は閻魔王になったといわれている。『隋書』巻五十二にこれに関係した逸話があり、死後に閻魔王になるのも満足だと語った後、数日して死んだとされている。

中国は古来から官僚制度の行き届いた国であり、閻魔王も一種の地位であって、一定期間が過ぎれば別な者がその地位に就くと考えられた。このため、死後に閻魔王となったという人物も数多く存在している。韓擒虎の他にも、北宋の将軍冠準、宋代の儒家范仲淹、同じく宋代に名裁判官といわれた包拯などもみな死後に閻魔王になったといわれている。

⬇［閻魔王］

❖ケル——【ギ】

ギリシア神話の死の女神。ケルは破壊の意。陰惨なイメージを持つ女神で、恐ろしい外見をしており、人間にとりつき盲目や老いや死に追いやった。ホメロスではトロイア戦争で死ぬ兵士にはケルがとりついているとされる。また、ケルは血に染まった長い外套を着、死者を引きずっていくともいわれている。タナトス（死）やヒュプノス（眠り）の姉妹にあたる。

⬇［タナトス］

❖五道将軍《ごどうしょうぐん》——【道】

道教の冥府の神。地獄において刑の執行を監督するとされた獰猛な司令官。宋、元の頃は五人いると考えられたが、やがてひとりの神の名前になった。釈迦十大弟子のひとりの目連が地獄めぐりをする『大目乾連冥間救母変文』にいかにも獰猛そうな五道将軍が登場する。それによると、五道将軍は金の鎧をきらきらさせ、ぎらぎらする剣を帯び、雷光のような目をし、百万以上の手下を引き連れている。地獄での評判もかなりなもので冥途で一番おどろおどろしいのは五道将軍だとされている。

⬇［目連］

❖崔府君《さいふくん》——【道】

古代中国の磁州（河北省磁県）の県令で、冥界の判官。昼は人間界の役人をしながら、夜は閻魔大王に仕えて冥府の判官として働いたといわれている。

崔の出生については種々の伝説があり、後漢の人で名は媛《えん》、あざな（通称）は子玉《しぎょく》だとも、隋の人で名は珏《かく》、あざなは子玉だともいう。

『列仙伝』によると、崔府君は子どもの頃から頭が良く、六三三年に進士の試験に及第したが、その後は人間界のことだけでなく、冥界の鬼たちの悪事まで取り締まって、県内を立派に治めていた。ところがそんなあるとき、一定の期間だけ狩猟を禁止する命令を出したところ、禁を破って兎を捕った者がいた。子玉はすぐにその者を捕らえると、罰を受けるのは現世においてがよいか来世がよいか尋ねた。犯人は来世がよいといったので、子玉は釈放した。するとその夜に不思議なことが起こった。犯人の男が寝ていると、どこからともなく鬼がやって来て、男は棺に入れられてある宮殿に連れていかれたのである。しかも、広間では王者の冠服をつけた子玉が上座に座り、罪人たちの刑罰を決めていた。子玉は男を見ると事務的に罪状を調べ、判決は明晩いい渡すと告げて棺に入れ帰宅させた。するとその翌日から、男は毎晩夢の中で刑罰を受けるようになり、大いに後悔させられたという。

『西遊記』には唐太宗が一度地獄に堕ちて生き返る物語があるが、このとき地獄の裁判所にやって来た太宗を生き返らせたのが、判官を勤めていた崔子玉だったとされている。

➡［唐太宗］

❖地蔵菩薩《じぞうぼさつ》──【仏】

地獄に住んでいる菩薩で、一般にお地蔵様として知られている。仏教では菩薩はそれぞれに主宰する浄土を持つとされるが、地蔵菩薩は別で、ただひとり地獄あるいは六道中を住処とし、堕ちてきた罪人を救済するといわれる。亡者を救済するにあたって地蔵は無数に分身することができ、あちこちに出現する。

『今昔物語集』には地蔵菩薩が霊験を示す物語が多く収められているが、その多くは、生前に地蔵菩薩に信心を抱いた者が死んで地獄に堕ちると、そこに地蔵菩薩が出現し、亡者を生き返らせ、極楽往生を遂げるチャンスを与えるというストーリーになっている。地獄に堕ちて苦しめられている亡者の苦しみを地蔵菩薩が身代わりになって引き受けるという物語も多い。たとえば、「越中立山地獄に堕つる女地蔵の助けを蒙る語」では、ある女が死んで立山の地獄に堕ちたが、生前にたった一、二度地蔵菩薩にお参りしたことがあったというだけの理由で、地獄に地蔵菩薩が出現し、早朝、日中、日没の三回、女の苦しみを身代わりになって引き受けてくれたとされている。

地獄の王といえば閻魔であって、地蔵菩薩の行為は閻魔と敵対しそうだが、閻魔王の力を持ってしても地蔵菩薩を追いだすことはできないといわれている。『十王経』などでは、閻魔王は地蔵菩薩を本地とする者で、実は閻魔王と地蔵は同一の存在だとしている。これによると、十王の第五番目に位置する閻魔王庁には善名称院という地

蔵菩薩のための院が付属しているとされている。地蔵菩薩は日本では一般にお地蔵様として親しまれており、死んだ人間が迷わずに冥界へ行けるようにと道案内をしてくれるともいわれている。

➡［賽の河原］

❖寂静尊《じゃくじょうそん》——【チ】

チベット密教において、バルドゥ（中有《ちゅうう》）の状態にある死者の前に出現するとされる柔和な神々の一群。『チベットの死者の書』（〝バルドゥ・トェ・ドル〟「中有における聴聞による解脱」）によると、人間は死後にチカエ・バルドゥ（死の瞬間の中有）、チョエニ・バルドゥ（存在本来の姿の中有）、シパ・バルドゥ（再生へ向かう迷いの状態の中有）という三つのバルドゥを通過するが、このうちチョエニ・バルドゥを通過している期間の最初の六日間に数多くの寂静尊の神群が出現するとされる。

この期間には寂静尊と同時に六道からの鈍い光も出現し、死者にとって一種の試金石としての役割を果たす。寂静尊は仏が姿を変えたものであり、柔和な姿をしているが、みな恐ろしいほどに光り輝いている。このために死者にとっては寂静尊のまぶしい光よりも六道から射す、それほどまぶしくない光のほうがはるかに親しみあるものに思える。が、ここで寂静尊の光から逃げだし、六道の光に近づくと、死者は成仏できずにさらにバルドゥの迷いの中をさまようことになるのである。

チョエニ・バルドゥの期間に出現する寂静尊たちは数多く存在するが、その中心となるものは、一日目はヴァイローチャナ（毘盧遮那仏《びるしゃなぶつ》）と女尊アーカーシャダートゥヴィーシュヴァリー（虚空界自在母《こくうかいじざいぼ》）、二日目はヴァジュラサットヴァ（金剛薩埵《こんごうさった》）と女尊ブッダローチャナー（仏眼母）、三日目はラトナサムバヴァ（宝生仏《ほうしょうぶつ》）と女尊マーマキー（我母）、四日目はアミターバ（阿弥陀仏）とパーンダラヴァーシニー（白衣母）、五日目はアモーガシッディ（不空成就仏）と女尊サマヤターラー（三摩耶多羅）で、六日目にはこれまでに出現したすべての寂静尊が出現するとされている。

➡［バルドゥ（中有）］［忿怒尊］

❖十王《じゅうおう》——【仏・道】

仏教や道教の冥府におり、死者の罪業を量るとされている十人の裁判官。秦広王《しんこうおう》、初江《しょこう》王《おう》、宋帝王《そうていおう》、五官王《ごかんおう》、閻魔王《えんまおう》、変成王《へんじょうおう》、太山王《たいざんおう》、平等王《びょうどうおう》、都市王《としおう》、五道転輪王《ごどうてんりんおう》がいる。中国の影響を受けているので、これらの王が描かれる場合はしばしば中国風の法服を着て机に向かい、椅子に座った姿で描かれる。仏教の閻魔王が十人いるのに似ているが、この考え方では閻魔王も十王のひとりとされている。

もともと道教の考え方で、死者が中有《ちゅうう》の期間に各十王の庁をめぐり、各王の裁きを受け

て次世の生処が定められるとされる。死者が十王を訪ねる日も決まっており、死者は初七日（一週目）に秦広王の庁を訪ね、次いで二七日（二週目）から七七日（七週間）まで一週ごとに初江王から太山王まで、その後百日、一周年、三周年の日に残りの王を訪ねるとされる。

『十王経』（仏説地蔵菩薩発心因縁十王経）によれば、人が死ぬと閻魔王はすぐにも三人の閻魔卒を遣わす。この三人は、奪魂鬼《だっこんき》、奪精鬼《だっせいき》、縛魄鬼《ばくはくき》という鬼たちで、死者はこれらの者に連れられて、険しい死出の山を越えて冥府に向かうのである。この後、死者は決められた日に十王のところを訪ねることになるが、各十王の特徴は次のようになっている。

〈秦広王《しんこうおう》〉死者が初七日の日に訪ねる冥府の判官で、不動妙王を本地とするとされる。まだ三途の川を渡らない場所に庁がある。やって来た死者に対し、王は生前に善業をせずにこの地まで迷ってきたことを責める。また、殺生したことがあるかなど質問する。道教では秦広王は人間の寿命を記した帳簿を司る王だといわれる。

〈初江王《しょこうおう》〉釈迦如来を本地とする王で、秦広王の庁からこの庁にやって来るまでの間に三途の川がある。三途の川には渡河可能な場所が三つある。三つとは山水瀬、江深淵、有橋渡で、罪の重さに応じて渡る場所が異なるとされる。川を越えた辺に衣領樹《えりょうじゅ》という大きな木があり、その下に奪衣婆《だつえば》と懸衣翁《けんえおう》という男女の鬼がいる。死者が到着すると、奪衣婆は盗業をいましめて死者の両手の指を折り、懸衣翁は牛頭《ごず》と一緒に死者たちを追い立てて衣領樹の下に集める。ここで奪衣婆が死者たちの服を脱がし、懸衣翁がその衣服を衣領樹に掛け、衣服が垂れさがる様子から死者の罪の軽重を量る。この後、死者は初江王の庁へ赴き、裁かれる。道教では初江王は大海の底を司るとされ、庁のある殿には、十六の小地獄が付属しているといわれる。

〈宋帝王《そうていおう》〉文殊菩薩を本地とする王で、庁の前に恐ろしい猫の集団、大蛇たちがいる。ここで死者のある者は乳房を破られ、縛られて庁に連れていかれる。道教では宋帝王は大海の底を司るとされ、庁には黒縄大地獄と十六小地獄が付属しているといわれる。

〈五官王《ごかんおう》〉普賢菩薩を本地とする王で、この庁に罪の軽重を量る秤がある。秤は七種類あり、殺生・偸盗《ちゅうとう》・邪淫という身業の三罪と、妄語・綺語《きご》・悪口・両舌という口業の四罪の重さが量られる。罪の重さによって、死者の次世における生処が決まる。生処は罪の軽い者から、畜生、餓鬼、八寒八熱地獄に分けられる。死者が秤の前にやって来ると、まだ秤に乗っていないうちに自動的に秤が動いて罪の重さが量られる。死者が文句をいうと実際に秤に乗せられるが結果は変わりがない。計量の結果は勘録舎という部署に伝えられ、そこで帳簿に記され、さらに次の閻魔王に送る書類が作られる。道教では五官王は大海の底を司り、庁には合地獄と十六小地獄があるといわれる。

〈閻魔王《えんまおう》〉閻魔王は仏教では基本的に冥界の大王で、冥界のすべてを司っているが、十王という考え方は道教の影響を受けたもので、閻魔王の地位も低下させられており、五番目の庁にいる王とされ、地蔵菩薩を本地とするとされている。しかし、本来が冥府の大王らしく立派な宮殿に棲んでおり、『十王経』では道教の冥府の王である泰山《たいざん》（太山）府君《ふくん》を配下に従えている。宮殿の門には両側に檀荼幢《だんだとう》という人頭を棒の先につけた閻魔王の標識が立てられている。

死者は庁の中で閻魔王に裁かれるが、王の左右にふたりの記録係がいる。左の者は鬼のような姿で死者のどんな小さな悪行までも記録し、右の者は吉祥天女のように美しく、死者のどんな善行までも記録する。閻魔王はこれらすべてを勘案して死者の善悪を決定するのである。閻魔王の判断には浄玻璃《じょうはり》の鏡も利用される。これは庁に付属する光明王院の中殿にある大鏡で、死者の生前の行動の一切を映しだすとされる。この鏡の前では死者のどんな嘘も通用しないのである。

閻魔の庁には他に善名稱院《ぜんみょうしょういん》という院もあるが、これは極楽浄土を思わせる美しい飾りに満ちた院で、地蔵菩薩が休まれる場所だという。地蔵菩薩については、自ら六道中に身を置いて、迷える衆生を救済するために尽くしているという説がある。

道教では閻魔王は大海の底を司り、庁には叫喚大地獄と十六小地獄、望郷台《ぼうきょうだい》があるといわれる。

➡［望郷台］

〈変成王《へんじょうおう》〉弥勒菩薩を本地とする王で、この庁に来るまでの間に鉄丸所という河原がある。鉄丸所ではいつも大石が転がっており、死者は大いに苦しめられる。庁には二本の木があり、その下に三本の道がある。死者は自分でひとつの道を選んで進むことで、自ら自分の運命を決める。道教では変成王は大海の底を司るとされ、庁には大叫喚地獄と十六小地獄が設けられているといわれる。

〈太山王《たいざんおう》〉薬師如来を本地とする王。この庁に来るまでの間に闇鉄処という悪所がある。闇鉄処は真っ暗な細い道で、両側から鋭く尖った鉄が突きだした場所で、死者はここを通過するときに皮肉を裂かれて大いに苦しめられる。庁には六つの鳥居があり、死者は自らそのひとつを選んで通過し、それによって次世の生処が決められる。道教では太山王は大海の底を司り、庁には熱悩大地獄と十六小地獄が付属しているといわれる。

〈平等王《びょうどうおう》〉観世音菩薩を本地とする王。この庁に来るまでの間に鉄氷山という河原があり、寒さによって死者を苦しめる。道教では平等王は大海の底を司るとされるが、都市王を第八番目の王とする考えもあり、庁には大熱悩大地獄と十六小地獄が付属しているという。

〈都市王《としおう》〉阿閦如来《あしゅくにょらい》を本地とする王。庁には罪業の重さを量る箱があり、罪の重い者がこれを開くと猛火が吹きだして焼きつくされる。道教では都市王は大海の底を司るとされるが、平等王を第九番目の王とする考えもあり、庁には阿鼻大地獄と十六小地獄が付属するとされる。

〈五道転輪王《ごどうてんりんおう》〉阿弥陀如来を本地とする王。これまでの庁で次世の生処が決まらなかった死者についても、ここで最終的な決定が下される。

道教では五道転輪王は死者のひとりひとりについて詳細な帳簿を作り、それを中国の地獄がある酆都《ほうと》に送るとされる。これによって死者が何に転生するかが決定される。庁には金・銀・玉・石・木版・奈何《なか》の六つの橋があり、死者はこれらの橋を渡って転生先に送られる。また、庁には転劫所《てんごうしょ》、醞忘台《おうぼうだい》などの施設がある。

➡［醞忘台］［転劫所］

❖城隍神《じょうこうしん》・土地神《とちしん》――【道】

中国で信じられていた土地の支配者。城隍神は府州県の役所がある、城壁に囲まれた大きな町を支配し、土地神はもっと小さな郷村を支配した。城隍神と土地神では前者の方が格が上で、服装も城隍神は官服を着ているのに、土地神は普通の老翁の格好をしていた。

城隍神、土地神ともにその土地の守護神だったが、やがて中国の冥界の最高権威である泰山《たいざん》を頂点とした官僚組織的なピラミッドに組みこまれ、人が死ぬと、まずはじめにその土地の城隍神または土地神が祭られた廟《びょう》に赴き、そこで裁判を受けた後、泰山や酆都《ほうと》などの冥界へ送られると考えられた。閻魔大王が人間の悪業を隅々まで見通しているのと同様に、これらの神々もすべてを知っていると考えられ、恐れられた。また、城隍神は単に死者の裁判をするだけでなく、守護する都市が管轄している地域の民衆の生死をも司っており、廟には人間の寿命を記した命簿も置かれていた。

➡【泰山】【酆都】

❖須佐之男命《すさのおのみこと》――【日】

日本神話の神で、根の国あるいは根《ね》の堅州国《かたすくに》と呼ばれる他界の支配者。八俣大蛇《やまたのおろち》を退治した物語は有名。

根の国と黄泉の国は普通はそれぞれに異なる他界と考えられているが、平田篤胤《ひらたあつたね》の説で

はこれらふたつの他界は同一の他界と考えられ、須佐之男が黄泉の国に赴いたことで、その支配者は伊耶那美命《いざなみのみこと》から須佐之男に変わったとされている。記紀の記述もはっきりせず、根の国と黄泉の国を同一視していると見える部分もある。

『古事記』によれば、須佐之男は黄泉の国から戻ってきた伊耶那岐命《いざなぎのみこと》が、九州の日向《ひむか》の阿波岐原で清流に入って身を清めたとき誕生したが、伊耶那岐によって海原の支配者に任じられたにもかかわらず、自分は母の住む根の堅州国に行きたいとわがままをいっている。また、根の国の王となってからは、大国主神《おおくにぬしのかみ》が根の国を訪れ、娘の須世理毘売《すせりびめ》を奪って逃げるという事件があったが、このとき須佐之男は逃げる大国主神を黄泉の国とこの世の境にある黄泉比良坂《よもつひらさか》まで追いかけたとされている。これらを見ても、すでに『古事記』が編まれた時代から、黄泉の国と根の国が同一視されていたことがわかる。

しかし、大国主神が須世理毘売をこの世に連れ帰ったように、生きた人間が根の国とこの世を往来することが禁止されているわけではなく、この点で黄泉の国とは決定的に異なっている。このため、須佐之男は黄泉の国の王ではなく、それとは別の他界である根の国の王だとされる。

⬇［根の国］［黄泉の国］［大国主神］

❖スラオシャ――【ゾ】

ゾロアスター教で従順や規律の化身とされる天使（ヤザタ）。世界を破滅させようとする悪魔たちから世界を守るとされており、冥界では、ミスラ、ラシュヌとともに死者の魂の裁判を司っている。ゾロアスター教では死者の魂は死後三日間死体のそばをさまようとされるが、その間、悪魔たちから魂を守るのもスラオシャである。

⬇［ミスラ］［ラシュヌ］

❖ズルワン神《しん》――【ゾ】

ゾロアスター教の異端であるズルワン教の最高神だが、『アヴェスター』の中で、すべての人間が通る冥界への道を作った神とされている。

❖セケル――【エ】

古代エジプトのメンフィスの鶻《はいたか》の姿をした墓場の女神。ラーが夜の十二時間に横断する冥界ドゥアトの四時と五時のあたりにも彼女の支配する国があったが、そこは完全な砂漠であり、ラーの船はその領域では双頭の蛇に姿を変える必要があった。また、そこは暗黒で恐ろしい蛇が棲んでいたので、ラーの夜の航海にとって最大の難所となっていた。

⬇［ラー］［ドゥアト］

セト——【エ】

古代エジプトで死者の敵とされた、邪悪で悪魔的な神。オシリスの弟だったが、兄の人気に嫉妬してオシリスを殺し、さらにオシリスの子のホルスとエジプトの王位をめぐって対立した。古くから不毛な砂漠地帯の神だったことから、昼に対立する夜、生に対立する死を意味し、すべてを破壊する神と考えられた。太陽神ラーが船に乗って天空やドゥアト（冥界）を旅するときには、セトは怪蛇アペプとなって航海を邪魔するとされ、このため、冥界の川を渡ろうとする死者たちの敵とされた。しかし、もともと邪悪な神だったわけではなく、太陽神ラーの船に乗り、怪蛇アペプを退治するといわれることもあった。

➡［オシリス］［ドゥアト］［アペプ］

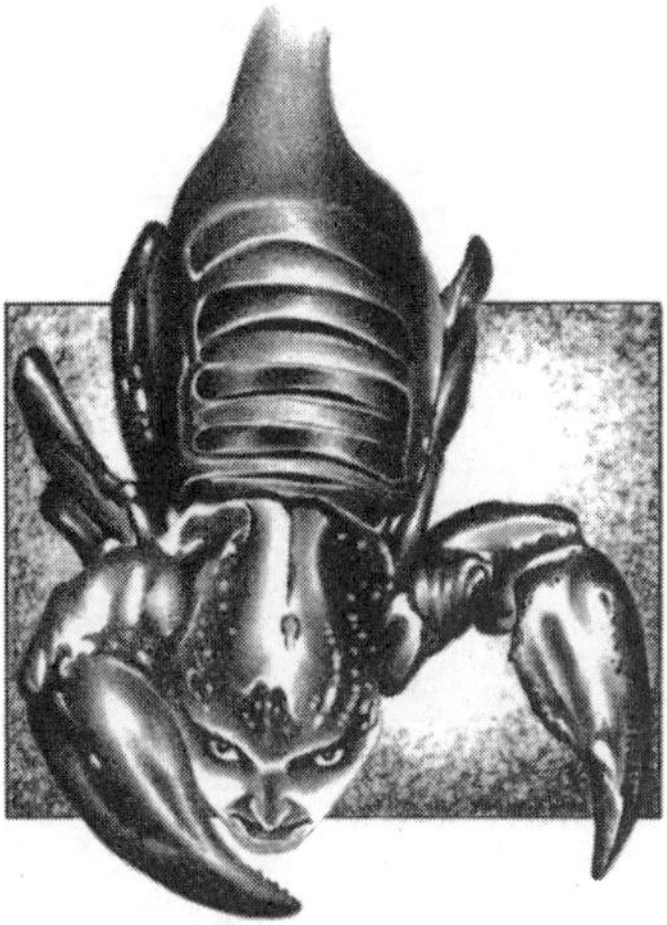

セルケト——【エ】

蠍《さそり》を頭に乗せた古代エジプトの女神。蠍の身体に女性の顔を持つこともあった。もともとナイルの女神だったが、やがて冥界ドゥアトに住むようになった。ドゥアトで彼女が活躍するのは、太陽神ラーの夜の航海が終わりに近づいた十時あるいは十一時の領域だった。ラーの船に乗った神々はこの頃までに最大の敵である怪蛇アペプを退治するが、セルケトはその首に鎖を結びつけると、鎖の一端を手に持ち、アペプが逃げださないように見張りをしたといわれている。

❖太乙救苦天尊《たいおつきゅうくてんそん》――【道】

道教の神。仏教における地蔵菩薩と同じように、地獄に堕ちた亡者たちを救済するといわれる。とくに台湾では、死者の遺族が神の名を書いたお札を持って祈願するだけで、死者の魂が救済されると信じられている。

⬇［地蔵菩薩］

❖泰山府君《たいざんふくん》――【道】

中国で古くから死霊が集まるとされた泰山の山神。地獄思想が発達してからは地獄の長官として閻魔大王のように考えられた。

中国の地獄は現世と同じように複雑な官庁組織を持っており、長官である泰山府君の下には、各種の属僚がおり、泰山主簿、泰山録事、泰山五伯などと呼ばれた。仏教思想が強く入りこんでいる考え方では、泰山府君が閻魔大王の下で働く記録係のように語られることもある。

泰山府君をめぐる説話は多いが、四世紀頃に書かれたとされる『捜神記』には、山東省に住む胡母班《こぼはん》という者が泰山府君からの手紙をあずかったが、このために意外な不運に襲われてしまったという物語がある。

それによると、あるとき班が泰山のふもとを歩いていると、泰山府君の使いだという赤い着物を着た足軽が出現した。そこで班が足軽にいわれたとおり目をつむってついていくと、立派な宮殿の中で府君に手厚くもてなされ、黄河の神の嫁となった娘に手紙を届けてほしいと頼まれた。班は手紙を渡す具体的な手順まで聞いた後に宮殿を退出すると、もといた道に戻っていたので、今度は黄河へ出かけ、船を出し、船縁を叩いて「女中」と叫んだ。すると府君がいったとおりに水中から女中が出現し、手紙を受け取ると水中に没した。が、女中はそれから間もなく再び浮かびあがり、班に目を閉じさせて河神の宮殿に案内し、そこで班はまたしても手厚くもてなされたのである。

このときに班は府君の娘からの返書をあずかったので、数年して泰山のそばを通ったときに、木を叩いて自分の名前を名乗り、用件を告げた。と、以前と同じように足軽が出現して、班を府君のところに案内した。班はすぐにも用件をすませたが、その後で便所にたったときに、偶然にも自分の父親が首枷をつけられて、数百人の仲間と一緒に使役されているのを目撃した。班が思わず駆け寄ると、父は涙を流しながら、労役から解放してくれるように府君に頼んでくれと懇願した。父は解放された後は土地の神になりたいというのである。これを聞いた班は府君に熱心に訴えた。府君は最初の間は、生者と死者は近づいてはいけないといって班の願いを叶えようとはしなかったが、班がしつこく願ったので、どうにか彼の望みは叶うことになった。

ところが、それから班が家に帰ると、一年ほどの間に子どもたちが次々と死んでしまうということが起こった。班はびっくりして泰山に飛んでいくと、府君に面会し、現在の不運を訴えた。府君はこうなることを予感していたように笑うと、いまは土地の神となっている班の父を呼びだした。こうして、班の子どもたちが死んだのはすべて父のせいで、父が孫がかわいいばかりに自分のもとに呼び寄せたのだということがわかった。このために、土地の神は交代させられることになったが、これ以降は新しく生まれた子供たちも無事に成長したというのである。

五世紀頃に書かれた『幽明録』には、舒礼《じょれい》という祈禱師が、祈禱の際にいろいろな生き物を供え物にしたために、殺生の罪を受けて火炎地獄に堕とされる話がある。ここにも裁判官として泰山府君が登場するが、その振る舞いはまさに閻魔大王のような恐ろしいものになっている。

➡［泰山］

❖タナトス――【ギ】

ギリシア神話に登場する古代ギリシアの死神。ニュクス（夜）の子で、ケル（運命）、オネイロス（夢）、ヒュプノス（眠り）などの兄弟。抽象的な死の人格神だが、顔面蒼白の老人で、寿命の尽きた人間を訪れて携えている刀で髪の毛をひと房切り取ると、それをハデスに捧げた後にその人を冥界に連れ去るとされた。

アイオロスの子のシシュポスがゼウスの浮気を告発したときは、ゼウスは即座にタナトスを送ってシシュポスを冥界に連れ去った。このとき、シシュポスは策略を用いてハデスをだまし、一度は生き返ったが寿命が尽きて死んだ後でタルタロスで罰を与えられることになった。

エウリピデス作『アルケスティス』では、夫アドメトスの代わりに死ぬことになったアルケスティスのところへ、黒い衣をまとったタナトスが迎えにきた。が、ちょうどこのときアドメトスの友人ヘラクレスが訪れ、友人の不幸を聞くとすぐにも墓へ駆けつけて、タナトスと取っ組み合いをしたあげくに、冥界へ連れ去られようとしていたアルケスティスを奪い返してしまったと語られている。

トロイア戦争中には、トロイアの英雄でゼウスの子とされるサルペドンが戦場で死んだとき、タナトスとヒュプノスがゼウスの命令に従って、サルペドンの死体を彼の領地のリュキアに運んだとされている。

⬇［シシュポス］

❖タンムーズ――【メ】

半年ごとに地上と冥界に住んだとされる古代メソポタミアの神。自然の生殖力を具現する神であって、彼が地上にいる間は植物が繁茂し、動物が成長するが、地下界に潜ると地上にあるすべての成長が止まったといわれる。彼の妻が豊穣神のイシュタルで、彼を捜しに冥界へ下ったという神話が残されている。シュメール語ではドゥムジと呼ばれ、イシュタルの前身であるイナンナの夫とされた。ギリシア神話で冥界の女王ペルセポネの愛人と

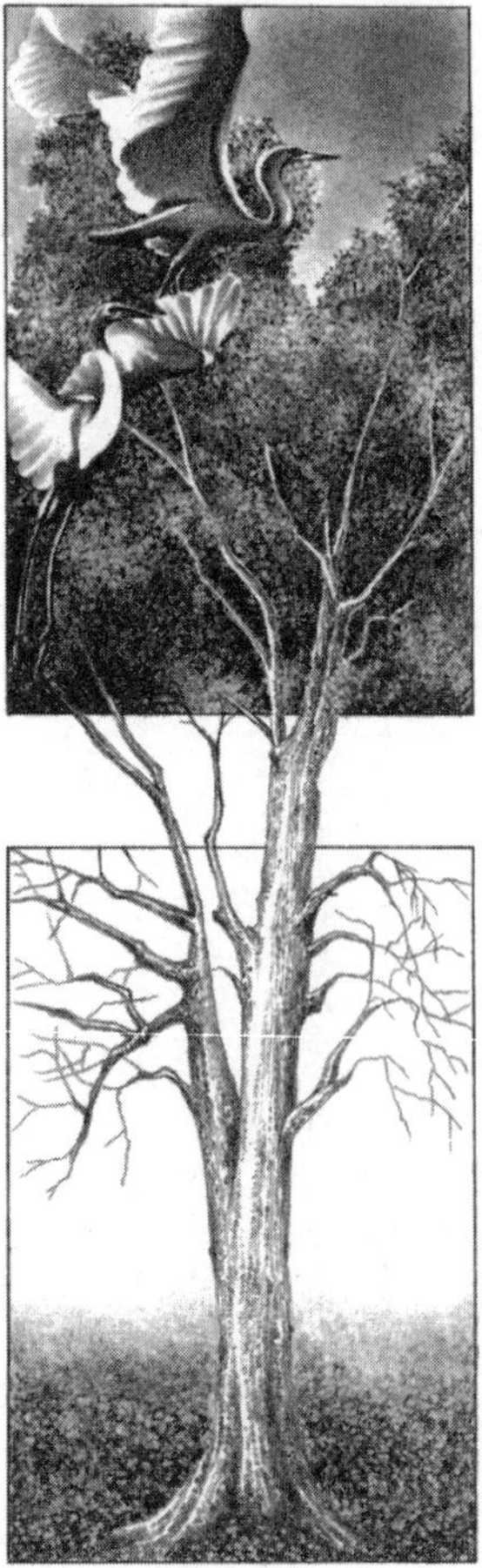

されたアドニスは、タンムーズの転じたものだとされる。

⬇［イシュタル］［ペルセポネ］

❖道《ち》反《がえし》之《の》大神《おおかみ》——【日】

日本神話の中で、黄泉の国とこの世との境にいて、ふたつの世界の往来を禁止しているとされる神。伊耶那岐命《いざなぎのみこと》が黄泉の国から帰還するときに追手をさえぎるために黄泉比良坂《よもつひらさか》に置いた千引岩《ちびきのいわ》が神となったものといわれる。

⬇［黄泉比良坂］［千引岩］［伊耶那岐命］

❖池頭夫人《ちとうふじん》——【道】

道教において地獄の血汚池《けつおいけ》（血の池地獄）を司るとされる女神。現在でも台湾には池頭夫人への信仰がある。とくに難産で死んだ女性はみな血の池地獄に堕ちるとされているので、池頭夫人にお参りして救済を願わなければならないとされている。

⬇［血汚池］

❖チトラグプタ——【ヒ】

ヒンズー教の地獄の記録官。地獄の王であるヤマに仕えており、人間の行為を記した記録簿を保管している。人間は死ぬと必ずヤマの前で裁きを受けるが、このときにチトラグプタが記録簿を取りあげて死者の生前の行為を読みあげ、それに基づいて死者が裁かれるとされる。ヤマの法廷には、チトラグプタの他にもたくさんの記録者がいたといわれている。

➡［ナラカ（捺落迦）］［ヤマ］

❖ディス――【ギ・ロ】

ギリシア神話の冥界の王ハデスの別名。ローマ神話における呼び名。ハデスの別名のひとつプルートンが富を意味したように、ディスも富を意味する。

➡［ハデス］

❖東嶽大帝《とうがくたいてい》――【道】

中国で死者の赴く山とされた泰山の神。地獄の長官である泰山府君《たいざんふくん》と同一視される。しかし、後には東嶽大帝と泰山府君は分離され、泰山府君が地獄の長官となり、東嶽大帝は天帝に近い権威を持つようになった。

➡［泰山］［泰山府君］

◈トト——【エ】

朱《と》鷺《き》の頭と人間の身体を持つ古代エジプトの神。狒《ひ》狒《ひ》の姿で描かれることもあった。神聖な知性の神であり、文字を書くことができたことから、トトは神々の書記として活躍するが、古代エジプトでは文字は魔法と強く結びつくものだった。このため、トトは偉大な魔法使いと考えられ、トトが死者のために朗唱する呪文は、死者の身体が時間の経過による腐敗などに耐えるようにすると考えられた。オシリスがセトに殺され、その身体がもとどおりに復元されたとき、魔法を使ってオシリスを復活させたのは妻のイシスだといわれるが、このために必要な呪文をイシスに教えたのはトトだった。

神々の書記だったトトはエジプトの神聖法の作者ともされ、オシリスの法廷と結びついた。そこで、トトは死者の心臓の計量の執行者となった。死者の心臓はアヌビスによって計量されるが、その報告を受けて書板に記録するのがトトの役目だった。この記録がオシリスによって認められることで、死者の復活が決定されるのである。

⇒［オシリス］［オシリスの法廷］

❖トリプトレモス――【ギ】

ギリシア神話の冥界の裁判官のひとり。エレウシス王ケレオスとメタネイラの息子。大地母神デメテルはエレウシスに滞在したとき、トリプトレモスに有翼の竜の戦車と小麦を与え、世界中に作物の栽培方法を伝授してまわらせたという。また、これと同時に法と正義を広めたといわれており、このために死後に冥界の裁判官となった。

『ソクラテスの弁明』でも、ソクラテスが死後の裁判を語る場面で、ミノス、ラダマンテュス、アイアコスの次に彼の名前が挙げられている。

⇒［ミノス］［ラダマンテュス］［アイアコス］

❖ネフティス――【エ】

古代エジプトの女神。オシリスを殺したセトの妻だったが、オシリスの妻のイシスとは不可分の関係にあり、ともに死者の生活に深い関係を持つ女神として崇拝された。イシスがオシリスを復活させたときも、ネフティスはトトやアヌビスとともに彼女を助けた。このため、彼女はオシリスの法廷とも関係があり、オシリスが法廷において死者の心臓の計量を見守る間、イシスとともにオシリスのそばにいるのが常だった。

➡［オシリス］［セト］［オシリスの法廷］

❖ネルガル――【メ】

シュメール、アッカド、バビロニアなど古代メソポタミアの冥府の王。エルラガルともいう。もともと天界に住む病気と戦争の神だったが、冥界の女王エレシュキガルと結ばれ、冥界の支配者として君臨するようになった。

ネルガルがエレシュキガルと結ばれた経緯については『ネルガルとエレシュキガル』と呼ばれる神話で詳しく語られている。それによると、あるとき天の神々が宴会を開いたが、その年は冥界の女王エレシュキガルが天界を訪ねることができず、天界からも宴会のご馳走を冥界まで持っていくことができない決まりになっていた。そこで天界の父神アヌは、冥界から誰かがご馳走を取りにくるようにと、カカを使者として冥界へ送り、エレシュキガルに告げさせた。

エレシュキガルはすぐにも家来のナムタルを天に昇らせ、ご馳走を持ち帰らせた。そして、彼女はナムタルにいった。

「おまえが天界に行ったとき、おまえを迎えて立ちあがらなかった神を捜しだしなさい。わたしがその者を殺してやります」

これを聞いたナムタルは再び天へ行き、神々に会い、彼を迎えても出迎えなかったのがネルガルであることを知ると、彼を冥界へ連れ去ろうとした。ネルガルは冥界へ行きたくなかったので、父であるエア神のところへ行き、助けを求めた。

エア神は息子のことを思い、彼を安心させるために、冥界へ行っても無事に戻ってくる方法を細々と教えた。

そして、冥界にある七つの門のために、十四人の鬼神をネルガルに与えた。

ネルガルは父神にいわれたとおり、剣を帯びず、木の枝を杖にして冥界に向かった。そして、冥界の門の通過を許されると、七つの門のひとつひとつにふたりずつの鬼神を待機させた。

こうしてエレシュキガルの前まで来たネルガルは、彼女の前の地面に接吻した。

これを見たエレシュキガルは彼をもてなすためにいろいろな物を運んできた。それは椅子、パン、肉、酒、水だった。が、ネルガルは父に命じられたとおり、椅子には腰掛けず、その他の物も口にせず、水で足を洗うこともなかった。

しかし、女王が湯浴みのために服を脱ぐと、ネルガルは魅せられて彼女と交わった。

こうしてふたりは六日間ベッドにいたが、七日目にネルガルはふいに天界に戻ってしまった。

エレシュキガルは大いに悲しみ、ネルガルを迎えにいくようにナムタルに命じた。

ナムタルは天に昇ると、ネルガルは女王と寝たのだから彼女とともに冥界に住むのが当然で、もしそうしないなら、死者を復活させて、生者たちを喰わせてしまうだろうというエレシュキガルの言葉を天の神々に伝えた。

これを聞いた神々は驚き、ネルガルがエレシュキガルの夫となることを許可した。そして、これ以降、ネルガルが冥界の王となったのである。

➡［不帰の国］［エレシュキガル］

ハデス——【ギ】

ギリシア神話の冥界の王。ハイデスあるいはアイデスとも発音された。地下界に住み、地上の穀物を実らせる力を持つと考えられたことから、富を表すプルートン（プルト）の名で呼ばれることもある。ローマ神話でも富を表すディス（ディウエスの略）という名で呼ばれている。

ハデスはもともと冥界の王を表す言葉だが、ここから転じて冥界そのものを表すのにも用いられるようになった。キリスト教の冥府として知られるシェオールは、ギリシア語のハデスのヘブル語訳である。

ギリシア神話に登場する冥府の王としてのハデスは、ギリシア神話の二代目の最高神であるクロノスの子で、ゼウス、ポセイドンの兄弟として誕生した。誕生するとすぐにポセイドンとハデスは父クロノスに飲みこまれたが、ゼウスがクロノスに反乱を起こして救いだした。クロノス亡き後に、ポセイドン、ハデス、ゼウスの三神がくじ引きをして、それぞれの支配領域を決めたが、このときにゼウスが天上界を、ポセイドンが大洋を、ハデスが冥府を支配することが決まった。クロノスの一族との戦いに際して、ハデスはひとつ目の巨人キュクロプスたちから、被ると姿を隠すことのできる「隠れかぶと」をもらったが、これはハデスのトレードマークのような持ち物となった。

冥府を支配することが決まったハデスはそれ以降はあまり地上には顔を出さなくなった。自らの妃にするために大地母神デメテルの娘ペルセポネを誘拐したときが唯一の例外で、このときハデスは不死の神馬を駆って、大地を引き裂いて地上に出現したとされている。地上には出現しなかったものの冥府におけるハデスの力は絶大で、「冥界のゼウス」とも呼ばれた。彼はミノス、ラダマンテュス、アイアコスの三人を判官として使用し、冥界のすべてを冷酷非情なやり方で支配した。しかし、けっして横暴というのではなく、いつでも正義を行使したといわれている。

ダンテの『神曲』の地獄には、その最下部の中心に悪魔の大王が存在しているが、ダンテの先達となったウェルギリウスは、いかにもローマ時代の詩人らしく、この大王のことをハデスのローマ名であるディスという名で呼んでいる。ただし、これはウェルギリウスの時代背景を説明するダンテの一種のリアリズムだとされており、ダンテ自身はこの大王のことをサタン、ルシファー、ベルゼブブなどという名で呼んでいる。

➡［シェオール］［ペルセポネ］［悪魔大王］

❖ハトホル——【エ】

古代エジプトの女神で、その名前は「天界の家」を意味する。女性の美しさや優しさを体現する偉大な天空女神で、死者にとっても母親のような役割を果たした。彼女は、死者とともにラーの船に乗って冥界のナイル川を渡り、オシリスの審判の間もそこに列席したが、それだけでなく、死者たちが冥界にやって来たとき、ハトホルは川岸のエジプトイチジクのそばで死者を迎え、肉や飲み物を与え、死者が天国へ赴くまで面倒をみるといわれた。彼女は人間の姿で描かれることもあったが、しばしば牝牛の姿で描かれ、死者に乳を与えることもあった。

➡［ラー］［オシリス］

❖岐神《ふなどのかみ》——【日】

日本神話において、黄泉の国とこの世の境にある黄泉比良坂《よもつひらさか》で、この世と冥界との通行を禁止しているといわれる神。『古事記』では、岐神は黄泉の国からこの世に戻った伊《い》耶《ざ》那岐命《なぎのみこと》が日向《ひむか》の小門《おど》の清流で身を清めたときに誕生したとされているが、『日本書紀』では本文とは別に挙げる伝承のひとつとして、黄泉の国から逃げ帰る途中、八雷神《やついかづちのかみ》に追われていた伊耶那岐が持っていた杖を投げ捨てたところ、それが岐神となって、冥界の鬼神たちがそれを越えてくることを防いだという物語が紹介されている。

⬇［黄泉の国］［黄泉比良坂］［伊耶那岐命］

❖プルートン――【ギ】

ギリシア神話の冥界の王ハデスの別名。富を意味する。ハデスは地下に住むとされたことから穀物の生長と関係づけられ、この名前で呼ばれることがあった。

⬇［ハデス］

❖忿怒尊《ふんぬそん》――【チ】

チベット密教において、バルドゥ（中有《ちゅうう》）の状態にある死者の前に出現するとされる、怒りをあらわにした恐ろしげな神々の一群。『チベットの死者の書』（〝バルドゥ・トェ・ドル〟「中有における聴聞による解脱」）によると、人間は死後にチカエ・バルドゥ（死の瞬間の中有）、チョエニ・バルドゥ（存在本来の姿の中有）、シパ・バルドゥ（再生へ向かう迷いの状態の中有）という三種類のバルドゥを順次通過するが、このうちチョエニ・バルドゥを通過している期間の後半にあたる八日目から十四日目に、五十八の忿怒尊の神群が出現するとされる。

これらの忿怒尊は実は和やかな寂静尊が姿を変えたものに過ぎず、しかもすべては死者自身の幻影に過ぎないのだが、見た目が恐ろしく、それによって死者を試みる働きがあるとされる。忿怒尊たちが出現したときに、その恐ろしさが自分自身の幻影に過ぎないことを悟れば死者は成仏（解脱）できるが、恐れを抱いて混乱すると、死者はさらにバルドゥの迷いの中をさまようことになるのである。

忿怒尊の神々にはブッダヘールカ、ヴァジュラヘールカ、ラトナヘールカなどがいるが、どれも三つの顔、六本の手、四本の足を持つ恐ろしい姿をしているとされる。

➡［バルドゥ（中有）］［寂静尊］

❖ベーリット・セーリ――【メ】

古代シュメール、バビロニアの冥府の記録係。彼女の持つ書板には人間の運命が記されているとされる。

➡［不帰の国］

❖ヘカテ──【ギ】

ギリシア神話の女神。ヘシオドスによって長々と歌われているように、ヘカテはもともとは古くからの地母神のひとりで、天、地、海の三界に力を持つ有力な女神だった。が、時としてデメテルの娘とされ、ヘカテ自身がペルセポネの別名といわれるほどこれらの女神と深い関係にあったので、やがて冥界においてハデス、ペルセポネに次いで三番目の地位を持つようになった。

ギリシア神話の時代からヘカテは魔術と深い関係にあったが、とくに三叉路を守護する女神として「三叉路のヘカテ」と呼ばれた。多くの三叉路に彼女の像が建てられ、旅の吉凶などを司るものとして崇拝された。

ヘカテはまた夜毎に吠え立てる野犬どもを引き連れ、松明を掲げて暗い街路を疾駆するといわれた。

こうしたヘカテの不気味な姿はいかにも魔女的だが、ヨーロッパの中世にはヘカテは正真正銘魔女の女王と考えられるようになった。

⬇［ハデス］［ペルセポネ］

❖ヘル──【北】

北欧神話の冥界ニブルヘイムの女王。悪神ロキとアングルボザという女巨人の娘で、兄にフェンリル狼と世界蛇ヨルムンガンドがいた。この三兄妹は神々に災禍をもたらすという予言があったことから、三人それぞれに別世界に幽閉されることになった。このとき、ヘルは氷の国ニブルヘイムに投げこまれ、死者たちの女王として君臨することになった。ここで、彼女はエリューズニルという館に棲み、冥界にやって来た死者たちに住処を割り当てたとされている。

ヘルは死者の女王らしく恐ろしい姿で、上半身は生きた女性の身体だったが、下半身は死者の身体で、青黒く腐っていた。英語の「地獄（hell）」はこのヘル（hel）の名前に由来している。ただし、ヘルの支配していた国は生前に罪を犯した死者を苦しめる地獄ではなく、普通の死者たちが赴く冥界だった。

⬇［ニブルヘイム］

❖ペルセポネ――【ギ】

ギリシア神話の冥府の王ハデスの妻で、冥府の女王。ペルセポネはもともと大地母神とも、穀物の女神ともいわれるデメテルの娘として地上で暮らしていた。が、母も娘も知らないところで、ゼウスとハデスが話し合って、ペルセポネをハデスの妻とすることが決められた。とはいえ、デメテルはペルセポネを溺愛しており、彼女が冥界にこもることを承知しそうになかったので、ハデスがペルセポネを誘拐し、無理矢理にも結婚してしまうことになった。

普通、ペルセポネが誘拐されたのはシチリア島のエンナの野だといわれている。彼女はそこで美しいオケアノスの娘たちと花を摘んでいたが、そのうちに見る者すべてに驚嘆を起こさせるようなみごとな水仙の花を見つけた。それは、ゼウスの意を受けたガイア（大地）が、ペルセポネを仲間の娘たちから引き離すために特別に咲かせたもので、根から百本もの茎が生えでている水仙だった。何も知らないペルセポネはそれを見つけると、喜んで仲間から離れていった。

このとき突然大地が裂けると、そこから不死の神馬を駆ったハデスが出現し、ペルセポネを黄金の馬車に乗せて冥界へと連れ去ったのである。ペルセポネはゼウスの名を呼んで救いを求めたが、その声を聞いた者は女神ヘカテただひとりだった。

娘が行方知れずになったデメテルは驚いて、鳥のようにすばやく地上と海上を駆けめぐった。それから九日間、デメテルは松明を掲げて娘を求めて地上をさまよった。十日目に女神ヘカテに会い、ペルセポネが誰かに誘拐されたということを聞いたが、ヘカテも誰が誘拐したかまでは知らなかった。そこで、デメテルはヘカテとともに空から何でも見ているとされた太陽神ヘリオスを訪れ、やっとのことで、冥界の王ハデスがゼウスと謀ってペルセポネを誘拐したのだということを知った。

これを知ったデメテルは大いに腹を立て、エレウシスの町に赴いて、その町の人々に神殿を築かせると、ゼウスへの怒りを表すためにその中にこもってしまった。しかも、彼女は穀物を成長させるという彼女の仕事を完全に放棄してしまったので、ギリシアの地には何も実らなくなってしまった。

これにはゼウスも困り果て、神々の使いで死者の道案内でもあるヘルメス神をハデスのところに送り、ペルセポネを地上に帰させることにした。ヘルメスから話を聞いたハデスは喜んで承知する振りをした。しかし、その後でペルセポネに近づくと、冥界の柘榴《ざくろ》の実を一粒自らの手でペルセポネに食べさせたのである。というのも、冥界の食べ物を食べた者は、そのときから冥界の人間となり、地上に戻ることはできないという決まりがあるためだった。このため、ペルセポネは一年の三分の二を地上で暮らせるが、残りの三分の一は冥界で暮らさなければならなくなったのである。これは日本でも同じことで、古事記では冥界の食物を食べることを「黄泉戸喫《よもつへぐい》」といい、伊耶那美命《いざなみのみこと》もそのために地上に戻れなくなったとされている。しかし、ペルセポネが柘榴を食べたことはもっと別な意味もあるとされている。柘榴の実は真っ赤であり、その木はディオニソス・ザグレウスの血から生じたもので、死者との結びつきが強いものだった。そこで、柘榴の実を食べることは単に冥界の食物を食べるという以上に、ハデスとの結婚を意味していたという意見もある。

ペルセポネが一年の三分の一を地下の世界で暮らすということについては、しばしば穀物の成長と関係づけた説明が行われている。ペルセポネはデメテルと一心同体の穀物の女神なので、地上の植物が枯れ果てる冬の間は冥界にこもり、植物が生長する春と夏に地上に戻るというのである。

こうして、冥界の女王となったペルセポネは、これ以降はいつもハデスと行動をともにしている。

なお、ペルセポネとデメテルは古代ギリシア以前の古い時代から、地中海地域で広く信仰されたエレウシスの秘教の主神であり、ギリシア時代にも強い影響力を持った。エレウシスの秘教は農耕と関係の深い宗教だが、その本質はペルセポネの物語からもうかがえるように、死後の復活や死後の幸福、救済を保証するものだったと想像されている。ただし、秘教には強い秘密性があり、その信者が密儀の内容を部外者に漏らすことを強く禁じていたので、エレウシスの秘教が長期間続いたにもかかわらず、その内容は明らかになっていない。

➡［ハデス］

❖ヘルメス――【ギ】

ギリシア神話の神。オリュムポスの十二神のひとりで、神々の伝令役として活躍するが、死者を冥界に案内する役割も果たし、「魂の案内者（プシュコポムポス）」とも呼ばれた。

神々の伝令使としてのヘルメスの活躍は華々しいが、魂の案内者としてもヘルメスは十分に活躍している。オルペウスが地上に連れ帰ろうとした恋人のエウリュディケの手を引いて、再び冥界へと連れ去ったのはヘルメスだし、トロイア戦争で死んだプロテシラオスを生者の国に案内し、わずか数時間だけ復活させて妻に会わせたのもヘルメスだった。

ヘルメスはケリュケイオンという魔法の黄金の杖を持っており、この杖で怪物アルゴスを眠らせて退治したが、この杖は眠らせるだけでなく、眠っている者を目覚めさせる力も持っており、これが死者を案内するのに役立った。オデュッセウスはトロイア戦争後の十年間の放浪から帰国すると、妻ペネロペにいい寄っていた求婚者たちを皆殺しにしたが、このときヘルメスは死者たちのところにやって来ると、この杖を使って彼らの魂を目覚めさせ、冥界への暗い道を下っていったのである。魂たちを率いたヘルメスは、このときオケアノスの流れに沿って進み、レウカス（白切崖）の横を過ぎ、太陽の入る門のそばを通って、死者の棲むアスポデロスの野にやって来たという。

ヘルメスはもともとは道ばたに建てられた道祖神（ヘルマ）であり、境界を守る神だったといわれている。が、道祖神である日本の地蔵が道案内をし、やがて死者が迷わずに冥界へ行けるように案内する神になったように、ヘルメスもまた死者の案内人になったのだという。

⬇［オルペウス］［オデュッセウス］

❖酆都大帝《ほうとたいてい》——【道】

道教の冥府の王都とされる酆都の支配者で、地獄の王。天下の鬼神の大元で、三千年に一度交代するといわれるが、仏教の閻魔大王とまったく同じような存在と考えられた。

➡【酆都】

❖北帝君《ほくていくん》——【道】

道教の地獄の王都である酆都《ほうと》にあって、天下の鬼神を支配していた王。酆都には六天宮があるが、これを総括していた。酆都地獄の王としては酆都大帝が有名だが、北帝君と酆都大帝の関係ははっきりしない。

➡【酆都】【酆都大帝】

❖北斗星君《ほくとせいくん》・南斗星君《なんとせいくん》——【道】

道教において北斗七星、南斗七星を神格化した神。人間の生死、寿命、貧富、貴賤を司るが、前者は人間の死後を司り、後者は生きている人間を司る。

北斗星は陰陽道においても重要な星であり、北斗星君は天界、地界、水界の三官とともに地上の人間や死者たちの功罪を調べるといわれる。人間が悪業を働くと天、地、水の三官が北斗星君に報告し、悪業が大きければ北斗星君が地獄の王に命じ、その人物が死んだ

ときに長く地獄から出られないようにするともいわれ、非常に恐れられた。

南斗星君の方は生きている人間を司るという性格上、北斗星君よりも優しい神だと考えられた。

管輅《かんろ》という予言者の登場する物語が、北斗星君と南斗星君のこうした性格をよく表している。それによると、管輅はあるとき若死の相のある青年を見かけ、思わずかわいそうにとつぶやいた。青年にそのわけを話すと間もなく青年と父親がやって来て、どうにか命を延ばしてほしいと懇願する。そこで管輅は次のように告げた。清酒一樽と鹿の干し肉を用意し、卯の日に麦畑の南の桑の大木の下で碁を打っているふたりの男のそばに行き、杯に酒をつぎ、黙って干し肉を置きなさい。杯に酒がなくなったらつぎ足しなさい。ふたりがおまえに気づいても、口をきかず黙っておじぎをしていなさい。

卯の日になって青年が桑の木の下に行ってみると、本当にふたりの男が碁を打っていたので、さっそくいわれたとおりのことをした。碁を打っていたふたりは気づかずに酒を飲み、肉を食べはじめたが、だいぶたってから北側にいた男が青年に気づき、邪魔だとどなった。それでも青年がおじぎしていると南側にいた男が、とにかく酒を飲んだのだからしかたないといって取りなした。そして、寿命の書いてある命簿を取りだすと、青年のところに十九と書いてあるのを九十に直し、寿命を延ばしたのである。このとき、北側にいたのが北斗星君で、南側にいたのが南斗星君だったという。

❖ホルスの四人《よにん》の息子《むすこ》――【エ】

ホルスは、オシリスとイシスの息子とされる古代エジプトの神。この神にイムセト、ハアピ、ドゥアムテフ、ケベクセヌフという四人の息子がおり、ミイラを作る際に死体から取りだされた死者の内臓を納めたカノプス壺を守護するとされた。この壺はホルスの四人の息子に守られて冥界にまで運ばれた。

➡［オシリスの法廷］

❖マアト――【エ】

古代エジプトの真理の女神。頭に真理の羽毛を飾った姿で描かれた。太陽神ラーの船の乗員のひとりで、死者とともに冥界のナイル川を渡り、オシリスの国に上陸後は、死者をオシリスの法廷まで導いた。オシリスの法廷では、真理の秤で死者の心臓を計量する際に、計量の基準として彼女のつけている真理の羽毛または彼女自身の小像が、心臓とは反対側の皿に乗せられた。

➡［オシリスの法廷］

❖ミスラ――【ゾ】

ゾロアスター教の天使（ヤザタ）のひとり。光の精霊として四頭の白い馬に引かれた戦車に乗って天空を渡り、千の耳と一万の目で世界を監視するとされた。契約の神で、誓いを破った者を罰した。すべてを知っている能力によって、冥界における死者の裁判では首席判事の地位にあり、スラオシャ、ラシュヌ神とともに裁判を行った。

ミスラ信仰はさまざまな地域に影響を与え、インド神話にもミトラとして登場している。また、ローマで流行したミトラス教の起源となった。

⬇［スラオシャ］［ラシュヌ］

ミノス——【ギ・ダ】

ギリシア神話の冥界の裁判官のひとり。生前はクレタ島の王で、テセウスに退治された有名な怪物ミノタウロスの父だが、死後に兄弟のラダマンテュスなどと一緒に冥界の裁判官になったとされている。

冥界での死者たちの裁判は、ハデス自身が死者たちの所行をすべて閻魔帳に記して行ったともいわれるが、多くの場合はミノス、ラダマンテュス、アイアコスという三人の裁判官が行い、その判断によって、死者たちの行く先を決めたのである。『ソクラテスの弁明』には、前記の三人の他にトリプトレモスの名も冥府の裁判官として挙げられている。プラトンの『ゴルギアス』ではミノス、ラダマンテュス、アイアコスの三人の裁判官にはそれぞれ分担があり、ラダマンテュスはアジア方面の魂を、アイアコスはヨーロッパから来た

魂を担当し、ふたりが決められなかったときにミノスが判決を下したとされている。

死者たちの行く先には、アスポデロスの野（普通の亡霊が棲む場所）、エリュシオンの野（恵まれた亡霊の棲む場所）、タルタロス（罪人の亡霊が棲む地獄）があった。この他にヘシオドスの『仕事と日』などには至福者の島という場所も登場する。

オデュッセウスが冥界を訪れたとき目撃した裁判官はミノスだけだったが、それによるとミノスは黄金の笏杖を持ってハデスの館の中に座り、亡者の裁判を行っていたという。ミノスに判決を尋ねる亡者の数は多く、みながみなミノスのまわりに集まり、ハデスの館から溢れるほどだったとされている。

ダンテ作『神曲』の地獄でもミノスは地

獄の第一圏と第二圏の境界にいて、死者たちの裁判を行い、行くべき地獄を決める役割を与えられている。『神曲』では第二圏の邪淫地獄から本格的な地獄がはじまるので、ここではミノスは地獄の入口にいるといっていい。ミノスは恐ろしげな表情で仁王立ちになり、死者たちの罪業を質《ただ》し、行く先を決めるのである。しかし、ここにいるミノスは尻尾が生えており、その尻尾を使って死者たちに行き先を知らせるとされている。それは死者が堕ちるべき地獄圏の階層の数だけ身体のまわりに尾を巻くというもので、第八圏の悪の濠（権謀術策の濠）に堕とされたグイド・ダ・モンテフェルトロの証言によれば、ミノスがその尾を八度その身体に巻きつけたので、地獄の第八圏に堕とされることになったのだという。

➡［オデュッセウス］［邪淫地獄］

❖モイライ――【ギ・ダ】

ギリシア神話の運命の女神たちで、単数形はモイラ。クロト、ラケシス、アトロポスの三人がおり、ラケシスが運命を割り合て、クロトが運命の糸を紡いで図柄を描き、アトロポスがその糸を突如として断ち切るといわれる。

英雄メレアグロスの物語では、モイラたちは英雄が生まれて七日目に母親の前に出現し、暖炉の燃え木が燃えつきたとき彼は死ぬと予言する。このとき母親が機転を利かせて燃え木の火を消したので、メレアグロスは立派な英雄となるが、後に母を怒らせてしまうことがあり、母が隠しておいた燃え木を暖炉に投げこむと、メレアグロスは突然死んでしまったとされている。このことからもわかるように、モイラたちは人間が生まれるとすぐに、その運命を決定してしまうともいわれる。

モイラたちは冥界の女神というわけではないが、運命を決定することから冥界とは深い関係にある。とくにプラトンのような輪廻転生説の主張者にとっては、冥界に棲む亡霊たちの転生の場面で、モイラは決定的な役割を果たす。『国家』で語られるエルという人物の冥界遍歴譚では、モイラたちは天界とおぼしき場所に棲んでおり、そこで天球にある星々の運動までも司っているとされている。冥界の亡霊たちは輪廻するにあたってその場所までのぼっていき、モイラたちによって新しい人生を決定されるのである。

ダンテの『神曲』においても、人間の運命を決定する女神として、クロトやアトロポスの名前が言及されている。

➡［エル］

❖モト――【メ】

古代ウガリット（フェニキア）の死神。生殖力の神バアルに挑戦し続けて、モトが勝利を収めると、地上に不毛の季節が訪れるとされた。

❖ヤマ――【ヒ】

インドに古くから伝わるヒンズー教の死者の王。『アヴェスター』に登場するイラン神話のイマに相応する存在で、後の時代には仏教にも影響を与え、閻魔王となった。

紀元前一二〇〇年を中心とする時期に作られたとされる、ヒンズー教の経典『リグ＝ヴェーダ』では、ヤマはこの世に誕生した最初の死すべき存在（人間）として登場する。その結果として彼は死者の道を発見し、天界に昇って死者の王となったのである。

ヤマの住む天界とは月のことだといわれることもあるが、天界ということからも想像できるように、この時代のヤマは後に登場した仏教の閻魔王とははっきりと性格を異にしている。『リグ＝ヴェーダ』のヤマはけっして死者を裁くような恐ろしい神ではなく、死者の霊たちにとってはヤマの天に昇ることが理想とされた。ヤマの国は歓楽に満ちた理想郷であって、そこでは祖先の霊である祖霊たちが、ヤマとともに茂った樹木の下で酒や音楽を楽しみながら暮らしているとされた。楽園には番犬として斑のある四つ目の犬が二匹いたが、この犬たちもギリシア神話のケルベロスのような恐ろしい犬ではなく、死者の魂をヤマの国まで案内するという役目を持っていた。

しかし、同じヒンズー教の経典でも、もっと後代のものになるとヤマの位置づけは変化し、仏教の閻魔王と同様の恐ろしい地獄の王とされた。ヤマの国ももはや天ではなく南方の地下に移され、死者たちはみなヤマの裁判を受けることになった。ヤマの裁判所には書記チトラグプタがおり、死者の生前の行為を記した記録簿を読みあげて、それによって死者が地獄に堕ちるかどうかが決められたのである。

こうして、ヤマが地獄の王となったとき、ヒンズー教における天国の支配者とされたのはインドラ神だった。インドラは嵐の神であり戦の神だとされるが、善人の中でもとくに立派な戦士だった者は、死後はインドラの支配するスワルガという天国に赴き、永遠に楽しい生活を送れると考えられた。

⬇［閻魔王］

◈黄泉大神《よもつおおかみ》――【日】

日本で古くから冥界として信じられた黄泉の国の支配者。単に黄泉神《よもつかみ》ともいう。黄泉の国に住んでおり、配下に黄泉醜女《よもつしこめ》、八雷神《やついかづちのかみ》などを従えていた。日本列島を伊耶那岐命《いざなぎのみこと》と一緒に生んだとされる伊耶那美命《いざなみのみこと》は、死んで黄泉の国に赴いたが、これ以降は伊耶那美命が黄泉大神となったとされる。須佐之男命《すさのおのみこと》は根の国の王となったが、根の国を黄泉の国と同一視する考えもあり、この考えでは、伊耶那美の次には須佐之男が黄泉大神になったとされる。

⬇［伊耶那美命］［須佐之男命］

❖ラー──【エ】

鷹頭人身の古代エジプトの太陽神。ヘリオポリスに首都があった第五王朝の頃から、創造神のアトゥムと同一視され、長期間にわたり最高神として崇拝された。

エジプトの冥界であるドゥアトはオシリスが支配しているというのが一般的だが、オシリス信仰が盛んになってからも、ラーを信仰する者たちは、ドゥアトもまたラーによって支配されていると考えた。

太陽神であるラーは太陽そのものであって、毎日「数百万年の船」に乗って天空を旅するとされた。この船で、ラーは日中の間に地上の十二の州（十二時間）を照らしてまわった。夜になると、ラーは一度死んで、ドゥアトの十二の州を旅するとされた。この間、ラーはアウフと呼ばれ、太陽の船は「メセテクトの船」と呼ばれた。ドゥアトの十二州の旅を終えた後で、ラーは復活し、再び東の空から昇ってくるのである。

この考えは、ラーの信者だけでなく、オシリスを信仰する者にも信じられた。ラーの信者たちは、死後にラーの船に乗り、ドゥアトを旅してラーとともに復活することで、永遠の死後の生命を手に入れ、ラーの天国で暮らすことが理想だった。

オシリスの信者にとっては、ラーは死者をオシリスの法廷に運ぶ役割を持っていた。死者たちは、ラーの船に乗ってドゥアトを旅し、ドゥアトの第六州にあるオシリスの法廷へと向かった。そこで、オシリスの審判を受けた後、セケト＝ヘテペトというオシリスの支

配する天国で、永遠の生命を手に入れるのが理想とされた。

いずれの場合も、ラーの船には、トト神やマアト女神、ホルス神など数多くのエジプトの神々が乗船し、ラーの旅を補佐した。これは、ラーの航海に数多くの困難がともなうためだった。この困難はとくにドゥアトにおいてとても大きく、ラーは毎日、怪蛇アペプに代表される怪物たちに打ち勝つ必要があった。その戦いはとても困難で、ラーはときには負けそうになったが、それでも毎日怪物アペプに打ち勝ち、翌朝若返った姿で復活するとされた。

➡［ドゥアト］［オシリス］［オシリスの法廷］

❖ラシュヌ——【ゾ】

ゾロアスター教の天使（ヤザタ）で、ミスラ神、スラオシャ神とともに死者の裁判を行った。ラシュヌ神は、死者が生前に行った善行・悪行を量る黄金の秤を持っていた。

➡［ミスラ］［スラオシャ］

❖ラダマンテュス――【ギ】

ギリシア神話の冥界の裁判官のひとり。兄弟のミノスや神々に寵愛されたアイアコスとともに、死後に冥界の裁判官になったとされている。また、ラダマンテュスは冥界の中でも極楽といえるエリュシオンの野の支配者になったという伝えもある。

⬇［ミノス］［アイアコス］［エリュシオンの野］

IV

番人
住人

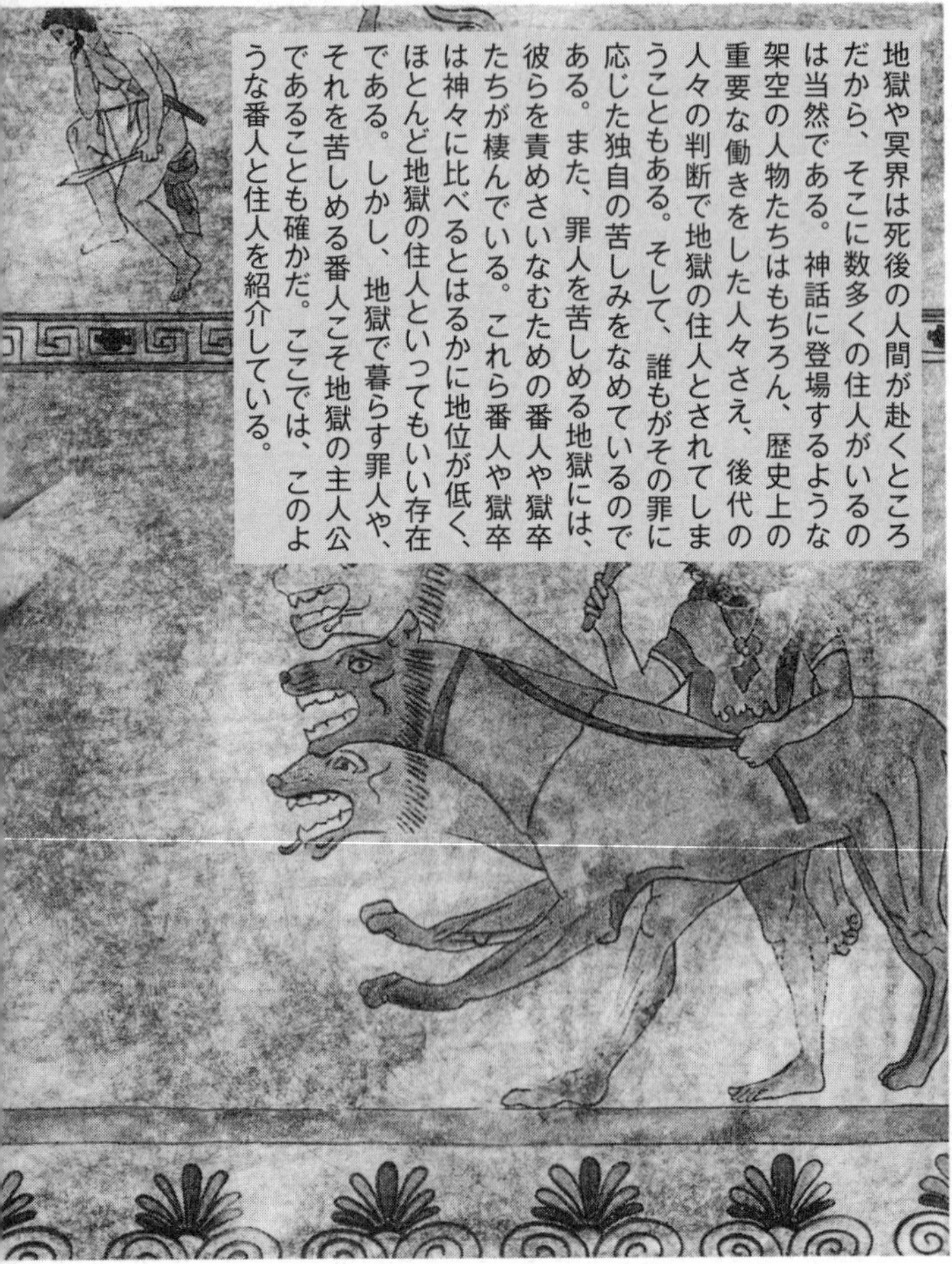

地獄や冥界は死後の人間が赴くところだから、そこに数多くの住人がいるのは当然である。神話に登場するような架空の人物たちはもちろん、歴史上の重要な働きをした人々さえ、後代の人々の判断で地獄の住人とされてしまうこともある。そして、誰もがその罪に応じた独自の苦しみをなめているのである。また、罪人を苦しめる地獄には、彼らを責めさいなむための番人や獄卒たちが棲んでいる。これら番人や獄卒は神々に比べるとはるかに地位が低く、ほとんど地獄の住人といってもいい存在である。しかし、地獄で暮らす罪人や、それを苦しめる番人こそ地獄の主人公であることも確かだ。ここでは、このような番人と住人を紹介している。

ΘΑΩΝΙΟΣ ΜΕΝ
ΑΙΣΗΝΙΕΥΣ ΛΑΜΠ
ΝΙΚΗΣΑΣ ΕΡΜΑΙΕ
ΗΓΙΟΔΩΡΟΥ
ΝΤΟΣ ΠΑΙΔΟΤ

❖アキレウス――【ギ・ダ】

ギリシア神話の英雄。トロイア戦争に参加したギリシア軍中最高の英雄だが、『オデュッセイアー』では一般の亡霊たちと一緒に、ハデスの国のアスポデロスの野に住んでいるとされる。オデュッセウスが冥界を訪れると、亡霊たちの王になるよりは地上で土地を持たない小作人になる方がましだといって、冥界のつまらなさを嘆いた。しかし、ダンテの『神曲』では、アキレウスは地獄第二圏の邪淫地獄に堕とされている。普通、アキレウスはトロイアの攻城戦の最中にパリスに射られて死んだとされる。が、後代になると、彼はトロイア王プリアモスの王女ポリュクセネに恋をし、だまされてアポロン神殿におびきだされてパリスに殺されたという伝説が作られ、このために邪淫地獄に堕ちることになったのである。

⬇［アスポデロスの野］［邪淫地獄］

❖悪魔大王《あくまだいおう》――【ダ】

ダンテ作『神曲』の地獄の最下部に棲む地獄の大王。ダンテの地獄は全部で九つの圏域に分かれており、全体が漏斗状の構造をしている。この構造の最下部にもっとも重い罪を犯した者が堕ちる反逆地獄があり、その中心に悪魔大王がいる。中心には煉獄《れんごく》へ通じる井戸のような深い穴があり、大王はその穴に下半身を突っこむようにして、胸のあたりから上だけを地獄に突きだしている。

反逆地獄のまわりに立っている巨人も身長が十五～十八メートルもあったが、地獄の支配者である悪魔大王は、それらの巨人たちと比べても比較にならぬほど大きく、腕の長さだけでも巨人の背丈をはるかにしのいでいる。背中にはコウモリのような羽毛のない翼が六枚あり、その羽ばたきによって起こる冷たい風が、反逆地獄を氷の世界にしている。肩の上には赤、黄、黒の三個の顔がある。これらの顔の色は世界の大きな三つの人種、ヨーロッパ人（赤）、セム族のアジア人（黄）、アフリカ人（黒）を表している。また、大王の口には、この世でもっともいとうべき罪を犯したとダンテが考えた、三人の人間がくわえられている。これはキリストを裏切ったイスカリオテのユダと、カエサルを裏切ったブルトゥスとカシウスである。

悪魔大王の呼び名については、ダンテはルシファー、ベルゼブブなどと呼んでおり、ダンテとともに地獄に下ったウェルギリウスは、ハデスのローマ名であるディスという名で呼んでいる。これはローマ時代のウェルギリウスにとっては地獄の王がディスであったためで、ダンテにとっては悪魔大王はルシファーだったと考えられる。ダンテの地獄は、悪魔大王が天から落ちてきたとき、大地が大王を恐れて逃げだしたために深い漏斗状の形をしていると説明されているが、これも天から追放されたルシファーの物語に基づいている。悪魔大王が地獄の底の深い穴に身体を突っこんでいるのもこのためで、悪魔大王は天から落ちてきたときから現在まで、地獄に突き刺さったまま抜けだせないでいるのである。

⬇［反逆地獄］［ハデス］［サタン・デーモン・デヴィル］

❖阿修羅王《あしゅらおう》――【仏】

仏教の六道のひとつである阿修羅道の王。インドに古くから存在する悪神で、ヴェーダ時代にはアスラと呼ばれた。仏教では四人の阿修羅王が連合軍を作って帝釈天と激しく争い、負けたとされている。羅睺《らご》阿修羅王、勇健《ゆうけん》阿修羅王、華鬘《けまん》阿修羅王、毘摩質多羅《びましったら》阿修羅王の四人がいる。

⬇［阿修羅道］

❖アスカラポス――【ギ】

ギリシア神話のアケロン河神（冥府の川）とニンフのゴルギュラの息子。

大地母神デメテルの娘ペルセポネを自らの妃にするために冥府の王ハデスが誘拐したとき、大神ゼウスは、ペルセポネが冥府の食べ物を口にしていないことを条件に、彼女が母のもとに戻ることを許可した。ところが、ペルセポネは冥府にいる間に冥界の柘榴《ざくろ》の実を食べてしまっており、これを目撃していたアスカラポスがゼウスに告げ口してしまった。

このためにペルセポネが一年の三分の一を冥界で暮らさなければならなくなると、デメテルはアスカラポスを憎み、彼をタルタロスにある大きな石の下敷きにしてしまった。こうして、アスカラポスは大きな石の下で長いこと苦しめられたが、ヘラクレスがケルベロスを生け捕りするために冥界に来たとき、石を持ちあげてもらいやっと救われた。が、これを知ったデメテルは、今度はアスカラポスをふくろうに変えてしまったという。

⬇［ペルセポネ］

❖アストー・ウィザートゥ――【ゾ】

ゾロアスター教の地獄の悪魔。ウィーザルシャと同じく、死者の魂を縄で縛って地獄に連れていくとされるが、アストー・ウィザートゥの縄は生者のすべての首に掛かっており、善人は死後にそれを取り外すことができるとされる。

❖アダーモ――【ダ】

ダンテの時代のプレシアの偽金造り。『神曲』の地獄第八圏悪の濠の虚偽偽造の濠に堕とされ、重い水腫病にかかり、身体中が腫れあがって、乾ききった唇を上下に開き、一滴の水さえ飲めない苦しみを与えられている。

⬇［悪の濠〈虚偽偽造の濠〉］

❖アペプ――【エ】

古代エジプトの太陽神ラーにとって、最大の敵となった怪蛇で、パピルスなどには普通の蛇の姿で描かれている。ラーは船に乗って、昼は天空を、夜は冥界ドゥアトを旅し、翌朝再び復活すると考えられたが、アペプは毎日、ラーの船の前に出現してその航海を妨害した。太陽神ラーは毎日必ず復活するので、ラーとアペプの戦いは必ずラーの勝利に終わったが、戦いは毎日続けられ、ときにはラーが不利になることもあった。古代エジプト人は、荒天時にはラーがアペプに苦しめられていると考え、日食時にはアペプがラーを飲みこんだと考えた。死者たちはラーの船に乗ってドゥアトに赴いたので、アペプの存在は死者にとっても重大で、もしもアペプに負けるようなことがあれば、死者は天国で復活できないとされた。ドゥアトにはアペプの仲間の蛇が数多くおり、アペプと同じようにラーの航海の邪魔をした。ラーの船には数多くの神々が乗船しており、彼らは当然アペプと戦ったが、ラーの頭についたウラエノスの蛇も、火を噴いてアペプと戦ったといわれる。

この戦いは生きている人間にとっても重大事だったので、蝋で作った像に緑色でアペプの名前を記し、それを火にくべてアペプを殺そうという儀式が一日に何度も行われた。

➡［ラー］［ドゥアト］

❖阿傍羅刹《あぼうらせつ》——【仏】

仏教の地獄の獄卒の名。獄卒全般を阿傍といい、牛頭人手で両足には牛蹄があり、山を動かすほどの怪力で、鋼鉄の釵《さ》を持っているという。羅刹は鬼のこと。

❖アメミット——【エ】

エジプト神話でオシリスの法廷にいるとされる怪物。鰐の頭、獅子の前足、河馬の後ろ足を持っている。

オシリスの法廷は仏教の閻魔の庁と似たような場所で、ラーの天秤という一種の善悪の秤で死者の心臓を量り、死者の生前の行いの善悪を判断する場所だった。もし、死者の魂が義と判定されれば、その魂はセケト＝ヘテペト（平和の野）という永遠の楽園に赴き、永遠の死後の生命を手に入れることができた。だが、死者が生前に悪行を行っていたような場合は、死者は楽園へ赴くことはできないとされていた。

アメミットの仕事はこの裁判に立ち会い、ラーの天秤が一方に傾いたときに、（これは死者が有罪であることを意味した）天秤の一方に乗せられた死者の心臓をむさぼり喰ってしまうことだった。心臓を失った死者は死後の永遠の生命を得ることができず、その場で消滅するとされた。古代エジプトには死者に刑罰を与えるような地獄は存在せず、永遠の生命を手に入れられないということがもっとも大きな苦しみだったので、アメミットに心臓を喰われることはこのうえなく恐ろしいことと考えられた。

⇒［オシリスの法廷］

❖アリー――【ダ】

イスラム教の創始者マホメットの娘婿。普通は初代の正統派カリフとされるが、彼を正統派カリフと認めるかどうかをめぐり、イスラム教内のシーア派とスンニ派の分裂が起こっている。このため、アリーはダンテの『神曲』の中では地獄第八圏悪の濠の不和分裂の濠に堕とされ、頭を真っ二つに裂かれて苦しめられている。

⬇［悪の濠〈不和分裂の濠〉］

❖アルベリーゴ――【ダ】

ダンテ作『神曲』の反逆地獄にあるトロメーアの住人だが、実際にはまだ死んでいないのに魂だけが地獄に堕とされてしまったという風変わりな人物。ダンテと同時代の人で、ボローニャ南東のファエンツァの法王党の首領のひとりだが、弟のマンフレードと喧嘩をした後、仲直りと称して弟とその息子アルベルゲットを宴会に招待し、「フルーツを持ってこい」という言葉を合図にして、手下の者たちに彼らを殺させた。このようにひどい罪を犯したために、彼はまだ生きているのに魂だけは地獄に飛ばされ、氷漬けの罰を与えられている。この間も地上にいる肉体は生きて活動しているが、魂を奪われた肉体は、生きている間はずっと悪魔に支配されるのだと説明されている。

⬇［反逆地獄〈トロメーア〉］

❖アンタイオス――【ダ】

ダンテ作『神曲』の反逆地獄の周辺の谷に立っている巨人のひとり。もともとはギリシア神話に登場する巨人で、ポセイドンと大地ガイアの子どもとされる。彼は大地に足が触れるたびにますます強くなるという特徴があったので、とてつもなく強く、リュビアに棲み、旅人たちにレスリングを挑んでは必ず勝利し、敗者のどくろをポセイドンの宮殿に飾ったとされる。しかし、ゲリュオネウスの牛を手に入れるために旅していたヘラクレスに挑戦すると、ヘラクレスは彼の足が大地に触れないように持ちあげて戦ったので、さしものアンタイオスもついに殺されてしまった。

ダンテの反逆地獄には彼の他にもニムロデ、エピアルテス、ブリアレオスなどがいるが、これらの巨人たちに比べるとアンタイオスは比較的自由で、ダンテとウェルギリウスがやって来たときに、彼らを反逆地獄の底におろしてやるという働きをしている。

⬇〔反逆地獄〕

❖アンピアラオス――【ダ】

ダンテ作『神曲』の地獄第八圏悪の濠にある、魔法使いの濠に棲む予言者のひとり。ギリシア神話のテバイの七将のひとりで、すぐれた予言の能力を持っており、テバイを攻撃するほとんどの兵士たちが死ぬということをあらかじめ知っていた。しかし、妻のエリピュレの裏切りで戦争に参加しなければならなくなった。この結果は予言どおりの大敗で、多くの兵士が死んだ。アンピアラオス自身は、敵方のペリクリュメノスに追われ、いまにも背中から槍で突かれそうになった。が、このとき、アンピアラオスに目をかけていた大神ゼウスは、彼が後ろから殺されるのを嫌い、大地震とともに大地に裂け目を作った。このため、アンピアラオスはこの裂け目に落ちたとされる。彼がダンテの地獄に堕ちたのはこの後のことで、地獄の判官ミノスが落ちてきたアンピアラオスを捕まえ、未来を占うという不遜な行為を行ったかどで、悪の濠に堕としたのだという。ここで、彼は顔を前後逆にした姿で、いつまでも後ろ向きで歩き続けるという罰を与えられている。

⬇【悪の濠〈魔法使いの濠〉】

イアソン——【ダ】

ダンテ作『神曲』の地獄、第八圏悪の濠の女衒《ぜげん》・女たらしの濠にいるギリシア神話の英雄。金羊毛皮を獲得するため、アルゴー号の隊長として黒海東岸にあるコルキスの地まで、はるかな大冒険航海をしたことで知られる。が、レムノス島の女王ヒュプシピュレを誘惑して捨てたり、コリントスの王女と結婚しようとして、すでに妻だった魔女メデイアを捨てたりした。このため、ダンテはイアソンを女衒・女たらしの濠の住人とした。しかし、他の住人たちが悪魔たちのむち打ちから惨めに逃げまどっているのに対して、イアソンはけっして王者の気風を失わず、平然としているとされている。

⬇【悪の濠〈女衒・女たらしの濠〉】

❖イクシオン――【ギ】

ギリシア神話の人物。テッサリアに住むラピテス族の王で、たくさんの結納金を贈るという約束でデイオネウスの娘ディアと結婚した。ところが、後になってデイオネウスが結納金を受け取りにくると、イクシオンは炭火の入った落とし穴を作って、デイオネウスを落として殺した。

ギリシア神話では、これは地上で最初の親族殺しであり、このために彼は狂人となった。しかし、彼の罪を恐れたために誰もイクシオンの罪を清めようとしなかった。これを見た最高神ゼウスは同情し、彼を天上界に連れてきて罪を清めてやった。ところが、イクシオンはゼウスの恩をすっかり忘れて、ゼウスの妻の女神ヘラを誘惑した。ヘラからこのことを聞いたゼウスは、事実を確認するために雲で妻の似姿を作った。イクシオンはこれを本物のヘラと思って添い寝し、この交わりからケンタウロス族が生まれてきた。しかし、ゼウスはイクシオンの度重なる罪に腹を立て、神々の食物アムブロシアを与えて不死にしたうえで、永遠に走り続ける四輪の火炎車に結びつけてタルタロスに投げ落とした。このため

にイクシオンは、タルタロスで火炎車に引きまわされ、永遠に走り続けなければならなくなったのである。

しかし、オルペウスが恋人を求めて冥界に旅したときは、彼の竪琴が奏でる美しい音楽に聞きほれ、イクシオンを引きまわす火炎車も一時的に停止したとされている。

➡［タルタロス］

❖ヴァンニ・フッチ——【ダ】

ダンテと同時代のピストイアの悪党で、ふたりの仲間と、聖ヤコブの教会堂から聖器類を盗みだした人物。ダンテ作『神曲』の地獄第八圏悪の濠の窃盗の濠に堕とされ、毒蛇に噛まれ、締めつけられて苦しめられている。ダンテがやって来たときは、彼はぬけぬけと自己紹介をした後、ピストイアとフィレンツェを襲うことになる不幸を予言しているが、その話し方がいかにも悪党らしいものだったので、地獄の番人である怪物カクスに追われて逃げだすことになった。

➡［悪の濠〈窃盗の濠〉］

❖ウィーザルシャ——【ゾ】

ゾロアスター教の地獄の悪魔。ダエーワと呼ばれる悪魔たちを崇拝した不義者たちが死ぬと、死後第三夜が明けたときに出現し、死者の魂を縄で縛ってチンワト橋まで連れていき、さらに地獄まで引きずりおろすといわれる。

➡［チンワト橋］

❖ウェルギリウス──【ダ】

ローマ時代の詩人（紀元前七〇～紀元前一九）。『アエネアス』の作者。ダンテ作『神曲』で、人間の知恵の代表者として、冥界を旅するダンテの道案内をしたことで知られる。

ウェルギリウス自身はキリスト以前の人間であり、キリスト教徒ではないため、『神曲』では地獄の住人となっている。ただし、彼が住むのは地獄の中でも最も外側にある「辺獄（リンボ）」で、その地には彼の他にもホメロス、アリストテレス、プラトン、ソクラテスなど、キリスト教発生以前の偉大な詩人や哲学者が住んでおり、そこにはいかにも地獄らしい刑罰などは存在しない。

そんな彼がダンテの道案内をして、地獄と煉獄《れんごく》をめぐることになったのには、次のようなわけがあった。

ダンテが三十五歳のときのこと。人生の半ばで道に迷った彼は深い森の中に迷いこんだ。この森は罪を寓意するものともいわれるが、ダンテの永遠の恋人で天国に住むベアトリーチェがこのことを知り、彼を罪の道から救うため、辺獄に住むウェルギリウスを彼のもとに送ったのである。依頼を受けたウェルギリウスは、ダンテを救いだす方法として、地獄、煉獄、天国を生きているうちに彼に見せようと考えた。こうして、ダンテとウェルギリウスの冥界の旅が始まった。

この旅が行われたのは、西暦一三〇〇年四月九日（聖金曜日）の夕暮れから翌週金曜日までの一週間だといわれている。しかし、ウェルギリウスは地獄の住人であるために天国には昇ることができず、彼がダンテを案内したのは聖金曜日から聖水曜日までの間である。

➡［ゲヘナ〈ダンテの地獄〉］

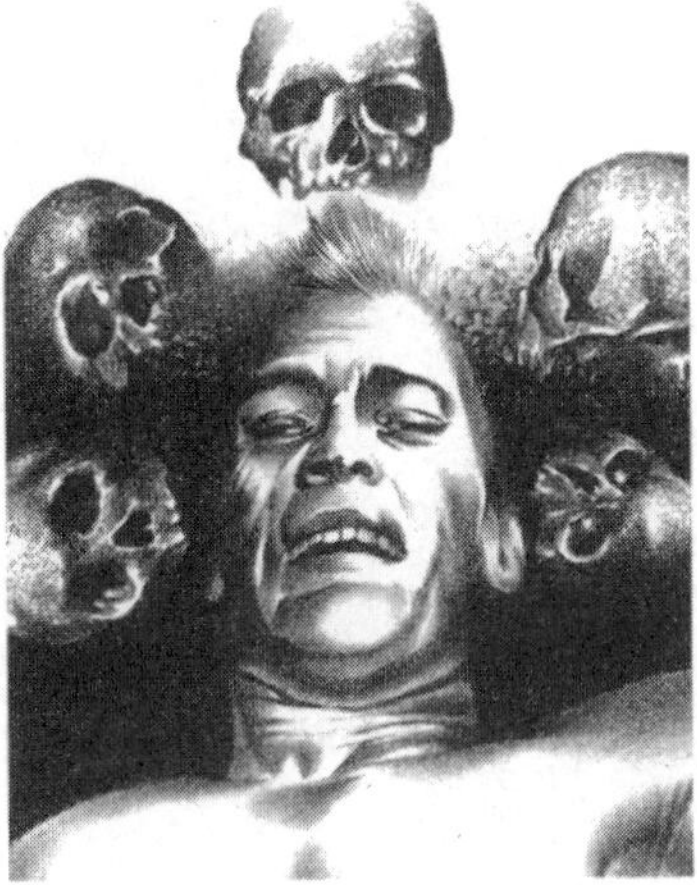

ウトゥク霊《れい》——【メ】

古代シュメール、バビロニアの悪霊で、人間に病気や死をもたらすとされた。このような霊には他に、ガルラ霊、ナムタル霊などがいた。

ガルラ霊やナムタル霊は『イナンナの冥界下り』で死者の国に棲んでいるとされることから、ウトゥク霊も死者の国に棲むと考えられる。ただし、これらの霊には善悪の二種類があり、人間を守護するものもいた。

➡［不帰の国］

❖エインヘリャル――【北】

北欧神話の一種の天国であるヴァルホルで暮らすことを許された戦死者たち。ヴァイキング時代以前の北欧では、戦争で死ぬことが名誉であり、戦争で勇敢に死んだ戦死者たちは神々の国アスガルズにあるヴァルホル宮殿で幸福な暮らしを送ることができるとされた。ヴァルホル宮殿を主宰していたのは主神オージンで、戦死者のうちの半分がオージンのものとして、ヴァルホルに送られた。戦死者の残りの半分は女神フレイヤのものとなった。ヴァルホルに送られた戦士たちは、そこで天女ヴァルキリャにもてなされ、好きなだけ飲み喰いできる幸せな生活を送れた。ヴァルホルの屋根には蜜酒の乳を流すヘイズルーンという牝山羊がおり、何度料理されても夕方には生き返るセーフリームニルという牡豚がいたので、エインヘリャルたちが飲み喰いに困ることはなかった。

しかし、彼らは戦士らしく毎日鎧を身につけ、ヴァルホル宮殿の中庭で戦闘訓練を行う必要があった。北欧神話では、この世の終わりにラグナレクという戦争が起こり、神々と怪物たちが戦うとされているが、オージンがエインヘリャルたちをヴァルホルで生活させているのは、まさにこのときに神々の味方になってもらうためだったのである。

このため、オージンは戦争が起こるたびに、天女であるヴァルキリャたちを戦場に送り、すぐれた戦士たちを選ばせたといわれる。有望な戦士を見つけたオージンは、彼らが十分に立派な戦士になるまで育て、その後でヴァルキリャたちに槍で突き刺させ、死の運命を与えたともいわれる。

⬇［ヴァルホル］

❖エテンム――【メ】

古代シュメール、バビロニアの死者の霊。人間の死後にも永遠に生き続けるとされる。遺族あるいは生き残った者たちが死者を正しく埋葬しなかったり、食べ物や水を供えるといった追悼儀礼を行わなかったりすると、家族の者たちにとりついて苦しめた。

⬇［不帰の国］

❖エピアルテス――【ダ】

ダンテ作『神曲』の反逆地獄の周辺の谷にいる巨人のひとり。ギリシア神話のギガンテス（巨人）のひとりで、この世の草創期に、ゼウスを中心としたオリュンポスの神々に挑戦し、アポロンによって殺されたとされる。最高神ゼウスに挑戦した傲慢さのために地獄に堕ち、左腕を前、右腕を後ろにして鎖で縛られ、身動きのとれない状態で立ちつくしている。

⬇［反逆地獄］

❖エリニュスたち――【ギ】

ギリシア神話の復讐の女神たち。地獄タルタロスに住み、親族を殺したような重罪人をしつこく追いかけ、その罪を責めてしばしば狂気に陥らせた。彼女たちの復讐は相手が生きている者でも死者の魂でも変わらず、地上でもタルタロスでも同じように活躍した。普通、アレクト、メガイラ、ティシポネの三人がいるとされた。アガメムノンの息子オレステスが、父の復讐のために母クリュタイムネストラを殺したとき、オレステスを苦しめるために地上に出現したエリニュスたちは、無数の蛇を生やした犬のような格好だった。彼女たちを鎮めるためには、犠牲として黒い羊と、水・蜜・ミルクを混ぜたネパリアを捧げたという。

➡［タルタロス］

❖閻魔卒《えんまそつ》——【日】

仏教の閻魔王に仕えて罪人を責める鬼のこと。獄卒ともいう。牛や馬の頭をした牛頭《ごず》、馬頭《めず》や阿傍羅刹《あぼうらせつ》が有名だが、猪、虎、鹿、獅子などの頭を持つ者もいるという。赤鬼や青鬼もこの仲間とされる。さまざまな経典に登場し、鉄杖や刀を持って罪人を苦しめる。地獄の罪人たちは繰り返される責め苦に耐えきれずに、しばしば簡単に死んでしまうが、獄卒たちが「活きよ、活きよ」というと生き返る。このために罪人の苦しみは永遠に続くことになる。『往生要集』では、「十八の獄卒あり」といって、頭は羅刹、口は夜叉、六十四個の眼から鉄丸を発射し、牙があり、高さが四由旬《ゆじゅん》で、頭の上に十八の牛頭がおり、その牛頭の頭に十八の角があるという恐ろしい獄卒について述べている。

獄卒たちは地獄で罪人を苦しめるだけでなく、現世に死者を迎えにいき、閻魔王宮に連れてくる役目も持っている。

➡［牛頭・馬頭］［阿傍羅刹］

❖オクノス——【ギ】

ギリシア神話のタルタロスで、永遠に網を編み続けている人物。オクノス自身はとても勤勉だったが、妻が浪費家で彼の稼いだ分を全部使ってしまった。そんなわけで彼自身は全然悪くないのに、死後にタルタロスで網を編むことになった。彼が網を編むと、後ろにいる牝驢馬《めすろば》がそれをどんどん喰ってしまうので、網は永遠に完成しないのである。

⬇［タルタロス］

❖オリオン――【ギ】

ギリシア神話に登場する巨人の狩人。海の中を歩いても肩が海上に出るほど背が高かったが、ある日そうやって海を歩いているときに、海岸にいた女神アルテミスの射た矢で殺された。アルテミスはそれがオリオンだと知らずに殺したので、彼を天球にあげてオリオン座にしたといわれる。しかし『オデュッセイアー』では、オリオンは死後に冥界のアスポデロスの野に送られたとされている。そこで彼は野原中を駆けめぐって獣を追っているが、その獣たちは彼が生前に射殺したものたちだという。

⬇［アスポデロスの野］

❖カ──【エ】

古代エジプト人が考えた人間の死後の精神の一形態。天国（平和の野）で永遠の生命を手に入れるバ（魂）は人間の死後に出現するが、カは生まれながらに人間に備わっているもので、個々人の特徴や性質をはっきり備えた、抽象的なパーソナリティのようなものだと考えられる。人間の身体を離れて行動することも、人間の身体と一体化することも自由で、天国での暮らしを楽しむこともできる。カは生きていたときの人間の身体とうりふたつの特徴を備えており、生きている人間の死後の「代役」のようなものといえる。

しかし、カは人間の肉体から完全に独立するわけにはいかず、死後も食べたり飲んだりする必要がある。このため、人間の死後に死者に捧げられる供え物は、すべてカのためにあるといってよかった。実際、古代エジプト人は、人間が死後にも幸福な暮らしを続けるためには、墓地への供え物を欠かしてはいけないと考えていたと想像されている。もし、実際の供え物がない場合には、カは壁画などに描かれた供え物を食するとされた。壁画に描かれた供え物は、生きている者の祈りによって、カが食べられる形に変化すると考えられた。実際の供え物も壁画に描かれた供え物もないような場合には、カは現実の人間がそうなるように飢えてしまい、最後は死んで消滅する運命にあった。そこで、死者の棺や墓の壁などには、カのための供え物をけっして欠かさないように、という訴えの言葉が彫られた。

カは人間とバの中間に位置するもので、人間の魂は死後にカからバに変化するという考え方もある。死者の書の中にあるアニの物語では、カはそのようなものとして語られており、アニの妻の祈りの中に、アニのカがバへと無事に進化できることを願っている部分がある。この考え方では、バにはカの持っていない能力があるとされている。それは、霊界の風景を見る能力で、実際にアニの魂はカからバになることによって、はじめて霊界にある湖や雲などの風景がはっきりと目に映ったとされている。

⬇［バ］

❖カイビト――【エ】

古代エジプト人が人間の死後に残ると考えた人間の組織の一部分で、普通は「影」と訳される。カやバと同じように肉体からは切り離されており、自由にどこにでも行くことのできる存在だが、ときには自分の墓に出かけ、供え物を食べる必要があった。

「影」と訳されるとおり、真っ黒な人間の形で描かれた。古くは明確な定義を持っていたようだが、時代とともにバに近いものと考えられるようになったといわれている。

⬇［カ］［バ］

◈餓鬼《がき》――【仏】

仏教の六道のひとつである餓鬼道の住人。一般的には山のようにふくれた腹を持ち、それ以外の部分がやせ衰えた姿でイメージされる。餓鬼の原語は Preta あるいは Peta で、祖霊という程度の意味であり、閻魔をヤマといった『リグ＝ヴェーダ』の時代にはその住処も天にあった。しかし、因果応報思想の発展によって、一般の祖霊は餓鬼に転じ、餓鬼道という地下世界に棲むようになったとされる。

餓鬼道は精神的にも物質的にも貪欲に生きた者が転生する世界で、六道の中では畜生道と地獄道の間に位《くらい》し、この世界に堕ちた人間は、地獄ほどではないがかなりな刑罰を受けることになっている。この刑罰は基本的には飢えと渇きであって、餓鬼たちはいつも水と食物を求めてさまよっている。

しかし、餓鬼の起源が祖霊であり、餓鬼道もまた一種の幽冥界と考えられることから、ひと口に餓鬼といってもすべてがすべて飢渇の苦しみを受けているわけではない。ごくまれにではあるが、生前の果報によって、餓鬼の身でありながら飢渇の苦しみを免れ、黄金財宝に囲まれて暮らしているような幸福者もいる。また、昼夜のどちらか一方だけ苦しみを受けて、もう一方では美しい女性と享楽にふけっているという奇妙な餓鬼もいる。億耳《おくに》という沙門《しゃもん》が出会ったという餓鬼もこのような餓鬼で、この餓鬼の説明によると、彼は生前しばしば他人の妻を犯していたが、ある僧の感化を受け、せめて昼の間だけでも五戒を

守って暮らしたため、昼は女性と享楽にふけることができるが、夜になるとむかでに喰われるという生活を繰り返しているのだという。

　このように餓鬼にはさまざまな種類がある。餓鬼の種類は、彼らが受けている苦しみの内容によって決まるものだが、『正法念処経』では次の三十六種類について説明している。

➡［六道］［餓鬼道］

〈鑊身《かくしん》餓鬼《がき》〉金儲けをしたいがためにいたずらに動物を殺し、しかも殺した後で喜んで少しも悔いることのなかった者が餓鬼となったもの。身体が非常に大きく、人間の二倍ほどもあり、手足が鼎《かなえ》のように細い。いつも熱い火の中にいて身体を焼かれ、飢えと渇きに苦しんでいる。

〈針口《しんこう》餓鬼《がき》〉腹は大山のようにふくれているのに、

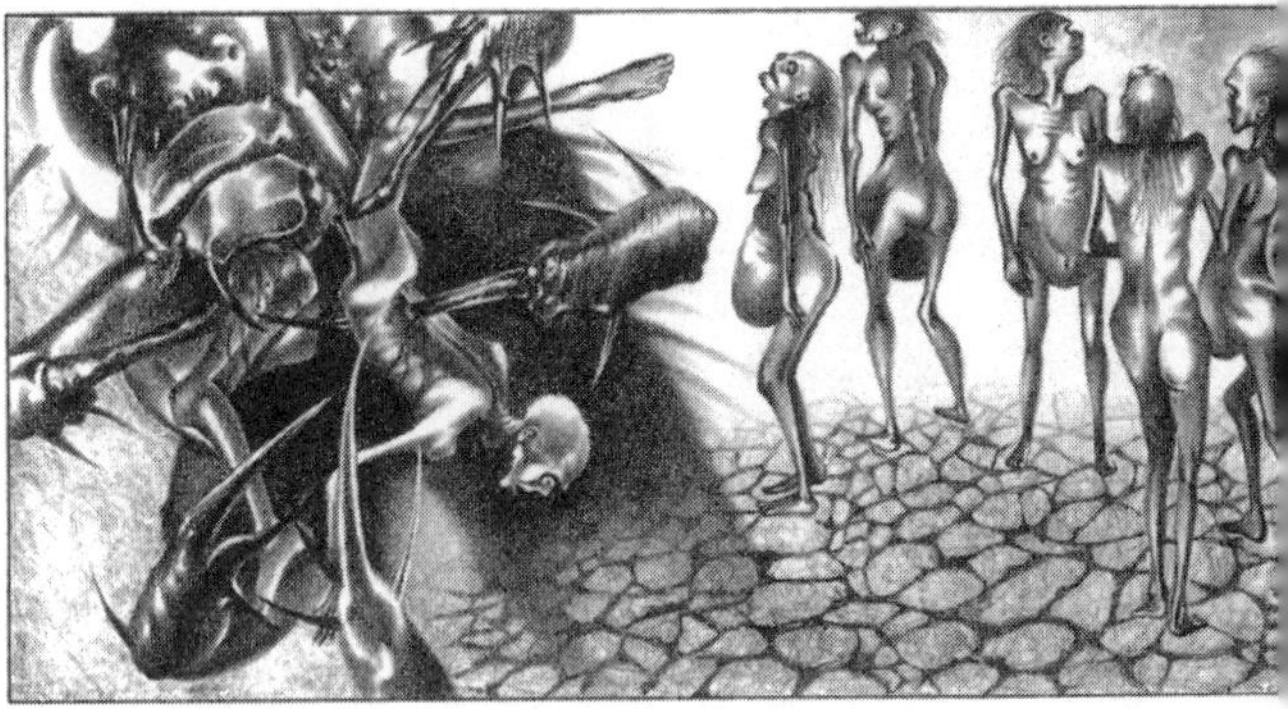

口は針の穴のように細く、まともに飲み喰いできない餓鬼。偶然に少しの食にありつけることがあっても、それを飲みこむと炎となって吹きだしてしまう。このため、いつも飢えと渇きに苦しんでいるが、そのうえに身体は火に焼かれ、蚊・虻・悪虫・熱病などに襲われて苦しめられている。貪欲で物惜しみをする性格から、布施を行うこともなく、困っている人に衣食を施すこともなく、仏法を信じることもなかった人間が転生したもの。

〈食吐餓鬼《じきとがき》〉 身長が半由旬《ゆじゅん》もあるという巨大な餓鬼。荒野の中に棲み、飲食物を求めて四方を走りまわり、飢えと渇きを訴えている。喰うことは可能だが、必ず嘔吐してしまい、苦しくてまともに喰うことができない。『地獄草紙』には、食事を楽しんでいた食吐餓鬼の前に鬼の獄卒が出現し、餓鬼の口の中に杖を突っこんで無理矢理に嘔吐させている図が描かれている。生前に自らは美食を楽しみながら、配偶者や子どもたちにはそれを与えなかった者が餓鬼道に堕ちてこうなる。

〈食糞餓鬼《じきふんがき》〉糞尿の池で蛆虫や糞尿を喰いあさる餓鬼。しかし、蛆虫や糞尿でさえ思うように手に入らず、いつも飢えて渇いている。餓鬼としての業が尽きて転生することがあっても、ほとんど人間には転生できず、たとえ人間に転生したとしても、汚らしい人間にしかなることができない。前世において、貪欲でけちで布施などはせず、僧に対して不浄の食べ物を与えた者が、餓鬼道に堕ちて食糞餓鬼になる。

〈無食餓鬼《むじきがき》〉どんな物も喰うことも飲むこともできない餓鬼。しかも、飢渇が炎となって腹の中で燃えあがり、それが身体を焼いてより大きな苦痛になる。絶えず飲食物を求めて駆けめぐるが、川に近づくと川の水は一瞬のうちに枯渇してしまう。あるいは、水辺に鬼たちが見張りをしていて、無食餓鬼の頭を杖で打ちつけて苦しめる。自分の権力を嵩に着て、善良な人間を牢獄につないで餓死させ、しかも少しも改悛しなかった者が転生して無食餓鬼になる。

〈食気餓鬼《じっけがき》〉仏を信じる人々が水辺や林の中に祭壇を設けて祈禱などを行ったとき、その祭壇の供え物の香りを嗅いでかろうじて生きている餓鬼。気体以外は喰うことも飲むこともできない。妻子がありながら何も与えようとせず、自分だけが美食を楽しみ、妻子には臭いしか嗅がせなかった者が転生したもの。

〈食法餓鬼《じきほうがき》〉導師が人々のために説法を行ったとき、その説法を聞くことを食事の代わりにしてかろうじて生きている餓鬼。身体の大きい黒い色をした餓鬼で、爪が長くて鋭く、人間が立ち入れないような険しい土地に棲み、食物を求めて駆けまわっているが得ることはできず、いつも泣いている。また、食法餓鬼の棲む場所には悪虫、蚊、虻が多く、その身体を突き刺す。名声や金儲けのためという汚い動機から、人々を悪に走らせるような間違った説法をした者がこの餓鬼に転生する。

〈食水餓鬼《じきすいがき》〉常に飢えと渇きに苦しみ、水を求めてうろつきまわるが、種々の困難のためにまともに水を飲むことのできない餓鬼。万が一、川を渡った人がおり、その人の足から水が滴り落ちるようなことがあったときは、急いで駆けつけてその滴を飲むことができ、わずかに渇きをいやすことができる。また、誰か生きている者がその父母のために水を供えたときには、その水のうちからわずかな部分を飲むことができる。もしも我慢ができずに、自分から川に近づいて水を飲もうとすると、大勢の鬼たちがやって来て、杖で打ち据えて邪魔をする。

『餓鬼草紙』には、水辺に近づこうとしながら、刺のある草のために水の飲めない餓鬼や、川を渡り終えた荷夫の足跡に顔を押しつけ、わずかな水の滴をむさぼっている餓鬼の姿が描かれており、食水餓鬼だとされている。水を加えて薄めた酒を売って儲けた者や、酒の中に蛾やミミズを沈めて愚かな人々を惑わした者がこの餓鬼になる。

〈悕望餓鬼《けもうがき》〉世人が亡き父母のために祭祀を行ったときにだけ、その供え物を喰うことでかろうじて生きている餓鬼。顔はしわだらけで黒く、手足はぼろぼろで、頭髪が顔を覆っている。飢えと渇きに苦しみながら前世を悔い、涙を流し、「施すことがなければ報いもない」と叫びながら走りまわっている。貪欲と嫉妬心から善人をねたみ、彼らが苦労して手に入れた少しばかりの物を、詐欺的な手段で奪い取った者たちがこの餓鬼に転生する。

〈食唾餓鬼《じきたがき》〉人々が吐きだした唾を求めて、それを食することで生きている餓鬼。出家者や僧に不浄の食物を清浄だと偽って施した者がこの餓鬼に転生する。

〈食鬘餓鬼《じきまんがき》〉仏や族長などの華鬘《けまん》という花の首飾りを盗んで、自らを飾った者が転生した餓鬼。華鬘だけを求め、これを喰うことで生きている。

〈食血《じきけつ》餓鬼《がき》〉生き物の流した血を求め、それだけを食することで生きている餓鬼。生前に血肉の食を好み、いたずらに殺生して、しかも妻子には分け与えなかった者がこの餓鬼に転生する。

〈食肉《じきにく》餓鬼《がき》〉肉だけを喰って生きている餓鬼。四つ辻や繁華街などによく出現する。前世において、重さをごまかして肉を販売した者がこの餓鬼に転生する。

〈食香烟《じきかえん》餓鬼《がき》〉神廟などに供えられた、香の煙だけを喰って生きている餓鬼。前世において、質の悪い香を販売した者がこの餓鬼に転生する。

〈疾行《しっこう》餓鬼《がき》〉いつも墓場を歩きまわり、墓を掘り返しては死体を喰いあさる餓鬼。僧であるにもかかわらず遊興に耽り、病者に与えるべき飲食物を奪って喰ってしまった者のなれの果てだという。死体が好物なので、疫病などが発生すると大いに元気づき、百千由旬の距離も一瞬に飛び越えて、死者が大量に発生した場所まで駆けつけ、大勢で死体に群がる。疾行餓鬼という名前もここからきているとされる。

〈伺便《しべん》餓鬼《がき》〉いつも人間が大便をしているところを探し求め、その糞を手に入れ、さらに人間の体内に入りこんでその人の活力を喰うことで生きている餓鬼。身体中の毛穴に火炎があり、いつも身体を焼かれて苦しんでいる。彼らは人間が便をしているところを求めているので、いつも人間界をうろうろしている。そして、道ばたで排便している人間を見つけると、近づいてその糞を手に入れる。

『餓鬼草紙』に伺便餓鬼を描いた絵があるが、彼らの姿は人間には見えないので、自分のすぐそばに餓鬼がいるにもかかわらず、人々は少しも気にすることなく、道ばたで平気で排便している。生前、人々をだまして財産を奪ったり、暴力で村や町を襲撃して略奪した者がこの餓鬼に転生する。

〈地下餓鬼《じげがき》〉暗黒で険しい地下の世界に棲む餓鬼。刀のような寒風に吹かれて身体を裂かれ、そのうえに鬼たちに身体を打たれて苦しめられる。みな離ればなれで孤立しているので、いつも孤独で、食を求めて走りまわっている。生前に悪事を働いて他人の財産を手に入れたうえ、人を縛って暗黒の牢獄に閉じこめて苦しめた者がこの餓鬼に転生する。

〈神通餓鬼《じんつうがき》〉不思議な神通力を持っている餓鬼。苦痛を引き受けている多くの餓鬼に囲まれて暮らしているが、どういうわけかこの餓鬼だけは苦痛を受けることはない。ただ、自分を取り囲む餓鬼たちの苦痛の表情をいつまでも見ていなければならない。生前に他人をだまして財産を奪い、悪い友人たちに分け与えた者が転生する。

〈熾燃餓鬼《しねんがき》〉身体中から炎を発して燃えさかり、苦痛の叫び声をあげながら、人里や山林などを走りまわっている餓鬼。生前に城郭を破壊し、人民を殺害し、財産を奪い、しかも権力者に取り入って、大きな勢力を得た者が転生する。

〈伺嬰児便餓鬼《しえいじべんがき》〉前世において悪人の手で自分の嬰児を殺され、復讐心から、来世において夜叉に変身して他人の子を殺してやろうと願った女が、餓鬼道に堕とされて餓鬼となったもの。いつも人間界で産婦を捜し求め、どこであっても子が産まれると飛んでいって様子をうかがい、小さなチャンスもけっして逃さず子どもを殺してしまうとされている。

〈欲色餓鬼《よくじきがき》〉貴族のように美しく着飾った男女が淫楽、遊興に夢中になっている場所に出現し、飲食物を盗むとされる餓鬼。身体が小さく、人間に発見されることはないが、意のままに何にでも化けることができ、ときには人間や小鳥に化けて宴会に出席することもある。

『餓鬼草紙』には、貴族らしい男女が弦楽を楽しんでいる場所に出現し、貴族たちの身体にへばりついている欲色餓鬼が描かれているが、その背丈は人間である貴族たちの顔く

らいの大きさしかなく、あまりにも小さいせいか、貴族たちは彼らの出現に気づいている様子はない。男女を問わず美しく着飾って売春した者や、それらと交わった者がこの餓鬼になる。

〈海渚《かいしょ》餓鬼《がき》〉海の中州に棲む餓鬼。そこは人間界の夏と比べて千倍も熱い場所で、木々もなければ川も池もなく、餓鬼はわずかばかりの朝露を飲んでやっとのことで生き続けている。海の中州であるにもかかわらず、海は枯れ果てており、木々はすべて燃えさかる火炎となっている。荒野を旅している病苦に疲れた行商人をだまし、その品物をわずかばかりの値段で買い取った者が転生する。

〈執杖《しつじょう》餓鬼《がき》〉閻魔王のための走り使いをする餓鬼。頭髪は乱れ、上唇と耳は垂れ、腹が出ており、声が大きい。手には鋭い刀杖を持ち、悪行を犯した人間

を見つけては、閻魔宮まで引き連れてくる。しかし、飢えと渇きに苦しめられていることは他の餓鬼たちと変わりなく、ただ風だけを喰ってかろうじて生きている。生前に権力者に取り入って、その権力を嵩に着て悪行を行った者が転生する。

〈食小児《じきしょうに》餓鬼《がき》〉 生まれたばかりの赤ん坊を見つけてはそれを喰って生きている餓鬼。いつも産婦を捜しまわっており、見つけると近づいて嬰児を奪ってしまう。邪悪な呪術を用いて病人をたぶらかした者が、等活地獄の苦しみを経た後でこの餓鬼に転生する。

〈食人精気《じきにんしょうき》餓鬼《がき》〉 人間の精気を喰って生きている餓鬼。生前、戦場などで、必ず味方になると言葉巧みに友人をだまし、結局は友人を見殺しにした者が転生する。常に大きな飢えと渇きに悩まされるうえ、空から降ってくる刀の雨に襲われ、逃げることもできない。釈迦、説法、修法者の三宝を敬わない人間がいたときにだけ、その人間の体内に侵入して精気を奪うことができるが、十年か二十年に一度くらいしかチャンスはない。

〈羅刹餓鬼《らせつがき》〉生前において、生き物を殺して大宴会を催し、少しの飲食を高価に販売した者が転生した餓鬼。四つ辻に棲んで、行き交う人の中に入りこんで狂気に陥れ、ついには殺害する。

〈焼食餓鬼《しょうじきがき》〉自らの業に欺かれて、炉の中で燃えている残飯を、炉の火と一緒に喰って生きている餓鬼。飢渇の炎と残飯の炎がいつも胃袋の中で燃え、苦しめられる。善人の友を遠ざけ、僧の食事を勝手に喰ってしまった人間が転生する。

〈不浄巷陌餓鬼《ふじょうこうはくがき》〉人々が集まる町や集落、軍隊の野営地の中でも、蛆虫が満ち満ちているようなとくに汚らしい場所に棲む餓鬼。嘔吐のように汚らしい物を喰っているが、それさえも一カ月に一度くらいしか食べられない。もし喰えるようなことがあっても、糞便を守っている鬼どもに杖で強打され、無理矢理に吐きだささされてしまう。修行に励む人々に不浄の食事を与えた者がこの餓鬼に転生する。

〈食風餓鬼《じきふうがき》〉飢えと渇きに苦しみ、食を求めてあちらこちらと駆けまわるときに、わずかに口から入ってくる風だけを食べて生きている餓鬼。生前、僧や貧しい人々に施しをするといっておきながら、実際に彼らがやって来ると何も与えず、冷風の中で震えるがままに放っておいた者たちがこの餓鬼に転生する。

〈食火炭餓鬼《じきかたんがき》〉いつも墓場をうろついて、死体を焼く火を喰う餓鬼。いくら喰っても満ち足りることはなく、一度この餓鬼になった者は、餓鬼界での寿命が尽きて人間界に転生することがあっても、必ず辺境の地に生まれ、粗野な食事を喰い、味のある物はけっして喰うことができない。前世において監獄の監視人を務め、人々を打ったり縛ったりし、その食べ物を奪い、人々を空腹のために泥土を喰うような境遇に追いやった者が、転生する。

〈食毒餓鬼《じきどくがき》〉毒薬に囲まれているような場所に棲む餓鬼。インド北方の山脈の洞窟や険しい山中、あるいは氷山があるような寒冷な場所に棲み、冬は氷漬け、夏は毒漬けにされて苦しめられる。また、夏には天から火が降り注ぎ、冬は刀の雨が降り注ぐ。毒殺によって人を殺し、財産を奪った者が転生する。

〈曠野餓鬼《こうやがき》〉荒野を旅する旅行者が飲料水を手に入れるのに必要だった湖や池を壊し、これによって旅行者を苦しめたうえに、財物を奪った者が餓鬼道に堕ちて餓鬼となったもの。荒野のような場所に棲み、飢えと渇きに苦しめられている。しばしば、はるか彼方に陽炎が見え、そこにこそ水があると喜び勇んで駆けつけるが、事実は単なる荒れ地に過ぎず、さらに激しい渇きに苦しめられる。実際に池があったとしても、水を求めて池に近づくと、群をなす鷹に襲われ、体中をついばまれるので、喰うことも飲むこともできない。また、荒野にはいばらがあり、水を求めて走るたびに足を突き刺す。

〈塚間《ちょうかん》住食《じゅうじき》熱灰《ねつかい》土《ど》餓鬼《がき》〉いつも墓場をうろついて、死体を焼いて熱くなった灰や土を喰う餓鬼。一カ月に一度くらいしか喰うことはできない。餓鬼道において飢えと渇きに苦しむ罰、重い鉄の首かせをはめられる罰、鬼の獄卒によって刀や杖で打たれる罰の三つの罰を受けている。仏に供えられた花を盗み、売り飛ばして儲けた者のなれの果てだといわれる。

〈樹中住《じゅちゅうじゅう》餓鬼《がき》〉樹木の中に押しこめられるようにして暮らす餓鬼。樹木の形に身体をねじり、暑さ寒さを防ぐことができず、蟻や虫などにかじられて苦しめられる。誰かが食事を樹木の根本に捨てたときにだけ、それを食べることができる。生前に、他人が頑張って育てた樹林を勝手に伐採し、それによって財産を得た者がこの餓鬼に転生する。

〈**四交道餓鬼**《しきょうどうがき》〉四つ辻に棲む餓鬼。鉄の鋸で身体を縦横に切られ、平らに引き延ばされて苦しめられている。人々が四つ辻で祭祀を行い、供え物をしたときにだけ、それを食べることができる。生前に旅人の食料を奪い、荒野において飢えと渇きの苦しみにあわせた者がこの餓鬼に転生する。

〈**殺身餓鬼**《せっしんがき》〉まるで地獄に堕ちた者のように、熱鉄を飲ませられて苦しんでいる餓鬼。餓鬼道における業が尽きた後にも地獄道に転生して大きな苦しみを受ける。生前に人にへつらって悪事を働いたり、邪法を正法のごとく説いたり、修行している僧を妨害した者がこの餓鬼に転生する。

❖カクス——【ダ】

ダンテ作『神曲』の地獄第八圏悪の濠の窃盗の濠で、罪人の亡霊たちを苦しめる獄卒の働きをしている半人半馬のケンタウロス。ただし、ギリシア神話に登場する本来のカクスはケンタウロスではなく、三つの頭を持つ半人の怪物で、ヘラクレスが十二の功業のひとつとしてゲリュオネウスの牛の群を奪ったとき、それらの牛の中から密かに数匹の牛を奪ったとされている。このとき、カクスは奪った牛を洞窟の中に隠したが、その鳴き声をヘラクレスが聞いたため、盗みが発覚し殺されることになった。地獄におけるダンテの導者となったウェルギリウスも、カクスを説明するにあたって、この物語を紹介している。しかし、ダンテはこれをケンタウロスと紹介し、カクスの腰のあたりにはおびただしい蛇が巻きつき、背には翼を広げた火竜がまたがっており、窃盗の濠にいる罪人たちに炎を吹きつけているとしている。

⬇［悪の濠〈窃盗の濠〉］［ケンタウロス］

❖カシウス――【ダ】

ダンテ作『神曲』において、もっとも罪深い者が堕ちる反逆地獄で悪魔大王の三つの口のひとつにくわえられている、古代ローマ時代の護民官。パルティア人との戦争で活躍し、ポンペイスに従った後に敵対するカエサルに降伏した。このとき、カエサルは彼が敵であるにもかかわらず殺さなかったばかりか、法務官に任命した。しかし、カシウスはこの後、ブルトゥスらと謀ってカエサル暗殺の首謀者となった。カエサルはキリスト以前の人物であることから、ダンテは彼を地獄の辺獄に堕としているが、彼は同時に偉大なローマ帝国の建国者だと考えられるので、その人物の信頼を裏切って暗殺したカシウスを、ダンテはもっとも罪深い者が堕ちる地獄に堕としたといわれている。

⬇［反逆地獄］［悪魔大王］

❖活無常《かつむじょう》・走無常《そうむじょう》——【道】

道教において死者を迎えにいき、冥界まで案内するとされた一種の獄卒。ただし、仏教において死者を迎えにいった鬼の獄卒の場合はそれ自体が冥界の住人だが、活無常、走無常の場合は生きた人間がアルバイト的に行った。中国では死神のことを「無常鬼」などと表現するが、生きた人間がこの代わりを務めたので、活無常、走無常と呼ばれた。中国では地獄の獄卒は人手不足だったので、そのあたりの町に住むごくあたりまえの下級宗教家などがこの仕事を請け負ったといわれる。

活無常や走無常として生きている人間は、近所で病人などが発生して死者が出そうになると、まるで催眠術にかかったように深い眠りに落ちて眠り続け、病人が死ぬと目を覚ますという特徴がある。『捜神記』巻十五で紹介されている馬勢という男の妻もこのような人物として描かれており、彼女を走無常だったとする考えがある。『捜神記』によると、彼女は姓を蔣といい、村人が病気になって死にそうになると、いつも魂が抜けたように何日間も眠り続け、病人が死んだときはじめて目を覚ましたという。しかも蔣は眠っている間の出来事をしばしば詳しく語ったが、それは病人のところへ魂を取りにいく話だったとされる。

❖カトー——【ダ】

紀元前九五年生まれのマルクス・ポルキウス・カトー（小カトー）で、ダンテ作『神曲』の煉獄《れんごく》の番人。カエサルが台頭した時代に共和制を守るために戦い、紀元前四六年に自殺した。キリスト教以前の人物ではあるが、ダンテは小カトーのことを倫理的人物として尊敬しており、このために地獄の辺獄ではなく、地獄よりは望ましい場所である煉獄の番人にしたのだと考えられている。しかし、カトーはキリスト教徒ではないため、番人以上の存在にはなることはできず、常に煉獄前地におり、煉獄の山を登り、浄化されることはない。

⬇［煉獄］［煉獄前地］

❖カヤパ——【ダ】

キリストの磔刑を決定したユダヤの大祭司。ダンテ作『神曲』の地獄、悪の濠にある偽善の濠に堕ち、十字架に磔にされて地面に横たえられている。偽善の濠では罪人たちはみな、表は金箔だが裏は鉛でできた重い外套を着て歩き続けるという刑罰を受けているが、カヤパだけは例外で、多くの罪人たちに踏みつけられて苦しめられている。

⬇［悪の濠〈偽善の濠〉］

❖ガルム――【北】

北欧神話の冥府の番犬。冥府ニブルヘイムの女王ヘルの館の門の前にいて、ヘルの見張り役を務めていた。ギリシア神話のケルベロスと異なり、見た目は普通の犬だが、喉のあたりは血糊がべったりと張りついており、北欧の猟犬の中でも最高の犬とされた。北欧神話ではすべての神々が死に絶えるラグナレクという最終戦争が語られており、さまざまな怪物たちと神々が戦うとされているが、このときにはガルムもまた冥界のいましめから解放され、神々に敵対して戦うとされた。そこで、ガルムは火曜日（テューズデイ）にその名を残しているテュール神と戦い、相打ちして死ぬとされている。

➡［ニブルヘイム］［ヘル］［ケルベロス］

❖ガルラ霊《れい》――【メ】

古代シュメール、バビロニアの冥界に棲む精霊。冥界の女王エレシュキガルのために働いた。善悪の二種類がいて、悪魔として人間にとりつくものもいた。

➡［不帰の国］［エレシュキガル］

❖カロン――【ギ・ダ】

ギリシア神話の冥府の川の渡し守をしていた長い頬髭を生やした老人。普通は冥府の川

の中でももっとも一般的に知られていたアケロン川の川岸におり、亡者がやって来ると金を取り、ボートに乗せて川を渡していたとされる。ダンテの『神曲』でも地獄を取り巻くアケロン川で渡し守をしている。ただし、あくまでも冥府の川の渡し守なのでステュクス川にいることもある。渡し賃は一オロボスで、ギリシアでは無事に冥界に着けるように死者の口に一オロボス硬貨を入れる習慣があった。

普通は生きた者を渡すことのないカロンだが、ヘラクレスがやって来たときは殴られたあげくに川を渡してしまい、その後一年間鎖に繋がれる罰を受けた。オルペウスがやって来たときは、彼の音楽に魅了されてしまい、川を渡したといわれている。カロンの漕ぐボートは軽い霊魂を乗せるためのものなので、ヘラクレス、アエネアス、ダンテなどが船に乗ったときは、いまにも沈みそうなくらいだったとされている。

また、『アエネアス』ではカロンは土に葬られた死体の魂だけを渡すので、打ち捨てられたままの魂は船に乗せないとされている。このため、冥府の川の岸辺には、川を渡りたくても渡れない哀れな魂たちが数多くさまよっているという。

❖グイド・ダ・モンテフェルトロ――【ダ】

十三世紀のフィレンツェを二分してゲルフ党と争ったギベリン党のリーダー。当時最も悪賢い戦争家といわれており、法王ボニファチオ八世に助言し、パレストリーナを陥落させたことで知られている。ダンテの『神曲』で地獄第八圏悪の濠の権謀術策の濠に堕ち、炎に包まれて苦しんでいる。

⬇［悪の濠〈権謀術策の濠〉］

❖クウ――【エ】

古代エジプト人が人間の死後にも残ると考えた人間の組織の一部分で、精神や知性に近い霊体。カイビト（影）とは反対に、人間の身体をオーラのように包む半透明の輝くものと考えられており、しばしばミイラの形に描かれた。バやカイビトと同様に人間の要素として重要なもので、アニのパピルスでは九十一章や九十二章で、バ、カイビト、クウが墓場の束縛から解放され、無事にラーとホルスの住む天国へ到着することを祈る言葉が記されている。

⬇［カイビト］［バ］

❖クリオ――【ダ】

ガリア平定を成し遂げたカエサルは、ローマ共和制に挑戦してルビコン川を渡り、アドリア海岸の要衝アリミヌムを占領するが、このときカエサルに対して、ルビコンを越えてローマを攻めることを進言したとされる人物（ローマ詩人ルカヌスの説）。ダンテ作『神曲』の地獄第八圏悪の濠の不和分裂の濠に堕ち、舌を付け根から抜かれて、かつて不遜な進言をしたことの罰を受けている。カエサルのローマ侵攻はローマ共和制への挑戦だったので、共和制を評価するダンテはクリオを地獄に堕としたといわれる。

⬇［悪の濠〈不和分裂の濠〉］

クンダ——【ゾ】

ゾロアスター教の地獄の門番。アンラ・マンユに仕える恐ろしい悪魔だが、いつも酔っぱらっているといわれる。

⬇［アンラ・マンユ］

ゲリュオン——【ダ】

ダンテ作『神曲』の地獄第八圏悪の濠の縁で見張りをしている怪物。いかにも正義漢のような人間の顔と、毛むくじゃらで爪の生えた獣の足と蛇の胴体を持っており、尻尾の先はサソリのようにふた叉に割れている。脇腹にはつながった輪や螺旋のような奇妙な模様もついている。足で空気を集め、尾を胸のあたりに寄せたり伸ばしたりしながら、ゆったりと空を飛ぶことができる。この能力は地獄を旅するダンテとウェルギリウスにとって不可欠だった。悪の濠は地獄の中でも最も切り立った崖の下にあり、人間業ではおりることは不可能だったからで、ふたりはゲリュオンの背に乗ることで、悪の濠までおりていったのである。

ゲリュオンはもともとギリシア神話に登場する怪物だが、その姿はダンテの描くものと異なっている。ギリシア神話ではゲリュオンは三頭六本足の巨人で、彼の所有する牛の群を盗んだヘラクレスと戦って殺されたとされている。

⬇［悪の濠］

ケルベロス——【ギ・ダ】

ギリシア神話に登場する冥府（ハデス）の番犬。大巨人テュポンと半人半蛇の怪物エキドナの子で、頭の数は三つとも五十ともいわれる。生肉を喰らい、青銅の声を持ち、尾は竜であり、背中にはあらゆる種類の蛇が生えていた。

冥府の入口にあるハデスの川の対岸を住処とし、地獄の王ハデスのために、許可なく地獄に入りこもうとする者や、そこから逃げだそうとする者を見張るのが役目だった。

しかし、ヘラクレスが「十二の功業」の最後に、ケルベロスそのものを生け捕りにするためにやって来たときは、ケルベロスは守りを忘れて逃げだすと、ハデス王の玉座の下に隠れてしまった。ヘラクレスは素手でケルベロスを倒したら地上に連れていってもよいというハデス王の言葉どおり、素手でケルベロスの首を締めて降参させ、鎖につないで地上に連れて帰った。このとき、ヘラクレスはケルベロスを肩に担いで運んだが、ケルベロスの口からは唾液がだらだらと垂れ、それが地上に落ちて猛毒のとりかぶとの木が生じた。また、目からはばちばちと火花が飛び散っており、その目を見た者は石になった。ヘラクレスにこの難業を命じたエウリュステウス王は、ケルベロスを見ると震えあがり、壷の中に身を隠し、けっしてケルベロスを受け取ろうとしなかったので、ヘラクレスはしかたなく、再びケルベロスを地獄に戻したのである。

この後、オルペウスが冥府に下ってきたときも、ケルベロスは冥府の入口を通過させてしまった。オルペウスは死んだ恋人エウリュディケを求めて冥界へ入りこんだが、このときケルベロスは彼の竪琴の音楽に聞き惚れて、吠えるのを忘れたのである。

ダンテの『神曲』では、ケルベロスは第三番目の大食漢地獄にいたとされている。それは三つの頭を持つケルベロスで、顎の毛が脂ぎっており、黒々としていた。また、ここでケルベロスは亡者たちに爪を立て、皮を剥ぎ、次々と飲みこんでいたとされている。が、ここでもケルベロスはダンテの先達であるウェルギリウスが泥を口の中に投げつけると、ふいに黙りこんでしまっている。

➡［ハデスの国］

❖懸衣翁《けんえおう》——【仏】

奪衣婆《だつえば》と一緒に三途の川の向こう岸にある、衣領樹《えりょうじゅ》の下にいる老翁。死者がやって来ると、奪衣婆が服を脱がせ、それを懸衣翁という老翁が衣領樹に掛ける。このとき、木から垂れさがった服の形を見て、死者が生前に犯した罪の軽重を判断するといわれる。

➡［奪衣婆］［三途の川］

❖ケンタウロス——【ダ】

ギリシア神話に登場する半人半馬の怪物だが、ダンテ作『神曲』では地獄第七圏暴虐地獄にあるプレゲトン川のほとりで、見張り番をしているとされている。プレゲトン川は煮えたぎる血の川で、その中で罪人たちが煮られているが、ケンタウロスたちは弓と矢を持って川のほとりを走りながら、身体を起こそうとする罪人を見つけては矢を射る。ケンタウロスの中で最も賢いとされ、アキレウスなどの育ての親ともなったケイロン、ヘラクレスの妻デイアネイラを犯そうとして殺されたネッソスなどが見張り番として活躍している。また、ダンテとウェルギリウスがやって来たときは、ネッソスがプレゲトン川の案内をしたとされている。

『神曲』では、第八地獄悪の濠の窃盗の濠にも罪人の亡霊たちを苦しめる獄卒として、カクスという名のケンタウロスがいることになっている。しかし、カクスは本来はケンタウロスではなく、ギリシア神話に登場する三つの頭を持つ半人の怪物である。

⬇［暴虐地獄〈プレゲトン川〉］

❖獄卒《ごくそつ》――【日・仏】

地獄において罪人たちの見張りをしたり、刑罰を与える番人のこと。仏教では閻魔卒ともいわれる。牛頭《ごず》、馬頭《めず》、阿傍羅刹《あぼうらせつ》などがいる。

⬇［閻魔卒］［牛頭・馬頭］［阿傍羅刹］

❖牛頭《ごず》・馬頭《めず》――【仏】

仏教の地獄で、鉄杖などで罪人を苦しめる閻魔卒または獄卒のこと。閻魔王に仕えている。牛頭は牛頭人身、馬頭は馬頭人身で、牛を苦しめたり喰ったりした者のところには牛頭が、馬を苦しめた者のところには馬頭が迎えにいくといわれることもある。

⬇［閻魔王］

❖魂《こん》・魄《はく》――【中】

古代中国で考えられた二種類の霊魂。人間の死後、魂は位牌の中に棲み、やがて天に昇るとされた。これに対して、魄は死体とともに墓の中に棲み、やがて土になるとされた。魄は怒ると鬼となって人間界に現れ、いろいろな害をもたらすといわれたが、この場合の鬼《き》は帰《き》につながり、帰ってきた者という意味があり、一種の悪霊だった。

❖サーフ――【エ】

古代エジプト人が考えた魂の一形態で、精神の肉体という程度の意味。人間が死んだとき、その肉体をミイラ化し、埋葬の儀式を行うと死んだ肉体の中にサーフという霊体が発生すると考えられた。サーフは魂（バ）と関係が深く、魂と意志を通わせることができるが、けっして魂そのものではなく、いわば魂の入れ物で、これがあることで死者の魂ははじめて天国へ赴き、神々のサーフとともに暮らすことができるとされた。ただし、確実に限定的な意味を持っていたわけではなく、ピラミッド・テキストなどでも、しばしば死者の肉体と混同されることがあった。

➡［バ］

❖サタン・デーモン・デヴィル――【キ】

キリスト教の悪魔で、地上の人間を苦しめると同時に地獄の住人であって、獄卒として罪人たちを苦しめるとされる。

悪魔にはいくつかの階層があるが、中でも最大のものがサタンである。ユダヤ教・キリスト教は基本的に一神教なので、神に匹敵するような悪神は存在しないのが自然であり、事実古い時代にはそのような悪魔は存在しなかった。サタンにしても旧約聖書の『ヨブ記』の中では神の子のひとりとして登場しており、ヨブに災難を与えることで神に敵対はするものの、あくまでも神の許しを得てそうしているので、力量において神に匹敵する存在として登場しているわけではなかった。が、いくら唯一神が支配するといってもこの世に悪は存在する。こうしたことから、神とは別個の邪悪な存在があるという二元論的な考え方がユダヤ教・キリスト教の中にも侵入し、サタンをそのような邪悪な存在の代表であり、闇の支配者とするようになったといわれている。

サタンを闇の支配者と考えるようになってからは、サタンはさまざまな名前で呼ばれるようになった。その名前には堕天使の中で最も淫らで不埒だとされるベリアル、聖書の中で異国の神とされるベルゼブブなどがあるが、こうした名前の中でも、最も魅力的な物語を持っているのがルシファーだった。ルシファーはもと熾天使で天使の中でも最も美しく最も偉大であって、最も神に愛された存在だった。が、自分は偉大だとの思いあがりから神の座を奪おうとし、神の怒りをかって天界から追放され、地獄の深淵に堕とされてしまったのである。ダンテの『神曲』において、ルシファーが地獄の最下部に突き刺さっているのはこのためだし、ミルトンの『失楽園』では、多くの悪魔軍団と一緒に悪魔の王ルシファーが地獄に投げこまれた場面から物語が始まっている。

サタンの他にデーモンやデヴィルと呼ばれる悪魔も数多く存在する。デーモンとデヴィルはそれほど厳密に区別されているわけではないが、デーモンはギリシア語のダイモーン（魂）、デヴィルはギリシア語のディアボロス（敵）という語から発するように、それぞれ系統を異にする魔族だとされる。しかし、いずれにしても矛盾のない厳密な定義があるわけではない。たとえば、デーモンについては悪魔の使いだといわれることもあれば、ほとんどすべての動物をデーモンとするような考えもある。これに対してデヴィルの方は悪魔全般を指す言葉で、ルシファーやベルゼブブ、サタンなどをデヴィルと呼ぶこともある。

このように数多くの悪魔たちが地獄には棲んでいたが、この他に堕天使と呼ばれる者たちも地獄の住人だった。これら堕天使たちはその名のとおりもともとは天使であり、神のために人間の見張り番をするのが役目だったが、地上に誕生した人間の女性たちに恋をして、そのために地獄に堕とされたといわれている。

十六世紀のヨーロッパには、これらの悪魔や堕天使たちが、地獄で悪魔の疑似君主国を作っているという説も生まれた。これはヨハネス・ヴァイアーによるものだが、それによればペリシテ人の神だったベルゼブブが「地獄の帝王」、サタンが帝王の副官で「悪魔の首領」、アンモン人が崇拝した神のモーロックは「涙の国の君主」で「ハエの騎士団上級勲爵士」、カナン人の主神バアルは「地獄軍最高司令官」「ハエの騎士団上級勲爵士」、ルシファーは「裁判所長官」などとなっている。

シシュポス──【ギ】

ギリシア神話の英雄でコリントスの王。策士プロメテウスの血を引き、人間の中でもっとも悪賢いともいわれたが、その悪賢さで神々を欺いたために、死後に地獄（タルタロス）で永遠の責め苦を受けることになった。

ゼウスがアソポス河神の娘アイギナを誘拐し、ある島で犯したときのこと。ゼウスが犯人だと知っていたシシュポスはアソポス河神に事実を教えたが、これに腹を立てたゼウスはすぐにもタナトス（死）を送り、シシュポスを冥界へと連れ去らせた。

ところが、悪賢いシシュポスはこんなこともあるだろうと察知しており、たとえ自分が死んでも、死体の埋葬など一切の葬礼の儀式を行わないようにと、あらかじめ妻のメロペにいい残しておいたのである。メロペはもちろんいわれたとおりにした。何も知らない冥界の王ハデスは、そんなメロペの様子を冥界からかいま見て腹を立てた。そこで、シシュポスはいった。

「では、これからわたしが妻のところにいって、わたしの死体を埋葬するようにいいつけてきましょう」

こうして、シシュポスはまんまと生者の国に舞い戻ると、死体を埋葬させるどころか、コリントスの地で十分に長生きしてしまったのである。

しかし、神々を欺いた罪は重く、本当に寿命がきて死んだ後に、大きな罰を与えられることになった。彼は冥界にあるタルタロスで、巨大な石を山の頂上まで運びあげる責め苦を与えられたが、その石は頂上まで運ばれるたびに転がり落ちてしまい、その罰は永遠に終わらないのである。

⬇［タルタロス］［タナトス］［ハデス］

シノン――【ダ】

ギリシア神話に登場する兵士。トロイア戦争でギリシア軍が有名な木馬の計略を実行したとき、トロイアの平原に木馬と一緒に残り、不思議がるトロイア人の前でみごとな演技を演じ、木馬がギリシア人からの贈り物であると信じさせたことで知られる。このため、トロイア人たちは木馬を城内に引き入れ、木馬の中に隠れた兵士たちによって滅ぼされることになった。が、この罪のために、ダンテの『神曲』では、地獄第八圏悪の濠の虚偽偽造の濠に堕とされ、ヨセフを中傷したという女と横になり、永遠に動くこともできず、身体から湯気を立てながら臭気を放つという罰を受けている。

⬇［悪の濠〈虚偽偽造の濠〉］

❖ジャンニ・スキッキ――【ダ】

ダンテと同時代のフィレンツェのカヴァルカンティ家出身の詐欺師。ブオーゾ・ドナーティという人物に頼まれ、いまにも死にそうだったその父親に化けてベッドに入ると、公証人に遺言書を書き変えさせ、すべてブオーゾの有利になるようにことを運んだといわれる。このために、彼はダンテの『神曲』の中で、地獄第八圏悪の濠の虚偽偽造の濠に堕とされ、狂気に陥るという罰を受け、他の亡霊たちを追いかけては噛みついている。

⬇［悪の濠〈虚偽偽造の濠〉］

❖スタティウス――【ダ】

ローマ時代の詩人（西暦四五〜九六）。ダンテ作『神曲』の中で、ダンテとウェルギリウスが煉獄《れんごく》の第五圏貪欲の環道を進んでいるちょうどそのとき、煉獄における彼の罪の浄化が終了したとされている。

『神曲』におけるスタティウス自身の説明によると、彼は生前にキリスト教に改宗していたが、迫害を恐れて長い間異教を装っていた。このために、彼は煉獄の第四圏怠惰の環道で最初の四百年を過ごさなければならなかった。さらに、彼は金銭に対する執着心がなさ過ぎ、見境もなく浪費するという罪を犯していた。このため、彼は第五圏貪欲の環道においても、次の五百年を過ごさなければならなかったという。浪費癖と貪欲が結びつくのは一見すると奇妙だが、これについては、煉獄においては、正反対の罪が一対のものとして、同じ環道で罰せられるのだと説明されている。

これらの年月を煉獄で過ごした後、スタティウスの罪は浄化されたが、このとき激しい地震が煉獄山全体を揺るがし、四方八方の魂たちが叫び声をあげて、ダンテとウェルギリウスを驚かすということがあった。ふたりにはその理由がわからなかったが、間もなく出会ったスタティウスが、それが煉獄の規則であることを説明した。つまり、煉獄では誰かの魂の浄化が終了すると、それを祝福するために全山が激しく揺れ、魂たちが合唱するというのである。

このようにして浄化された魂は、はっきりとそのことを自覚し、自らの意志で天界へ昇るために、煉獄山を登りはじめる。浄化された魂はもはや煉獄で罰せられる必要はないので、煉獄山の頂上に到達するまでに他の環道があったとしても、その環道はただ通り過ぎればよい。スタティウスの場合も、罪を清められた後は、ダンテとウェルギリウスとともに、煉獄山の頂上にある地上楽園まであがっている。

地上楽園にやって来た魂は、天界からの使いに迎えられ、天界へと昇ることになる。ダンテとともにそこに到達したスタティウスは、ダンテを迎えにきたベアトリーチェに導かれ、ダンテとともに天界に昇ったとされている。

⬇［貪欲の環道］［怠惰の環道］［地上楽園］

❖セケム――【エ】

古代エジプト人が人間の死後にも残ると考えた一種の霊的なパワー。ピラミッド・テキストの中には、カ、バなどと並べてセケムの純粋さを述べる部分もあるが、セケム自体がどのようなものかははっきりせず、しばしばカと同一視された。

⬇［カ］［バ］

❖醍醐天皇《だいごてんのう》――【日】

平安時代の日本の天皇（八八五〜九三〇）。当時の右大臣菅原道真を太宰権帥に左遷した罰を受けて、地獄に堕ちたと伝えられる。『扶桑略記』に引く「道賢上人冥途記」の中に、冥界をめぐった道賢（日蔵）上人が地獄の粗末な家に住む醍醐天皇に会い、救いを求められたという話がある。

⬇［日蔵上人］

❖ダエーワ――【ゾ】

ゾロアスター教の悪魔の総称。最大の悪魔であるアンラ・マンユに仕えているが、地獄で罪人を苦しめる獄卒たちはみなダエーワだとされている。

➡［アンラ・マンユ］

❖奪衣婆《だつえば》――【仏】

三途の川の向こう岸にある衣領樹《えりょうじゅ》の下にいる老婆。葬頭河婆《そうずかば》ともいう。死者がやって来ると、奪衣婆が服を脱がせ、それを懸衣翁《けんえおう》という老翁が衣領樹に掛ける。このとき、木から垂れさがった服の形を見て、死者が生前に犯した罪の軽重を判断するといわれる。

➡［懸衣翁］［三途の川］

❖奪魂鬼《だっこんき》・奪精鬼《だっせいき》・縛魄鬼《ばくはくき》――【仏】

仏教において、魔大王の使いとして死者の魂を迎えにいくとされる獄卒たち。『十王経』によると、人間が死に臨むとき、閻魔王がこれらの獄卒を遣わし、死出の山の入口にある門関樹まで連れてくるとされている。

➡［閻魔王］［十王］

ダナイスたち――【ギ】

ギリシア神話に登場するダナオスの五十人の娘たちで、死後タルタロスに堕とされた。彼女たちはみな叔父にあたるアイギュプトスの五十人の息子たちと結婚したが、父の命令で、ヒュペルムネストラを除いたすべての娘が初夜に夫を刺し殺した。殺された花婿たちの首はレルネの沼沢地に埋められ、そこから湖の水が湧きだしたという。しかし、ヒュペルムネストラと結婚したリュンケウスは、自分の兄弟たちを殺したダナイスたちを許さず、従兄弟殺しの罪を犯した四十九人を皆殺しにした。

こうしてタルタロスに堕ちたダナイスたちは、底の抜けた柄杓で永遠に水を汲む罰を与えられたとも、底の壊れた壷に永遠に水を注ぎ続けているともいわれている。

➡［タルタロス］

タンタロス――【ギ】

ギリシア神話の人物で、神々の不興を買い、生きたままタルタロスに堕とされて永遠の責め苦を与えられているとされる。

タンタロスは、地上にいる間は小アジアのリュディアを支配する王だった。しかし、彼は神々の食卓に招かれたとき、神の飲食物であるアムブロシアとネクタルを盗み、地上の人間に与えるという罪を犯してしまった。アムブロシアは、それを食べると不老不死になるというもので、このときそれを食べたタンタロスは、人間の身でありながら、不老不死を手に入れたのである。

また、タンタロスはゼウスにゆかりのある黄金の魔法の犬を、秘かに自分のものとしてしまうという罪も犯した。ゼウスは生まれたばかりのとき、父クロノスから逃れるために、クレタ島のイデの洞窟に隠されたが、そのとき洞窟の番をした犬がいた。これが黄金の魔法の犬で、これをタンタロスの友人パンダレオスが盗み、タンタロスに預けた。ところが、タンタロスはそれを自分のものとすると、ヘルメス神がゼウスの命で捜しにきたときも、最後まで隠し通したのだった。

最後に、タンタロスは神の全能を試そうというとんでもない考えを起こした。彼は神々を自分の館の宴に招くと、自分の息子ペロプスを料理し、神々の食卓に供した。神々のほとんどはひと目でそれが不吉な食べ物だと悟ったが、このとき、豊穣の女神デメテルだけは、娘のペルセポネが冥界の神ハデスに誘拐されて行方不明になっていたため、目の前の食べ物に注意を払うことができず、ペロプスの肩の部分の肉を食べてしまったのである。

これには神々も腹を立て、口々にタンタロスを罵ると、彼を生きたままで冥界のタルタロスに堕とし、永遠の罰を与えることにしたのである。

その罰は仏教の餓鬼に与えられる罰に似ていた。オデュッセウスが冥界を訪れたとき、そんな責め苦に苦しむタンタロスを目撃している。それによると、タンタロスはタルタロスにある池水の中に喉まで浸かっており、彼の頭上すぐのところには、たわわに木の実をたたえた木の枝が何本も垂れさがっていた。しかし、タンタロスはそんな場所にいながら、いくら喉が渇いても飲むことができず、いくら空腹でも喰うことができず、飢えと渇きに苦しまなければならなかった。というのも、タンタロスが水を飲もうと身をかがめると、池の水がごぼごぼと音を立ててどこかに吸いこまれ、彼の足下に黒い大地が現れてしまうし、彼が木の実を喰おうとして両手を伸ばすと、激しい風が吹いてきて、木の実をすべて吹き飛ばしてしまうからだった。

⬇［タルタロス］

❖ティテュオス――【ギ】

ギリシア神話の巨人。女神ヘラの手先となって、ゼウスに愛された女神レトを犯そうとしたために、レトの子であるアポロン神とアルテミス女神に射殺され、タルタロスに投げこまれた。オデュッセウスが冥界に旅したときにその姿を目撃しているが、それによるとティテュオスはタルタロスの底に倒れて、二匹の禿鷹に肝臓を突つかれていた。ティテュオスは背丈が百五十尋もあったが、腹膜の中にまでくちばしを突っこむ禿鷹たちを、手で追い払うこともできなかったという。

⬇［タルタロス］

❖テイレシアス――【ダ】

ダンテ作『神曲』の地獄第八圏悪の濠にある魔法使いの濠に棲む予言者のひとり。ギリシア神話ではテバイ最大の予言者とされており、若い頃、二匹の蛇が交尾しているのを目撃し、持っていた杖で牝の方を打ったところ女になってしまい、それから七年間を女性として過ごしたという。その後、再び二匹の蛇が交尾しているのを目撃したので、今度は牡を打って男に戻った。普通の人間の七世代分も生き続け、数多くの予言を行ったので、地獄に堕とされ、頭を後ろ前につけて処罰されている。

⬇［悪の濠〈魔法使いの濠〉］

❖テセウス――【ギ】

ギリシア神話の英雄。親友ペイリトオスと一緒に、冥界の女王ペルセポネを誘拐するために冥界に下ったが、ふたりとも罠にはまり、忘却の椅子に腰掛け、動けなくなった。普通、後にテセウスだけヘラクレスに助けられたとされるが、ウェルギリウスの『アエネアス』ではテセウスもまた永遠に忘却の椅子に腰掛けているとされている。

⬇［ペルセポネ］［ペイリトオス］［忘却の椅子］

❖ナムタル霊《れい》――【メ】

古代シュメール、バビロニアの冥界に棲む精霊。一種の死神で、六十の病気で人間を殺すといわれた。女王エレシュキガルのそばに仕えて、侍従のような働きをする者もいた。

⬇［不帰の国］［エレシュキガル］

❖ニーズホッグ――【北】

北欧神話の冥界ニブルヘイムの泉、フヴェルゲルミルに棲む怪竜。死者の肉体だけでなく、北欧神話の世界を支える世界樹ユッグドラシルの根をかじっていたとされる。ニーズホッグには鱗と翼があり、世界の終わりにあたるラグナレクが訪れると、冥界から自由になり、死者を乗せて空を飛びまわるとされた。

⬇［ニブルヘイム］

❖ニッコロ三世《さんせい》――【ダ】

十三世紀末期のローマ法王。聖職を金で売買し、個人的に金を儲けた罪で、ダンテ作『神曲』の地獄第八圏悪の濠の聖職売買の濠に堕とされている。この地獄には炎が燃えさかる石臼のような穴があちこちに開いているが、ニッコロ三世はこの中に頭から逆さまに投げこまれ、外に出ている足をばたばたさせて、足そのもので泣いている。ダンテがやって来ると、彼は彼の後継者であるボニファチオ八世とクレメンテ五世も同じ地獄に堕とされ、彼のいるのと同じ穴に投げこまれることを予言する。これらの人々がやって来ると、ニッコロ三世は彼らに場所を譲るために、穴の内部に押しこまれる仕組みになっている。

⬇［悪の濠〈聖職売買の濠〉］

❖ニムロデ――【ダ】

ダンテ作『神曲』の反逆地獄の周辺の谷にいる巨人のひとり。『創世記』に彼の物語があり、バビロニアの王だったニムロデはバベルの塔を築き、その頂を天に届かせようとしたとされる。それまで地上にはひとつの言葉しかなかったが、このことに怒った神が言葉を乱したために、複数の言葉が生まれ、言葉が通じなくなったという。ダンテがニムロデを地獄に堕としたのもこのためで、彼は反逆地獄を取り巻く谷に立ち、胸に角笛を巻きつけ、気が狂ったようにわけのわからない言葉を叫んでいる。

⬇［反逆地獄］

❖ネティ――【メ】

古代シュメール、バビロニアの冥府「不帰の国」の門番。不帰の国には七つの門があり、彼はその第一の門であるガンジル門を守っていた。門番の中には鷲のような爪を持った者もいるとされるので、ネティもまた恐ろしげな姿だったと想像できる。

⬇［不帰の国］

❖バ――【エ】

古代エジプト人の考えた人間の死後の魂。古代エジプト人にとって、死後に永遠の生命を手に入れ、平和の野と呼ばれる天国で暮らすことは何よりも望ましいことだったが、このとき永遠の生命を手に入れた人間の魂がバと呼ばれた。そんなわけで、バは一般に魂と訳されるが、古代エジプト人にとってはもっと崇高なイメージを持つものだった。

バは力の中に棲んでいるといわれることもあるし、また魂であることから形がなさそうに思われるが、バには形があり、普通は人間の頭を持つ鷹の姿をしていた。これは、バを表す象形文字と同じ形である。ただし、古代エジプト人は、平和の野に赴く死者は人間であれ神であれ自分の好きな存在になって暮らせると考えており、バもまた自分の望むとおりの形になることができるという特徴があった。これが鳥の形で表現されたのは、古代エジプト人の多くが、鳥になって暮らしたいと考えていたからだと想像されている。

鳥の形をしたバは人間の魂が死後に変化したものであって、原理的には人間の死後に現れるべきものだが、人間が死ぬときになるとどこからかバが現れて、その死が確実になった瞬間にその霊魂を引き受けて、天高く舞いあがるといわれることもある。バが天へと舞いあがるのは、それがもともとは太陽神だけの属性で、太陽神の霊魂だけがバになることができたからだといわれる。時代が下るに連れ、国王の霊魂もバとなって永遠の生命を得られるようになり、その後、一般人の霊魂もバになれると信じられるようになったようである。

しかし、どんな人間の霊魂でもバになれるというわけではなかった。古代エジプトでは死んだ人間はみな冥界へ赴いて、オシリス神の審判を受けなければならなかったが、ここで罪人と判定された者の霊魂は即座に消滅させられた。

バは霊魂であるから、肉体とは完全に無関係に生きていけるように思えるが、どういうわけかそうではないという性格も持っていた。紀元前二〇〇〇年頃の作品と推定されている『生活に疲れた者と魂（バ）との対話』という文学作品では、人間とバがこの点について議論している。バは、自分は霊魂なのだから、肉体が腐ろうがなくなろうが自由に生きていけなくてはならないと主張するが、人間の方は、バの安息の場は人間の死後も肉体なのであって、伝統的な葬儀によって肉体をミイラ化する必要があるといっている。この作品ではバが最終的に人間の意見を認めているが、やはりこれが伝統的な考え方で、バは休息を得るためにときどきは現世にある肉体（死体）に帰ると考えられていた。

⬇［カ］［オシリスの法廷］

❖ハルピュイアイ――【ダ】

ギリシア・ローマ神話に登場する女の頭を持つ怪鳥。ダンテ作『神曲』の地獄、第七圏暴虐地獄第二円の自殺者の森に多数棲みつき、自殺者の魂が閉じこめられた木の葉をついばんで苦しめている。

『アエネアス』の中では、英雄アエネアスの一行がストロパデス群島にやって来たとき、ハルピュイアイたちが空から舞い降りてきて、食物を喰い散らかし、あたりを汚したとされている。

⬇［暴虐地獄〈自殺者の森〉］

❖ピエール・ダ・メディチーナ――【ダ】

ダンテと同時代にロマーニャを遍歴し、スキャンダルを吹聴し、諸侯の間に紛争の種をまいたとされる人物。この罪のために、ダンテ作『神曲』の第八圏悪の濠の不和分裂の濠で、噂を聞きつける耳と鼻を切り落とされ、嘘をつく喉を裂かれて苦しめられている。

➡［悪の濠〈不和分裂の濠〉］

❖ブルトゥス――【ダ】

カエサル暗殺の首謀者で、ダンテ作『神曲』の反逆地獄で悪魔大王の口にくわえられている者たちのひとり。当初、カエサルに敵対するポンペイウスの軍に加わり、降伏後はカエサルに許されて、ガリアキサルピナの統治を任された。しかし、後にカシウスに説得されカエサル暗殺の陰謀に加わった。このため、彼は偉大なローマ帝国の建国者の信頼を裏切った罪で、もっとも恐ろしい地獄に堕とされることになったといわれている。

➡［反逆地獄］［悪魔大王］

❖プレギュアス――【ギ・ダ】

ギリシア神話の軍神アレスの子とされる人物。医学の神とまで呼ばれたアスクレピオスを孫に持ったが、その彼が医学の神アポロンの子だと主張したため、プレギュアスは孫やアポロン神と対立し、アポロンを祭るデルポイの神殿に火を放った。このために、プレギュアスはタルタロスの地獄に堕とされた。アエネアスを冥界に案内したシビュレの話では、彼はタルタロスで非常にあわれな境遇にいて、みなに対して大声で「注意せよ。しっかり正義をわきまえて、神を侮ることなかれ」と警告を発しているという。

ダンテ作『神曲』では、地獄第五圏憤怒地獄を流れるステュクスの沼の渡し守として登場している。

⬇[タルタロス]

❖ペイリトオス――【ギ】

ギリシア神話のラピテス族の王。英雄テセウスと親友で、どちらも妻を亡くしていたふたりは、最高神ゼウスの娘を誘拐して結婚しようと話し合った。このときテセウスはやがてトロイア戦争の原因となるヘレネを選んだが、ペイリトオスは冥界の女王ペルセポネを選んだ。こうして、ふたりはまずはじめにテセウスのためにヘレネを誘拐した後、ペイリトオスの選んだ冥界の女王を誘拐するために冥界へと赴いた。

ふたりはタイナロンの洞穴からハデスの国へと進んだ。しかし、冥界の王ハデスはやって来たふたりの魂胆を見通していた。ハデスはふたりに贈り物をするからといって、宮殿の門のそばにあった椅子に腰掛けさせた。それは、座った者はみなすべての記憶を失ってしまう忘却の椅子だったが、ふたりはだまされて腰掛けてしまった。こうしてふたりは自分が誰なのかさえすっかり忘れてしまい、椅子に腰掛けたままの姿で、石のように身動きがとれなくなってしまったのである。

それからしばらくして、ヘラクレスが冥界を訪れたとき、幸いにもテセウスの方は救いだされた。しかし、ペイリトオスの方は、ペルセポネを妻にしようとした張本人だけに、その罪は重く、ヘラクレスにさえ忘却の椅子から引き離すことはできず、その後も永遠に座り続けることになったのである。

➡［ペルセポネ］［ハデス］［ハデスの国］

❖ヘカトンケイル——【ギ】

ギリシア神話に登場するコットス、ブリアレオス、ギュエスという名の三人兄弟の巨人。百本の腕、五十個の頭を持つ怪物で、生まれるとすぐに父クロノスによってタルタロス地獄に投げこまれた。後にゼウスに救いだされ、ゼウスに敵対するティタン神族の神々と戦った。この功績を認められ、神々の戦争以降はタルタロスの青銅の門のそばに棲み、タルタロスの見張りをすることになった。

➡［タルタロス］

❖ベルトラン・ド・ボルン――【ダ】

十二世紀後半頃のフランスのペリゴーの貴族でオートフォルの城主。英国王ヘンリーII世と王子の間に争いを起こしたとされる。この罪のために、ベルトランはダンテ作『神曲』の地獄第八圏悪の濠の不和分裂の濠で、首を切られ、その首を提灯のように自分で持って歩く罰を与えられている。

⬇［悪の濠〈不和分裂の濠〉］

❖鳳凰《ほうおう》――【中】

中国古代の神鳥。美しい五彩の羽を持ち、奇瑞《きずい》を表すとされる鳥だが、死者の魂を天上の世界へ運ぶ役割も持っていた。中国古代の神話では四海の外に死者が天に昇るための入口で、頂上が天まで届く崑崙山《こんろんさん》があるとされているが、人は死ぬと四海を越えてそこに至り、そこで鳳凰が死者を迎えたという。

❖マホメット――【ダ】

イスラム教の創始者。イスラム教徒にとっては十分に偉大な人物だが、イスラムの勢力に苦しめられていたヨーロッパ中世のキリスト教勢力にとっては憎むべき相手で、ダンテ作『神曲』の地獄第八圏悪の濠の不和分裂の濠に堕とされ、悪魔の剣で身体を裂かれる罰を受けている。それも並大抵の裂かれ方ではなく、頭から肛門まで真っ二つにされ、はらわたをぶらさげて歩いているとされている。

⬇【悪の濠〈不和分裂の濠〉】

❖マレブランケ——【ダ】

ダンテ作『神曲』の地獄第八圏悪の濠の汚職収賄の濠に棲み、亡霊たちを苦しめている鬼たちの総称。汚職収賄の濠では環状の谷底にぐらぐらと煮えたぎるピッチ（コールタール精製後に残る黒い物質のこと）の川が流れており、亡霊たちはその中でもがき苦しんでいる。マレブランケは谷の堤を歩きながらこれらの亡霊たちを見張り、ピッチの表面に顔を出す亡霊たちを見つけると、鉤のついた棒で頭を引っかけ、再びピッチの中に沈めたり、見せしめに背中の皮を剥いだりする。

鬼たちはみな獰猛な顔つきで翼を持ち、空を飛ぶこともできる。鬼のリーダーはマラコーダといい、他にスカルミリオーネ、アリキーノ、カルカブリーナ、カニャッツォ、バルバリッチャなどという名の鬼が数多くいる。

いかにも恐ろしげなマレブランケだが、中には間の抜けた者もおり、仲間割れの喧嘩をして、その拍子に谷底のピッチの川に落ちてしまう者もいる。亡霊たちと違い、彼らはピッチに落ちると焼けこげて、完全に死んでしまう。

↓［悪の濠〈汚職収賄の濠〉］

ミノタウロス――【ダ】

ギリシア神話に登場する牛頭人身で人喰いのクレタ島の怪物。ダンテ作『神曲』の地獄で、第七圏暴虐地獄へと下る崖の入口で、死者たちの見張りをしている。ダンテたちがやって来たとき、ミノタウロスは怒りを内に秘めて自分自身に噛みつき、ウェルギリウスの嘲笑を秘めた言葉を聞くとさらに興奮して、足をばたつかせてもがいた。ギリシア神話では、アテナイの少年少女を犠牲として捧げさせたことから、アテナイの英雄テセウスに退治されたとされている。

↓［暴虐地獄］

ミュラ――【ダ】

ギリシア神話の中で父に恋したとされるキプロス島の王女。別な女性に化けて父と十二夜にわたって臥床をともにし、後に後悔して神に祈って没薬（ミュラ）の木に変身したとされる。ダンテの『神曲』では、彼女はこの罪のために地獄の第八圏悪の濠の虚偽偽造の濠に堕とされ、狂気に陥り、素裸で走りまわっては他の亡霊たちに噛みついている。

↓［悪の濠〈虚偽偽造の濠〉］

❖モスカ――【ダ】

十三世紀のフィレンツェのゲルフ党・ギベリン党の争いの原因を作ったとされる人物。アミデイ家の人々が、娘との婚約を破ったブオデルモンテに対してどのように復讐すべきか議論を行ったとき、「成されてしまえばすべて終わる」と発言し、ブオデルモンテ殺害のきっかけを作った。この事件のためにフィレンツェはゲルフ党・ギベリン党に二分され、二党派の争いが長く尾を引くことになった。ダンテ作『神曲』の地獄第八圏悪の濠の不和分裂の濠に堕とされ、両腕を切り取られて苦しんでいる。

⬇【悪の濠〈不和分裂の濠〉】

❖八雷神《やついかづちのかみ》――【日】

日本神話の中で黄泉の国に住んでいるとされている神。黄泉の国において、死んだ伊耶《い ざ》那美命《なみのみこと》が醜い姿に変じているのに驚いた伊耶那岐命《い ざ なぎのみこと》が逃げ帰ろうとしたとき、伊耶那美の命令で、千五百の黄泉軍《よもついくさ》を引き連れて、逃げる伊耶那岐を追いかけたとされる。『古事記』によると、八雷神は八種類の雷神で、黄泉の国で醜い姿に変じていた伊耶那美の身体に、蛆虫と一緒にこれらの雷神がたかっていたとされる。たかっていた身体の部位により雷神の名は異なっており、頭には大雷《おおいかづち》、胸には火雷《ほのいかづち》、腹には黒雷《くろいかづち》、陰部には析雷《さくいかづち》、左手には若雷《わかいかづち》、右手には土雷《つちいかづち》、左足には鳴雷《なるいかづち》、右足には伏雷《ふすいかづち》がいたという。

⬇【黄泉の国】【伊耶那美命】【伊耶那岐命】

❖ヤマの犬《いぬ》——【ヒ】

ヒンズー教の死者の国であるヤマの国の番犬。ヤマは地下に棲む地獄の王とされるが、『リグ＝ヴェーダ』の時代にはヤマの国は最高天にある一種の楽園と考えられていた。ヤマの犬はこの楽園の番犬で、二匹おり、いずれも身体に斑があって四つ目だったとされている。人間を監視してその生命を奪ったり、死者の魂をヤマの国まで案内する役目を持っていた。

➡［ヤマ］

❖ユーグ・カペー――【ダ】

フランス王家の始祖。国王というのは一般的に世俗的な成功欲を持ち、それは財産や富への渇望と切り離せないが、ユーグ・カペーの場合も例外ではなく、この罪のために、ダンテの『神曲』では煉獄《れんごく》にある貪欲の環道に堕とされ、罪を清めている。ただし、ダンテはフランス国王のユーグ・カペーとその父のユーグ・カペーを混同しており、『神曲』の中でフランス国王ユーグ・カペーが語る言葉には、本来なら父親に帰せられるべき事柄も含まれている。

➡［貪欲の環道］

❖ユダ――【ダ】

キリストの十二弟子のひとりで、迫害者たちから銀貨を受け取ってキリストを引き渡したイスカリオテのユダ。神に対する裏切りというもっとも恐ろしい罪を犯した人物として、ダンテ作『神曲』の地獄の最下層にある反逆地獄で悪魔大王の口にくわえられ、足だけ外に出している。反逆地獄は四つの円周状の領域に分かれているが、彼がいるのはその中心で、彼の名前からジュデッカと呼ばれている。

➡ ［悪魔大王］［反逆地獄〈ジュデッカ〉］

❖四《よ》つ目《め》の犬《いぬ》――【ゾ】

ゾロアスター教の地獄の入口にあるチンワト橋を守る番犬。チンワト橋を渡ろうとする死者を助ける役目を持っているが、生前に犬を殺した者たちは助けてもらえない。

四つ目の犬は現在でもゾロアスター教徒にとっては大きな意味を持っており、人が死ぬと四つ目の犬を連れてきて死体を見させるサグ・ディード（犬の目）という儀式を行うという。とはいえ、現実に四つ目の犬はいないので、四つ目の犬とは身体に斑のある犬だといわれる。

また、四つ目の犬には死体が運ばれた道を清める働きもあり、『アヴェスター』によれば、四つ目の犬を連れて死体が運ばれた道を三度進むと、死体を奪いにきた悪魔たちを追い払うことができるという。三度で追い払えないときには六度、さらに九度と同じことを繰り返すという。

ヒンズー教において死者を冥界まで案内する犬も四つ目だが、これは「ヤマの犬」と呼ばれている。

➡ ［チンワト橋］

❖黄泉軍《よもついくさ》――【日】

日本神話で黄泉の国の神々に仕えているとされている鬼のような存在。伊耶那岐命《いざなぎのみこと》が黄泉の国を訪れたとき、伊耶那美命《いざなみのみこと》の命令で伊耶那岐を追いかけている。

➡［黄泉の国］［伊耶那岐命］［伊耶那美命］

❖黄泉醜女《よもつしこめ》――【日】

日本神話で黄泉の国の神に仕えている鬼女のような存在。伊耶那岐命《いざなぎのみこと》が黄泉の国を訪れたとき、伊耶那美命《いざなみのみこと》の命令で伊耶那岐を捕まえるために追いかけたが、伊耶那岐が投げ捨てた髪飾りや櫛に気を奪われて逃してしまったとされている。

➡［黄泉の国］［伊耶那岐命］［伊耶那美命］

❖レン――【エ】

古代エジプト人は人間の死後にもその名前は生き残ると考え、これをレンと呼んだ。古代人の多くにとっては、名前は単なる呼び名ではなく、実体を意味したので、名前を失えば死者は永遠の生命を手に入れることはできなかった。ペピのピラミッド・テキストでも、ペピがカやレンとともにいるので幸せだと記している部分が残されている。

➡［カ］

V

責め苦アイテム

いかてうの身をもむ火ろの
くるしみ上のふへからぬ
ゑ玉ミ斯

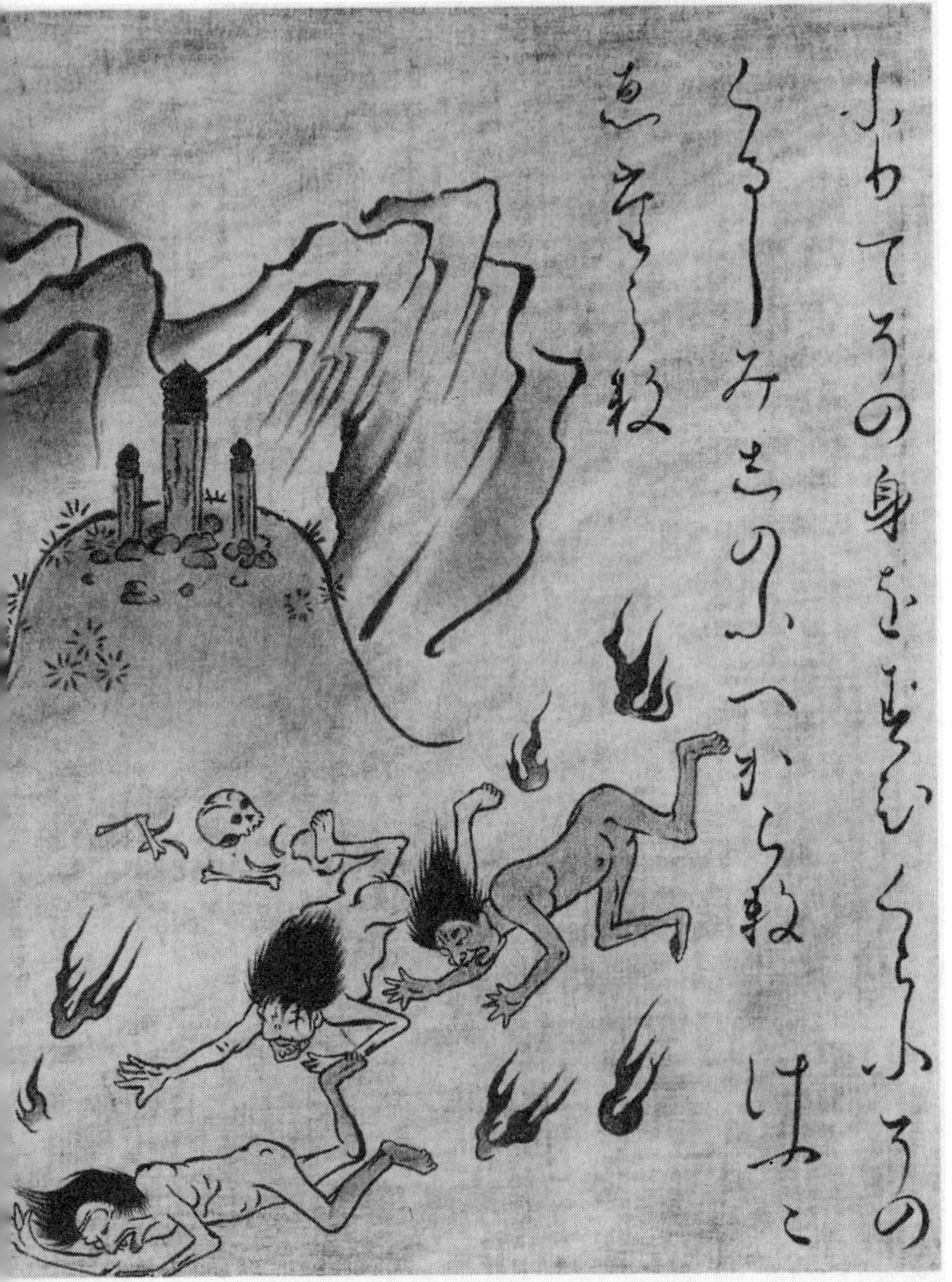

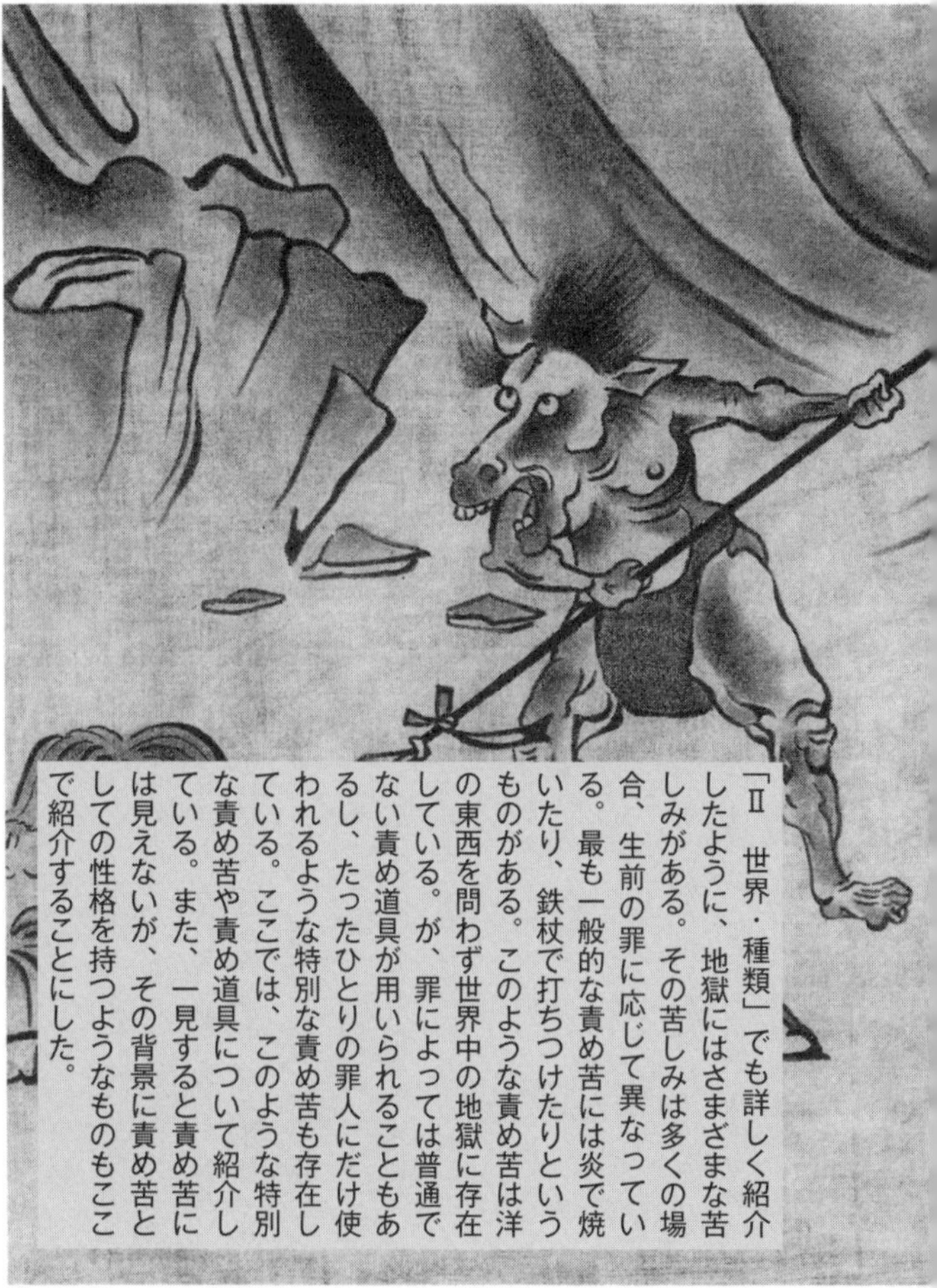

「Ⅱ　世界・種類」でも詳しく紹介したように、地獄にはさまざまな苦しみがある。その苦しみは多くの場合、生前の罪に応じて異なっている。最も一般的な責め苦には炎で焼いたり、鉄杖で打ちつけたりというものがある。このような責め苦は洋の東西を問わず世界中の地獄に存在している。が、罪によっては普通でない責め道具が用いられることもあるし、たったひとりの罪人にだけ使われるような特別な責め苦も存在している。ここでは、このような特別な責め苦や責め道具について紹介している。また、一見すると責め苦には見えないが、その背景に責め苦としての性格を持つようなものもここで紹介することにした。

❖アブ――【エ】

古代エジプトのオシリスの法廷で重要な働きをする死者の心臓。古代エジプト人にとって心臓は生命力の源泉であると同時に、善悪業の源泉でもあった。そこで、人が死んでオシリスの法廷に赴く場合は、必ずアブを持参し、自分は正しいという証言を行った後、ラーの天秤を使って証言が正しいか否かの判定を受ける必要があった。ラーの天秤の一方には正義の女神マアトの羽毛が乗せられ、もう一方に死者のアブが乗せられた。このとき、天秤がどちらかに傾くと、死者は偽証を行ったと判断され、死者のアブはすぐにもそばに控えている怪物アメミットに喰われてしまった。アブを失った死者はその場で消滅し、永遠の生命を手に入れることはできなかった。

⬇［オシリスの法廷］［アメミット］

❖ウシャブティ――【エ】

ウシャブティあるいはシャワブティは、古代エジプトで死者とともに墓に埋められた小像。古代エジプトでは、死者たちはオシリスの法廷で義とされた後に、セケト＝ヘテペトあるいはセケト＝イアルという天国で永遠に楽しい生活を送るとされたが、天国での生活はエジプトの現世の生活と同じで、農耕を基本にしていた。そこで、王侯や貴族、金持ちたちのように、天国でも現世と同じく働くことなく生活するには、自分の代わりに働く奴

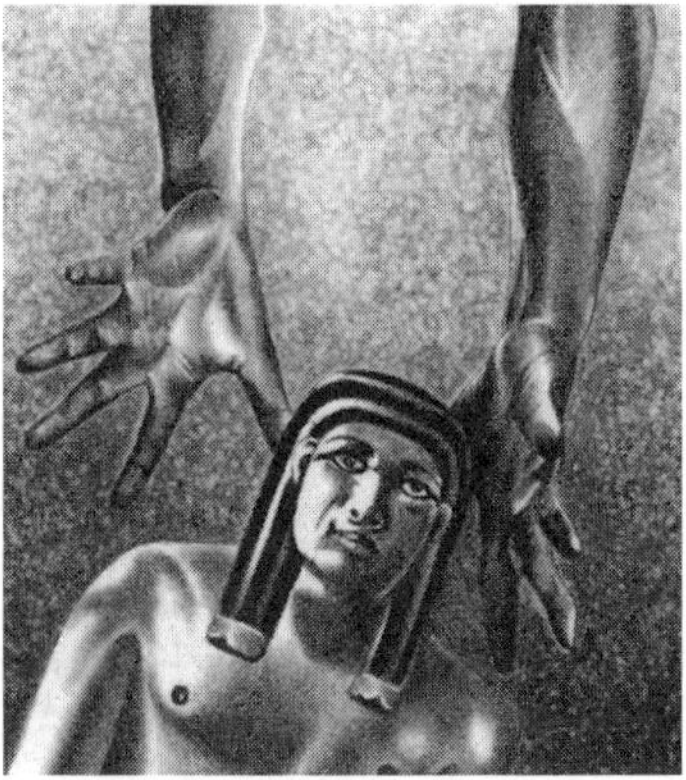

隷が必要だった。これを可能にしたのがウシャブティだった。ウシャブティとともに天国に行くと、労働が必要なときはいつもウシャブティが代わりに働くとされた。

➡［オシリスの法廷］［セケト＝ヘテペト］［セケト＝イアル］

❖打《う》ち合《あ》わさる山《やま》・樹木《じゅもく》——【仏】

仏教の衆合地獄や無間地獄（身洋処）などにある責め苦。衆合地獄ではふたつの山が接するようにそびえており、獄卒たちが罪人をその間に追いこむと、動かないはずの山が突然動きだして罪人たちを潰してしまう。無間地獄の身洋処は二本の鉄の木の間にあり、激しい風のために樹木が擦れ合って罪人たちを粉々にする。

➡［衆合地獄］［無間地獄〈身洋処〉］

❖衣《え》領樹《りょうじゅ》——【仏】

三途の川の向こう岸にあるという大きな木。木の下に奪衣婆《だつえば》という老婆がおり、やって来た死者の服を脱がせ、それを懸衣翁《けんえおう》という老翁が衣領樹に掛ける。このとき、木から垂れさがった服の形を見て、死者が生前に犯した罪の軽重を判断するといわれる。

➡［三途の川］［奪衣婆］［懸衣翁］

❖閻魔帳《えんまちょう》――【仏・道・ギ・キ】

人間の生前の行いのすべてを載せた記録簿で、死後の裁判で使われる。閻魔は仏教や道教の冥府の神なので、それ以外の冥府に閻魔帳があるというのは奇妙だが、それと同じ働きをする記録簿は、ギリシア神話やキリスト教の冥府にもある。仏教、道教、ギリシア神話ではこの記録簿は冥府の裁判所にあって、閻魔王やハデスがそれをもとに、死者が天国に行くべきか地獄に行くべきか決めるとされている。キリスト教ではすべての人間にその行動を監視する天使がひとりずつついており、記録簿は基本的にこれらの天使が持っていると考えられる。この天使たちは毎日決まった時間に天上の神のところに、自分が担当する人間の行動について報告しに来るが、人間が死んだときにも彼を案内して天上界に昇る。そして、天上で行われる死後の裁判のときに、その記録簿を参照して罪人たちの嘘を暴くのである。

❖枉死城《おうしじょう》――【道】

道教において、十王の第十殿（五道転輪王）に付属する施設のひとつ。他人から被害を受けて死んだ人間が、自分に害を与えた者が苦しむのをここから見物して、恨みを晴らすことができる。

⬇［十王〈五道転輪王〉］

❖甌忘台《おうぼうだい》――【道】

道教において、十王の第十殿（五道転輪王）に付属する施設のひとつ。次世に人間に転生すると決定された者が送られてくる。孟婆神という老女が管理している。ここに送られてきた亡者は迷魂湯という酒を飲まされ、前世の記憶を忘れる。

⬇［十王〈五道転輪王〉］

❖押《お》しあげても転《ころ》がり落《お》ちる巨石《きょせき》――【ギ】

ギリシア神話の地獄タルタロスで、神をだました英雄シシュポスに与えられている刑罰。シシュポスは地獄の山の下にある巨大な石を、山の上まで転がして押しあげる責め苦を与えられているが、この石は彼がやっとのことで山の頂上まで押しあげると、いつも必ず山の下まで転がり落ちてしまう。このために、シシュポスは永遠に終わらない刑罰に苦しまなければならないのである。

⬇［シシュポス］

❖オシリスの法廷《ほうてい》——【エ】

古代エジプトでオシリス神が主宰するとされた死者のための法廷。死者たちはこの法廷で義とされることではじめて永遠の生命を手に入れ、セケト＝ヘテペトという天国で暮らすことができるとされた。

古代エジプトでは、古い時代には、天国で再生するのに神々の力はあまり重要ではなかった。天国で再生するには何よりも数々の呪文や護符の力が重要で、そこでは生前の行いも重要視されなかった。また、死後の暮らしは生前の暮らしと同じで、王侯は王侯として、貧者は貧者として暮らすとされた。しかし、後になって因果応報の思想が入りこむと、死者たちは死後の復活を得るために冥界で裁判を受けることになった。

当初、この裁判を主宰したのはラー神であり、次いでトト神が裁判長になった。オシリス信仰の高まりとともに、オシリスが冥界の神として死者を裁くというスタイルが、第十八王朝の頃までには完成していたという。

しかし、オシリスによる死後の裁判が行われるようになってからも、死者の再生を決めるのは、純粋にオシリスだけの力によるというわけではなかった。死者たちはさまざまな呪文の力でオシリスの好意を得ることができると考えられた。このためエジプトの財産のある死者たちの家族は、死後の再生がうまくいくように伝統的な葬儀の儀式を入念に行った。また、死者が重要な呪文を忘れないように、墓の壁や石棺内にさまざまな呪文を彫ったり、そうする余裕がない場合でも、パピルスに呪文を記した巻物を死者とともに埋葬した。これが一般に『死者の書』と呼ばれるものだった。

この後、埋葬された死者は太陽神ラーの船でオシリスの法廷に向かうとされた。オシリスの法廷は、太陽神ラーが夜の間に航海するといわれたドゥアトという冥界の第六州にあった。死者にとってはこの航海も十分に安全ではなく、ドゥアトには死者のバ（魂）やカイビト（影）を襲って燃やしつくしてしまうような怪物や神や邪悪な魂たちが待ち受けていた。ラーの船にはトト神やホルス神など多くの神や女神が乗船していて、そのようなやからと闘った。死者自身も地上の葬儀のときに一緒に埋葬されたさまざまな護符で身を守った。

オシリスの王国に着いた死者はすぐにアヌビス、ホルス、マアトのいずれかの神に案内されてオシリスの館に向かった。

オシリスの審判は「ふたつの真理の間」という大きなホールで行われた。ホールの中には、奥の方に前面が階段になった壇があり、その上の玉座にオシリスが座していた。死者の書などに描かれているオシリスはいつもミイラの姿で、頭には南北エジプトの統合を象徴するアテフ冠（羽毛のついた白い王冠）を被り、手には平和のシンボルや支配を表す笏を持っていた。玉座の背後には妻のイシスと妹のネフティスが控え、すぐ前には死者の内臓を納めたカノプス壷を守る役目をする、ホルスの四人の息子がいた。

ホールの壁際には死者の裁判の審判官を務める四十二人の神々がいた。これらの神々はエジプトの四十二州の代表で、死者の良心の四十二の部分を分担して審判する役目を持っていた。

死者はホールの入口で敷居に接吻し、それから審判を受けるために中に入った。

死者の審判は「否定の告白」からはじまった。「否定の告白」は死者自らが自分の潔白を証明しようというもので、死者が生前において神々を深く崇拝していたこと、神々を罵ったことがないこと、神々や死者に供え物をしたこと、正義に基づいて生きたこと、嘘をついたことがないことなど、死者にとって有利となることのすべてが、審判官として参列している神々の前で長々と朗唱された。

この後で、審判の中でも最も重要な、神の秤による心臓の計量が行われた。この秤は両側に皿を持つ天秤状の秤で、ホールの中央にあり、ラーの秤とか真理の秤と呼ばれた。秤のそばにはトトとアヌビスと怪物アメミットがいた。秤の一方の皿には真理の象徴である女神マアトの羽毛が乗せられていた。死者から心臓を受け取ったアヌビスがそれをもう一方の皿に乗せて、計量を行った。心臓は死者の知恵の集まるところとされ、計量には不可欠だった。ここで、死者の心臓と真理の羽が釣り合えば、死者は救われ、永遠の生命を手に入れることになった。そして、計量を主宰するトトがその結果を書板あるいはマアトの羽に書き記し、神々が死者の潔白を証明した。しかし、もしも秤が傾くようなことがあると、秤の横で様子をうかがっていた怪物アメミットがすぐに死者の心臓を飲みこんでしまった。こうなると、死者は死後に再び死ぬことになり、この世から本当に消滅した。
潔白の証明された死者はホルスによってオシリスの前に案内された。そこで、今度はオシリス自身が、死者に対して、セケト＝ヘテペトあるいはセケト＝イアルという、オシリスの支配する天国に出発する権利を与えた。こうして、オシリスの審判を通過した死者だけが永遠の生命を手に入れ、天国で暮らすことができたのである。

➡［オシリス］［セケト＝ヘテペト］［ドゥアト］［アメミット］

❖重《おも》い十字架《じゅうじか》――【ダ】

ダンテ『神曲』の地獄第八圏悪の濠の偽善の濠にある責め苦。偽善の濠では、ほとんどの罪人は鉛でできた重い外套を着て谷底を歩く罰を与えられているが、その通り道にひとつだけ重い十字架が横たえられていて、キリストを十字架刑に追いやったイスラエルの祭司カヤパが磔にされている。このため、カヤパは身動きすることができず、歩きまわる罪人たちに踏みつけられなければならない。

➡［悪の濠〈偽善の濠〉］

❖刀《かたな》の生《は》えた道《みち》――【仏】

仏教の地獄である灰河地獄《かいかじごく》や鋒刃増《ほうじんぞう》などにある責め苦。地面に無数の刀が生えていて、そこを進もうとする罪人を切り刻む。灰河地獄では、灰の川の岸辺に密生した無数の草や花がすべて鉄刀でできていて、岸へ這いのぼった罪人たちを切り刻むが、川の底にも無数の鉄串が生えていいて罪人を苦しめる。鋒刃増では、罪人たちは無数の剣が刃を上にして並ぶ道を無理矢理に歩かされる。大叫喚地獄の異々転処《いいてんしょ》では、川で煮られた罪人が岸にあがると目の前に父母や妻子の幻影が現れるが、これを見た罪人が救いを求めて走りだすと、地面から鉄鉤が生えてきて罪人を傷つけるとされる。

⬇［十六小地獄〈灰河地獄〉］［四門地獄〈鋒刃増〉］

❖巨大《きょだい》な蟻地獄《ありじごく》――【仏】

仏教の大焦熱地獄にある雨沙火処《うしゃかしょ》の責め苦。雨沙火処には五百由旬《ゆじゅん》もの高さまで大火炎が燃えあがっており、その底に金剛の砂の広大な蟻地獄がある。蟻地獄の砂は恐ろしく高熱で、ここに落ちた罪人たちは身体を焼かれながらずぶずぶと砂に飲みこまれていく。しかも、砂には鋭く尖った物が無数にあって、罪人の身体に突き刺さる。

⬇［大焦熱地獄〈雨沙火処〉］

❖巨大《きょだい》な重石《おもし》――【ギ】

罪人の上にのしかかり身動きをとれなくしてしまう巨石。ギリシア神話の地獄タルタロスにある。大地母神であるデメテルの娘ペルセポネを、冥府の王ハデスが自分の妻にするために誘拐したとき、大神ゼウスはペルセポネが冥府の食べ物を食べていないことを条件に、母のもとに戻ることを許可した。が、このときアケロン河神の息子のアスカラポスが現れて、ペルセポネがすでに冥府の柘榴《ざくろ》を食べていたことをゼウスに告げ口し、ペルセポネはハデスの妻にならなければならなくなった。これに腹を立てたデメテルがアスカラポスをタルタロスに堕とし、巨大な重石の下敷きにして永遠に身動きがとれない罰を与えたとされる。

⬇［タルタロス］［アスカラポス］

❖口《くち》から逃《に》げる木《き》の実《み》と水《みず》――【ギ・仏】

ギリシア神話において神を冒瀆したタンタロスを苦しめている、木の実と水の刑罰。タンタロスはギリシア神話の地獄タルタロスで池の中に首まで浸かっているが、頭の上にはたわわに木の実をつけた木の枝が何本も垂れさがっている。しかし、彼が水を飲もうとすると、池の水はごぼごぼと音を立ててどこかに吸いこまれてなくなってしまい、果実を喰おうとすると、激しい風が吹いてきて木の実を吹き飛ばしてしまう。このために、タンタロスは水や木の実を目の前にしながら、飢えと渇きに苦しまなければならない。
これと同じような刑罰は仏教の餓鬼道にもある。それは無食餓鬼《むじきがき》という餓鬼に与えられた刑罰で、この餓鬼が川に近づくと川の水があっという間に干あがってしまい、どんなに水を飲みたくても飲めないとされている。

➡［タルタロス］［タンタロス］［餓鬼〈無食餓鬼〉］

❖血汚池《けつおいけ》――【道】

道教の地獄にある血の池地獄。酆都《ほうと》大帝の本殿の左にあるといわれる。池頭夫人《ちとうふじん》という女神が司っている。一般的には女性が出産のために死んだときに堕ちるとされたようだが、そうではないという考えもある。それによると、女性が子を生むのは立派なことであって、たとえ難産で死んだとしても血汚池に堕ちるいわれはない。それどころか、ここに堕ちるのは男女を問わず、神仏の前や特定の日に禁を破ってセックスしたり、動物を殺してその血で台所や神仏を祭った神聖な場所を汚した者たちだとされている。もしもそんなことがあったときには、すぐに池頭夫人にお参りしなければならないという。

➡［酆都大帝］

❖黒縄《こくじょう》——【仏】

仏教の黒縄地獄にある責め道具のひとつ。黒縄とは大工道具の一種で、ひもに墨をつけて直線を引くための器具だとされる。黒縄地獄では、この器具を使って罪人の身体に何百何千本もの線を引き、その線に沿って獄卒たちが、斧や鋸で罪人の身体を切り刻むとされている。

➡【黒縄地獄】

❖最後《さいご》の審判《しんぱん》——【ゾ・キ・イ】

この世の終わりの日に、生者、死者を問わず、この世に存在する人間すべてに、神によって下される最終的な審判のことで、この審判によって善人は天国に、悪人は地獄に永遠にとどめられるとされる。この世界に終末の日が存在するという思想は世界的に存在するが、その日に合わせて最後の審判が存在するという思想は、とくにゾロアスター教、キリスト教、イスラム教に見られる。

ゾロアスター教では、この世界の歴史はそれが誕生してから一万二千年間続くと考え、それをさらに四つの三千年期に分ける。このうちで人間の時代とされるのは最後の三千年間で、この時代の終わりに世界が完全に更新されるためのこの世の終末が来るとされている。ゾロアスター教の一万二千年の歴史は基本的に善神アフラ・マズダーと悪神アンラ・

マンユ（アフリマン）の闘争、つまり善と悪との闘争であって、人間の時代もそのことに変わりはない。が、人間の時代には千年ごとに三人の救世主が登場し、最終的に悪は討ち滅ぼされると考えられている。三人の救世主とは、順にウフシュトウルタ、ウフシュヤトヌマー、サオシュヤントで、三人目のサオシュヤントが登場したときに最終的に善が勝利するとされている。善の勝利とは病や死、迫害の克服で、このときに際して、彗星が落下して地球上に大火が発生し、山中の鉱物が溶けて溶鉱が大地を覆うといった世界の終末的な様相が現れる。が、ゾロアスター教では、これはけっして世界の終末ではなく、世界の更新を意味するもので、これ以降は植物は永遠に繁茂し、人間はただ霊的食物だけで生きられる完全な調和の時代が来るとされる。こうして新しい時代が来るとともに最後の審判が行われる。このときにはすべての死者たちもサオシュヤントによって復活させられ、彼によって最後の審判を受けることになる。その結果、善人たちは天国に、悪人たちは地獄に赴くが彼らがそこにとどまるのは三日間に過ぎない。

ゾロアスター教では、地獄の苦しみも結局は悪人が完全な存在へと生まれ変わるためのものなので、彼らもまた最終的には完全な存在に生まれ変わるのである。人間の罪の浄化は最後の審判の後で、地上を流れる溶鉱の川を渡ることで行われるといわれる。この川を渡るとき、悪人たちは苦しみ、善人たちは心地よく感じるが、このことによってすべての人々が浄化されるのである。また、溶鉱の川は最後には地獄に流れこみ、地獄のすべてを

壊滅させるとされている。

キリスト教やイスラム教では、世界の終末がいつ訪れるのかははっきりしない。それはただいつか必ず訪れるとされている。しかし、終末の日に天変地異によって世界が破滅に瀕することは同様である。イスラム教では、この日になると天使イスラフィールが二度ラッパを吹き鳴らすとされる。最初のラッパの音でそのとき生きていた者はすべて死に絶え、山々が崩れて大地が平らになってしまう。二度目のラッパの音ですべての死者が復活し、神による審判を受けるのである。イスラム教ではそれ以前の死者たちはみなバルザフという地下界にとどまっているとされるが、ファッターンという天使がこれらの死者に魂を戻すのだという。神の前にやって来た死者たちにはムンカルとナキールという天使が質問をする。そして、死者たちが生前に行った善行と悪行を秤にかける。この結果、善人たちは天国へ、悪人たちは地獄へ赴き、その場所に永遠にとどまることになるのである。が、イスラム教ではほんの少しでも善行を行った者には神が慈悲をかけ、やがて地獄から救われるともいわれる。

キリスト教でもイスラム教と同様に最後の審判の日にはあらゆる天変地異が起こるが、このとき同時に神・天使の軍団とサタンの軍団の間に最終戦争が起こるとされる。この戦いの結果、神の軍団は勝利し、悪魔たちは地獄に投げこまれる。その後、死んで天国や地獄にいた者のすべてが復活し、神の前に赴いて最後の審判を受けるのである。この結果として善人は天国に、悪人たちは地獄に赴くことになるが、最後の審判は最終的な審判なので、それ以降は善人も悪人も天国や地獄に永遠にとどまることになるのである。

❖ザックームの木《き》――【イ】

イスラム教の地獄であるジャハンナムの底に生えた木。悪魔の頭のような恐ろしい実がなっており、ジャハンナムに堕ちた罪人たちはみなこの木の実を腹一杯喰わされ、さらにぐらぐらに煮えたぎった汁を飲まされる。

⬇［ジャハンナム］

❖浄玻璃《じょうはり》の鏡《かがみ》――【仏】

閻魔王が、死者の生前の行動のすべてを見るための大きな鏡。閻魔の庁に付属する光明王院の中殿にあるといわれる。閻魔王の前に来た死者の中には嘘をつく者もいるが、この鏡によって、どんなささいな嘘も暴かれてしまう。

⬇［十王〈閻魔王〉］

❖人面提灯《じんめんちょうちん》――【ダ】

ダンテ『神曲』の地獄第八圏悪の濠の不和分裂の濠の責め苦のひとつ。自分の頭を切り落とされ、それを提灯のように手に持って歩く罰で、十二世紀のフランスの貴族ベルトラン・ド・ボルンがこの罰を受けているという。

⬇［悪の濠〈不和分裂の濠〉］

❖善悪《ぜんあく》を量《はか》る秤《はかり》——【仏・道・イ・ギ・ゾ】

天国へ行くか地獄へ行くかを決める死後の裁判を行うときに、死者が生前に行った善行・悪行のどちらが重いかを量る秤。死後の裁判が行われる冥界なら、ほぼ世界中に同じような秤が存在する。

仏教ではこの秤は普通は業の秤、善悪の秤などと呼ばれ、閻魔の庁にあり、浄玻璃《じょうはり》の鏡《かがみ》と一緒に死後の裁判に使われるとされる。しかし、道教の影響を受けている『十王経』によると、秤があるのは閻魔王の庁ではなく、十王の第四番目に位置する五官王の庁で、しかも七つあるという。七つの秤の役割は決まっており、これらによって十悪行のうちの、殺生・偸盗《ちゅうとう》・邪淫という身業の三罪と、妄語・綺語《きご》・悪口・両舌という口業の四罪の重さが量られる。罪の重さによって、死者の次世における生処が決められるが、生処は罪の軽い者から、畜生、餓鬼、八寒八熱地獄に分けられるとされている。秤には不思議な力があり、死者が秤の前にやって来ると、まだ秤に乗っていないうちに自動的に秤が動いて罪の重さが量られる。死者が文句をいうと実際に秤に乗せられるが、結果には変わりがない。

計量の結果は勘録舎という部署に伝えられ、そこで帳簿に記され、さらに十王の五番目に位置する閻魔王に送る書類が作られるのである。

業の秤は修験道の地獄にもある。修験道の業の秤は断崖にあり、秤の一方の畚《ふご》に不動石という大きな石が乗せられている。死者がやって来るともう一方の畚に乗せられ、断崖から差しだされる。このとき、もしも死者の罪が重い場合には、秤が大きく傾き、死者は断崖の下に落ちることになるが、断崖の下には地獄が待ち受けているのである。修験道ではこの業の秤の作法が修行としても取り入れられており、羽黒山十界修行の「なんばんいぶし」や金峯修験道で行われている「覗きの行」などが、業の秤の名残をとどめているといわれている。

エジプトでは、死後の裁判が行われるオシリスの法廷に、ラーの天秤あるいは真理の秤と呼ばれる秤があり、これによって死者の心臓と真理の羽の重さを比べるとされている。このとき天秤が釣り合えば死者は天国で復活できるが、少しでも傾くと秤のそばで待っている怪物アメミットが死者の心臓を喰ってしまい、死者は死後に永遠の生命を手に入れることができなくなるとされている。

ゾロアスター教でも天使（ヤザタ）のひとりで、冥界で判事の地位にあるラシュヌ神が黄金の秤と呼ばれる秤を持っており、死後の裁判でこれが使われる。また、イスラム教では死後すぐには裁判は行われないが、最後の審判のときにすべての魂を裁くために善悪を量る秤が使われる。
ギリシア神話では善悪を量る秤は使われないが、死の運命を決定する秤があって、黄金の秤と呼ばれている。トロイア戦争でアキレウスとヘクトルが決闘したとき、大神ゼウスがこの秤でふたりの運命を量ったところ、このときすでにヘクトルの死が決まっていたという。

❖底《そこ》の抜《ぬ》けた柄杓《ひしゃく》──【ギ】

いくら水を汲もうとしても汲めない柄杓。ギリシア神話の地獄タルタロスにある。ダナイスと呼ばれる娘たちが従兄弟を殺した罪でタルタロスに堕とされ、底の抜けた柄杓で永遠に壷の中に水を汲み入れる罰を与えられている。底の抜けた壷に水を汲み入れているともいわれる。

⬇［タルタロス］［ダナイスたち］

❖転劫所《てんごうしょ》──【道】

道教において、十王の第十殿（五道転輪王）に付属する施設のひとつ。次世に畜生に転生すると決定された者が送られてくる。縦横七百由旬《ゆじゅん》の正方形で、上下および周囲は鉄柵に囲まれ、内部は八十一所に分かれており、それぞれに役所がある。役所の外には十万以上の細い道があり、須弥山宇宙《しゅみせんうちゅう》の四大陸（四大部州）に通じており、畜生に転生する者が次の生処に送られていく。

➡［十王〈五道転輪王〉］

❖刀葉林《とうようりん》・剣樹林《けんじゅりん》――【仏・ヒ】

無数の葉が刀や剣でできている樹木の林。仏教の地獄のあちこちにある。

刀葉林、剣樹林が罪人を苦しめるやり方はふた通りある。ひとつは衆合地獄にある刀葉林に代表されるもので、罪人たちが木にのぼるときには刀が下向きになり、おりるときには上向きになって罪人の身体を切り刻むものである。とはいえ、罪人たちが木をのぼったりおりたりしなければ意味がないので、衆合地獄の場合は美しい女性が出現することで、罪人たちに無理矢理に木ののぼりおりをさせる仕組みになっている。罪人たちが木の下に来ると木の上に女性が出現して罪人を誘惑し、罪人たちが木にのぼると今度は木の下に出現して、罪人たちに木からおりるように仕向けるのである。もちろん、獄卒たちが鉄丈などで脅して、無理矢理にのぼりおりさせる地獄もある。

もうひとつは、おびただしい数の剣の刃がばらばらと罪人の上に降り注ぐ林で、叫喚地獄の大剣林処《だいけんりんしょ》などにある。この場合は、獄卒たちが罪人たちを林の中に追い立てると、急に激しい風が吹き、剣の葉が落ちてきて罪人の身体を切り刻むことになっている。

ヒンズー教の地獄ナラカのひとつであるアシパトラヴァナも〝剣葉樹の森〟という意味なので、ここで述べたような責め苦があると想像できる。

⬇〔衆合地獄〕〔叫喚地獄〈大剣林処〉〕

❖奈何橋《なかきょう》——【道】

道教の地獄の三途の川にかかる橋。この場合は三途の川は奈河と呼ばれる。奈河そのものは泰山にあるといわれる。

『西遊記』では、唐太宗が地獄に堕ちて生き返る物語で、地獄からの帰り道に奈何橋が登場する。それによると、奈何橋のあたりには寒風が吹き荒れ、血の波が荒れ狂って号泣の声が絶えることはない。橋の長さは数里で幅は一尺。橋の厚さは百尺で、その下には千丈の深い谷がある。しかも、橋には手すりも欄干もなく、谷底には鬼がいるとされている。

奈何は「いかんせん」という意味で、橋のそばまでやって来た亡者たちが、恐ろしさのあまり渡るに渡れないのでそう呼ばれるといわれている。

❖七《なな》つの大罪《たいざい》——【キ・ダ】

キリスト教で精神的な死をもたらすとされる七つの大罪。傲慢、貪欲、肉欲、憤怒、飽食、嫉妬、怠惰があり、人間が犯す悪行の源泉にこのような基本的な罪があるとされる。

❖鉛《なまり》の外套《がいとう》――【ダ】

ダンテ『神曲』の地獄第八圏悪の濠の偽善の濠にある責め苦。いかにも偽善者の罰らしく、表面は金箔で覆われているが、裏が鉛でできている恐ろしく重い外套。この地獄に堕ちた偽善者たちはみなこの外套を着せられて、地獄の谷底を歩きまわる罰を与えられている。

⬇［悪の濠〈偽善の濠〉］

❖人間《にんげん》の樹木《じゅもく》――【ダ・仏】

罪人の身体が木になってしまう責め苦。ダンテ『神曲』の暴虐地獄にある自殺者の森の木々は、みな自殺者の魂が地獄に堕ちて、それが種子となって生えたものとされているが、これらの木々は自殺者そのもので、傷をつけたり枝を折ったりすると激しく血が吹きだし、痛みのために木がうめき声を発するという。しかも、この森には怪鳥ハルピュイアが棲んでいて、しばしば木の葉をついばんで自殺者たちを苦しめるのである。

仏教の餓鬼道でも樹中住餓鬼《じゅちゅうじゅうがき》という餓鬼がいて、樹木の中に押しこめられて樹木の形に身体をねじっており、蟻や虫などにかじられて苦しめられるとされている。

➡【暴虐地獄〈自殺者の森〉】【餓鬼〈樹中住餓鬼〉】

❖走《はし》り続《つづ》ける四輪《よんりん》の火炎車《かえんしゃ》――【ギ】

地獄の罪人をつないで永遠に走り続ける車。ギリシア神話の地獄タルタロスにあり、ラピテス族の王イクシオンを引きまわしている。イクシオンは婚約者の父を殺した罪で、神々の食物であるアムブロシアを飲まされて不死にされたうえでタルタロスに堕とされ、炎が燃えあがるこの車につながれ、永遠に走り続ける罰を与えられた。罪人がいくら疲れても、車輪は止まらないので罪人はけっして休むことはできない。

➡【タルタロス】【イクシオン】

❖ペテロの門《もん》――【ダ】

ダンテ作『神曲』の煉獄《れんごく》の入口にある門。煉獄山のふもとにある煉獄前地と煉獄の第一の環道の間にあり、煉獄へ入る亡霊はすべてこの門を通過しなければならない。門の手前には三段の石段がある。この石段は一段目はよく磨かれて人の姿形をはっきりと映しだす白い大理石、二段目は十字架型に数多くのひび割れが入ったごつごつした荒い焼き石、三段目はほとばしる血よりも赤い色をした班岩でできている。

その三段目に灰色の長衣を着た門番の天使がおり、敷居に腰掛けて煉獄行きの亡霊がやって来るのを待っている。天使は抜き身の剣を持っており、それがぎらぎら輝いている。亡霊がやって来ると、天使は剣の先で亡霊の額に七つのPの文字を記し、煉獄の門を開いて亡霊を通過させる。ペテロの門を開くために天使は金と銀との二個の鍵を使用するが、金の鍵は罪を許す神の権威を、銀の鍵は人間の心に巣くう罪深さを解きほぐす働きがあるといわれる。

額に記すPはPeccato（罪）の頭文字で、キリスト教の「七つの大罪」を意味している。

⬇［煉獄］

この文字は亡霊たちが煉獄にある環道でひとつの罪を清め、次の環道へ向かうための石段をあがるたびに、そこに待機していた天使によって消されるが、ひとつ消されるごとにその分だけ身が軽くなり、煉獄の環道を進むのが楽になる。そして、最終的に七つの環道を通過した時点ですべての罪が浄化され、天国への道が開かれる仕組みになっている。

❖忘却《ぼうきゃく》の椅子《いす》――【ギ】

これに座った者は記憶を失い、自分が誰なのかも忘れてしまい、永遠に立ちあがることができなくなってしまうという椅子。ギリシア神話の冥界ハデスの国の宮殿の門のそばにある。英雄テセウスとペイリトオスが冥府の女王ペルセポネを誘拐しに来たときに、冥府の王ハデスにだまされてこの椅子に腰掛け、動けなくなってしまったとされている。後にヘラクレスが冥府を訪れることがあり、幸いにもテセウスは救われたが、ペイリトオスの方は救うことができず、今なおこの椅子に腰掛けているといわれる。

⬇［ハデスの国］［ペイリトオス］

❖望郷台《ぼうきょうだい》――【道】

道教において、十王の第五殿（閻魔王）に付属するとされる施設のひとつ。長さ八十一里、高さ四十九丈の弓なりの台で、六十三段の石段がついており、生前に悪業を行った者だけがのぼらされる。台にあがると故郷の様子が手に取るように見え、遺族たちが財産をめぐって激しく争い合ったり、子どもたちが病気になっていたり、家が火災で焼けていたりと、死後に悪いことばかり起こっているのがわかる。

⬇［十王〈閻魔王〉］

❖命簿《めいぼ》──【仏・道・メ】

あらかじめ人間の寿命や運命を記してある記録簿。仏教や道教では冥府の王が棲む館にこの命簿があるが、道教では南斗星君《なんとせいくん》がこれを管理しているともいわれる。命簿に載せられた記載に従って死期が来た者に冥府からの使いが送られ、その結果人間が死ぬことになるという大事なものだが、ときとして記録が書き替えられてしまうこともある。唐の二代目皇帝の太宗の場合もそうで、かつての部下が冥府に仕えていたおかげで、その人物に命簿の記録を書き替えてもらい、一度死んだのに再び生き返ったとされている。また、南斗星君は親切心から、十九歳で死ぬはずだった若者の記録を九十に書き替え、長生きさせたという伝説がある。

メソポタミアの冥界である不帰の国にもこの種の記録簿があり、ベーリット・セーリという書記が管理していたという。

➡［唐太宗］［北斗星君・南斗星君］［不帰の国］

❖門関樹《もんかんじゅ》──【仏】

仏教の死出の山の入口にある樹木。木には無数の矛先が生えているように鋭い刺が密集している。また、樹中に二鳥が棲んでいる。ひとつは鶡鸞《かんろう》で、別都頓宜寿《ほととぎす》と鳴き、もうひとつは烏鳥《うちょう》で、阿和薩加《あわさか》と鳴くとされている。

➡ [死出の山]

❖黄泉戸喫《よもつへぐい》——【日】

日本の冥界である黄泉の国において、黄泉の国の竈《かまど》で煮た物を食べてしまうこと。黄泉の国の食べ物を食べることはその国の共同体の一員となることを意味するので、二度とこの世には戻れない。日本神話の中で、死んで黄泉の国に赴いた伊耶那美命《いざなみのみこと》が、生者の国に連れ戻すために迎えにきた伊耶那岐命《いざなぎのみこと》に対して、自分はもう黄泉戸喫をしてしまったので地上には戻れないといっている。

冥界の食べ物を食べた者は生者の国には戻れないという規則は日本だけでなく、世界中にある。ギリシア神話でもデメテル女神の娘のペルセポネは、冥府の王ハデスに誘拐されたとき、冥府の柘榴《ざくろ》の実を食べてしまったので、冥府の女王にならざるを得なかったとされている。

➡ [伊耶那美命] [ペルセポネ]

❖輪廻転生《りんねてんせい》——【ヒ・仏・ギ・エ】

この世に生きている者はすべて永遠に生まれ変わりを繰り返すという考え。ヒンズー教や仏教などインド起源の宗教に顕著に見られる考えだが、古代ギリシアのオルフェウス教やディオニソス教、ピタゴラスやプラトンの思想にもこの考えが含まれている。

インドでは紀元前一〇〇〇年を中心にした数世紀間にできたとされる経典『リグ＝ヴェーダ』には、まだ輪廻転生思想は登場しないが、『ウパニッシャド』の文献が登場する紀元前五〇〇年を中心とした時期になると、輪廻転生の思想がはっきりとした形を取ってくる。

ここで輪廻転生の背景となるのは因果応報に基づく業《ごう》（カルマ）説である。業は人間の身・口・意の行為のすべてのことで、実際に行ったことだけでなく、しゃべったことや思ったことも含む。しかも、「三世因果」という言葉があるように、業には生まれてから死ぬまでのただ一回の生の間のことだけでなく、何代にもわたる前世の因縁が含まれている。この業がよいものであればよい世界に、悪いものであれば悪い世界に転生するとするのである。ただし、よい世界に転生するといっても、それはけっして理想的な状態ではなく、輪廻転生の中にある限り生き物は迷いの世界にいることになる。それは長い目で見れば確実な苦しみであって、大事なことは輪廻転生から逃れることだとされる。

この考えに基づいて『チャーンドーグヤ＝ウパニッシャド』では、この世の生き物の死後に三つの道があるとしている。第一は神道と呼ばれるもので、現世において信心を持って苦行したような立派な人物が進む道である。この道に入った者は月へ昇り、そこからブラフマーの世界へ入ることができる。ブラフマーは宇宙の絶対原理とされる存在で、その世界は梵天《ぼんてん》といわれる。梵天は仏教の涅槃《ねはん》＝極楽浄土のような天国で、ここに入った者は永遠の幸福を手に入れ、輪廻転生から逃れることができるとされる。しかし、この道に入れるのは極めて少数で、大多数の人間は祖道と呼ばれる第二の道に進むとされている。この道に入ると、死者は火葬の煙となって天に昇りはするが、そこで霧となり雲となり、やがて雨となって地上に降り注ぎ、地上において米・麦・木・胡麻・豆となって生まれ変わる。そして、誰かがそれを食べて精液として母の体内に注ぎこまれたとき、人間として誕生することになる。こうして、第二の道に進んだ者は人間として転生することになるが、ここでも業の思想は生きていて、この世においてすぐれた行状を積んだ者はすぐれた階級に、汚らわしい行状を積んだ者は劣った階級に誕生するとされる。以上のふたつの道の他に第三の道があるわけだが、これは下等の動物たちの進む道で、前記の二道のような複雑な経路を取ることなく、ただ単純にこの世に生まれ変わるとされている。

紀元前五世紀以降に発展した仏教においても、基本的な考えは変わらない。

しかし、仏教においては輪廻転生思想は『ウパニッシャド』よりもさらに徹底しているし、宇宙観とも結びついた洗練されたものになっている。仏教では人間の住んでいる大地や太陽、月、星などを含む宇宙をひとつの世界とし、その中に天・人・阿修羅・畜生（動物）・餓鬼・地獄という六道の世界があると考える（阿修羅道を除いた五道だという説もある）。大地や海のレベルに人道と畜生道があり、人間と動物たちが暮らしている。海底の下の地下界に阿修羅道があり阿修羅が暮らしている。人間の住んでいる大地は贍部州《せんぶしゅう》といわれるが、この大地の下に餓鬼道があり餓鬼たちが暮らしている。この餓鬼道のさらにはるか下方に地獄道があり、地獄に堕ちた亡者たちが暮らしている。最後の天道は須弥山《しゅみせん》のはるか上方にあって、そこで天界に生まれた神々が暮らしている。須弥山は人間の暮らしている宇宙の水平レベルの中心にある山である。

ここに挙げた六道が人間の住んでいる一宇宙を構成する世界だが、これがひとつの宇宙とされるのは、その内部において生き物たちがそれぞれの業に応じて輪廻転生を繰り返すからである。仏教ではこの宇宙の外にもほとんど無数に近い宇宙があると考えるが、別な宇宙にまで輪廻転生することはないので、それについてはとくに考える必要はない。

ところで、六道すべてが輪廻転生の世界である以上は、六道のひとつである天界においても輪廻転生が存在することになる。仏教には同じ天界でも優劣に応じて無色界、色界、六欲天に分類され、その中に数多くの天があるが、これらはみなすぐれた者たちが神として転生する幸福な場所である。このような場所に住む神々が輪廻転生するとは考えにくい。しかし、仏教ではたとえ天界に住む神々であっても、その業によって輪廻転生を繰り返す存在だと考えるのである。ただ、解脱した者だけが、宇宙の外にある涅槃と呼ばれる極楽へ赴くことができるのである。

この意味では、仏教の天界はキリスト教の天国とはかなり違ったものである。

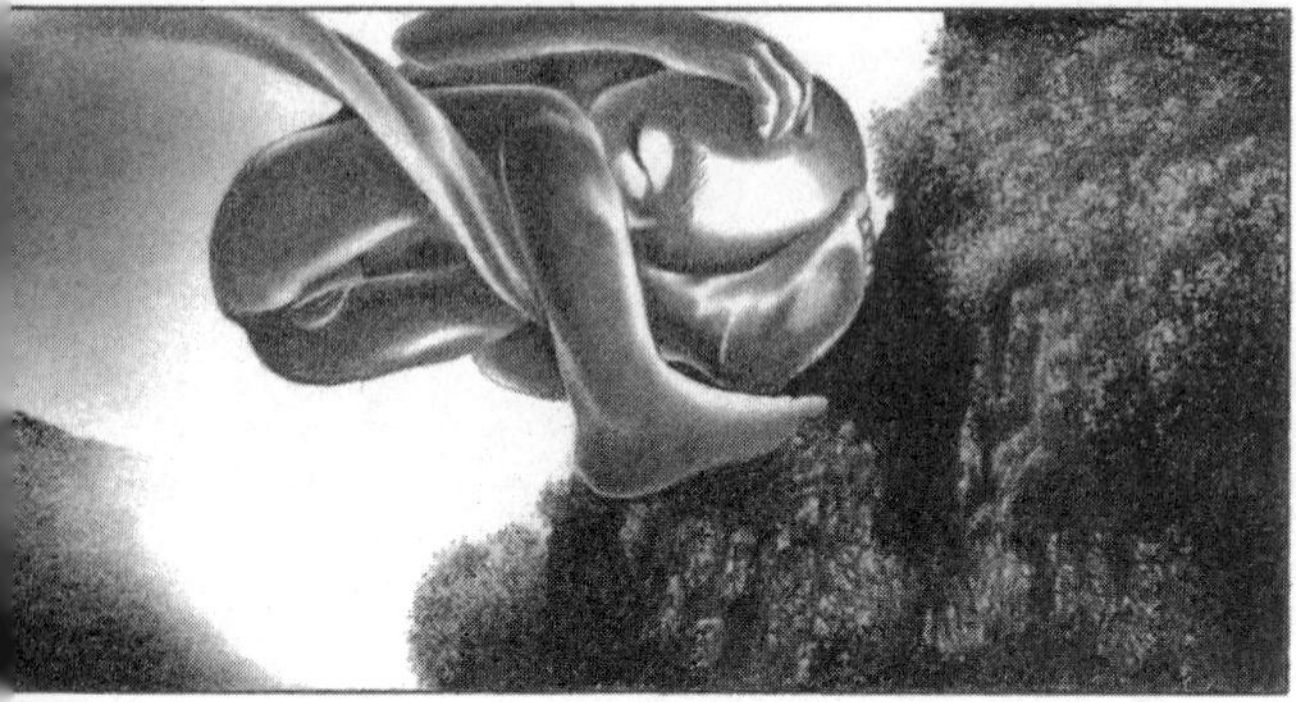

このように輪廻転生を繰り返す生き物の存在のあり方は、仏教では一般に四有と呼ばれている。これは、本有《ほんう》、死有《しう》、中有《ちゅうう》、生有《しょうう》の四つで、本有は生まれてから死ぬまでの存在、死有は死の瞬間の存在、中有は死んでから次に生まれるまでの存在、生有は生まれる瞬間の存在である。仏教の中には中有の存在を認めないものもあるが、これを認める仏教では、死者は中有の間に十王と呼ばれる十人の閻魔王の裁判を受けることで転生する世界が決定されるとする考えや、チベット密教のように中有をいかに過ごすかによって輪廻転生さえ逃れられるとするものもある。

ギリシアにおける輪廻転生思想はギリシア神話の中には見られず、オルフェウス教やディオニソス教といった秘教の中に見られる。オルフェウス教徒だったピュタゴラスには、町中で犬を殴っていた男に向かって、その犬は古い自分の友人が生まれ変わっ

たものだから殴るのをやめてくれといったという逸話が残されている。ギリシアの輪廻転生は何代にもわたる業によって起こるとされているわけではないが、それが罪によって起こると考える点ではインドのものと共通している。

人間が死んだ後にどのようなプロセスを経て輪廻転生に向かうかについては、プラトンの『国家』に詳しい言及がある。それによると、人間は死んだ後に冥界に下るが、そこで裁判を受け、生前の善行や悪行に応じて千年間の賞罰を受ける。この賞罰の後、死者の魂は運命の女神モイライたちがいる天に昇り、そこで次にどのような人生を生きるかを選択する。それから、魂たちはレテ（忘却）の川の水を飲んで前世の記憶を消し去る。するとこの瞬間に激しい雷鳴と地震が起こり、死者の魂は次の人生のためにあちこちに飛んでいくのだという。

ところでここに挙げたギリシアの輪廻思想はエジ

プトからの輸入だとする説もある。これはヘロドトスが『歴史』で述べていることだが、それによると人間の霊魂が不滅であり、肉体が滅びると、次々に生まれてくる動物の体内に入って生まれ変わるという説を最初に唱えたのはエジプト人で、人間の魂は陸に住むもの、海に住むもの、空に住むものというふうにすべての動物の体を一巡した後、三千年後に再び人間として誕生するのだという。

➡［バルドゥ〈中有〉］［十王］

❖六道銭《ろくどうせん》――【日】

冥途へ赴く死者が三途の川を渡るための渡し賃。日本では古くから、このお金を三途の川の渡し守あるいは番人である奪衣婆《だつえば》に渡すと容易に三途の川を渡れるとされており、一種の葬送儀礼として、死者に六文銭（一文銭六枚）を入れた頭陀袋《ずだぶくろ》を持たせることが行われていた。

六道銭と同じものはギリシアにもあり、冥府の入口にあるアケロン川を渡るために、渡し守のカロンに一オロボス硬貨を渡す必要があるとされ、死者の口に一オロボス硬貨を入れる習慣があった。

VI

地獄破り
冥界下り

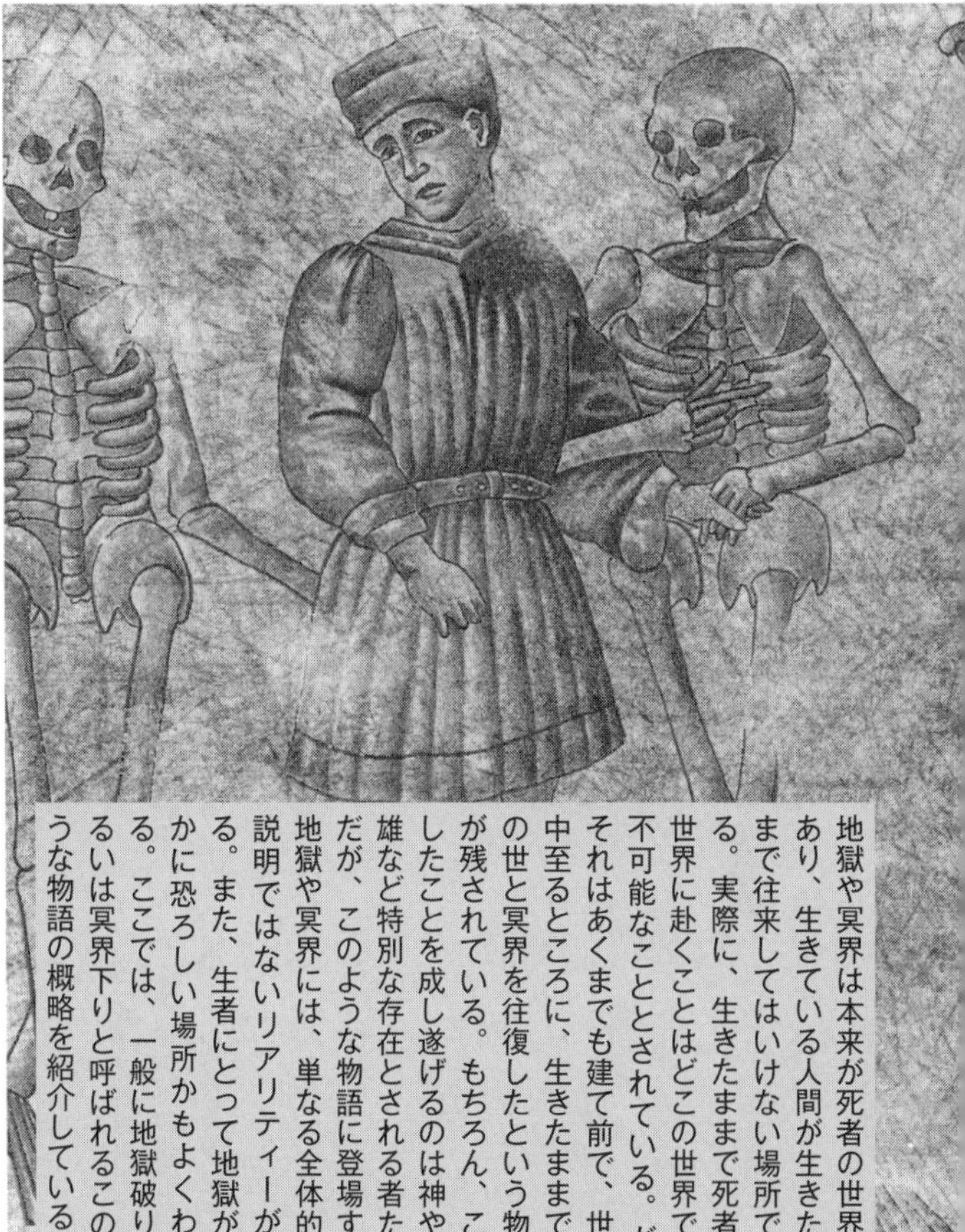

地獄や冥界は本来が死者の世界であり、生きている人間が生きたままで往来してはいけない場所である。実際に、生きたままで死者の世界に赴くことはどこの世界でも不可能なこととされている。が、それはあくまでも建て前で、世界中至るところに、生きたままでこの世と冥界を往復したという物語が残されている。もちろん、こうしたことを成し遂げるのは神や英雄など特別な存在とされる者たちだが、このような物語に登場する地獄や冥界には、単なる全体的な説明ではないリアリティーがある。また、生者にとって地獄がいかに恐ろしい場所かもよくわかる。ここでは、一般に地獄破りあるいは冥界下りと呼ばれるこのような物語の概略を紹介している。

❖アエネアス（アイネイアス）——【ギ・ロ】

ギリシア・ローマ神話の英雄で、ローマを建国したロムルスの祖とされる人物。ホメロスの『イーリアス』に紹介されているトロイア戦争の結果、トロイアは完全に滅び、トロイア王家の血筋は絶えることになる。しかし、トロイア王家の祖ダルダノスの血を引き、王家とは親戚関係にあったアエネアスは、トロイア滅亡の夜に船でトロイアを脱出した。その後のことは、ウェルギリウスの『アエネアス』に詳しいが、それによるとアエネアスはオデュッセウスにも似た冒険の後にイタリアにたどり着き、冥界にも入りこんだとされている。

まもなくイタリア本土に上陸しようという夜に父アンキセスの亡霊が現れ、「訪ねてきたら貴重な助言をしよう」と告げたのが直接の理由だった。イタリアに着いたアエネアスは、父にいわれたとおりクマエに住む巫女シビュレを訪ね、彼女の助言に従って、まずはじめに火山の火口湖であるアウェルヌス湖の森へ行き、ペルセポネへの贈り物とするための黄金の葉を持つ枝を手折ってきた。それから、シビュレを道案内として、アウェルヌスの洞窟から暗闇の中を冥界へと下ったのである。

やがて、彼らは冥界の入口付近にやって来た。そのあたりはタナトス（死）やヒュプノス（眠り）、復讐の女神エリニュス、不和の女神エリスたちの住処だった。また、ケンタウロス、スキュラ、レルネのヒュドラ、キマイラ、ゴルゴンなどの怪物の亡霊もそのあたりに棲んでいた。しかし、ヘルメスがオデュッセウスに説明したように、これらの怪物はいわば影であって、無害だとシビュレは説明している。

その先にアケロン川、ステュクス川があった。ところが、これらの川岸には多くの亡霊たちが群れなしており、アエネアスを驚かせた。シビュレの説明では、亡霊たちはみな冥府の川を渡りたいのだが、川を渡れるのは地上で正しく葬られた者だけで、そうでない亡霊は川を渡れず、やむなく川岸をさまよっているのだという。

まもなくふたりがステュクス川に着くとそこに渡し守のカロンがいた。もちろん、カロンは最初はふたりが生きているというので渡すことを拒んだ。が、シビュレが黄金の葉の枝を見せると怒りを鎮めて船に乗せた。このとき、亡霊を乗せるために作られている船は、生きている人間の重みでいまにも沈みそうになったとされている。

こうして川を渡ると、今度は番犬ケルベロスが待っていたが、シビュレが眠り薬を混ぜた団子を投げたので、ケルベロスは眠ってしまい、ふたりは冥界に入りこむことができた。

冥界には数多くの亡霊たちが棲んでいた。門を入ってすぐには生まれてすぐに死んだ者の亡霊たちがいた。それから、無実の罪をかけられて死んだ者、自殺した者、愛欲で身を滅ぼした者などが続いた。愛欲で身を滅ぼした者には、テセウスの妻で義理の息子に恋慕したパイドラ、牡牛と交わってミノタウロスを生んだパシパエなどがいた。また、冒険中のアエネアス自身と愛し合い、彼が出発すると自殺したカルタゴ女王のディドもいた。

次に、アエネアスは武勲の高い戦士たちの亡霊の棲む場所に着いた。そこで、彼は数多くのトロイアの英雄たちに出会ったが、このときアガメムノンらのギリシア方の英雄たちの亡霊は、武器を携えたアエネアスの姿を見ると恐れをなして逃げだした。

これらの場所を過ぎると分かれ道があった。一方はエリュシオンの野（エリュシウム）、一方はタルタロスへ行く道だった。ここでふたりはハデスの館のあるエリュシオンの野の方へ向かったが、このとき道の崖の下にあったプレゲトン川に囲まれた城からうめき声や鞭の音が聞こえてきた。シビュレによれば、それはラダマンテュスの裁判所で、そこで罪人たちの罪が裁かれていたのである。

やがて、エリュシオンの野に着いたとき、ふたりは谷の奥の方の草原で亡霊を管理している父アンキセスを見つけた。

ここでアンキセスが見張っている亡霊たちは、やがて生まれ変わることになる亡霊たちだった。ギリシアの輪廻説と同じように、多くの亡霊たちは千年間冥界に棲み、その後で新しい人生のために地上に送りだされることになっているのである。アンキセスはそのような亡霊のひとりではなく、輪廻から完全に解放され、天に赴く資格を持つ霊で、特別に見張りの仕事をしているのだった。輪廻説に基づく冥界なので、ここにはこれから生まれる者たちの霊も存在していた。アンキセスはこれらの霊の中から、やがてアエネアスの子

孫となって永遠のローマを築くべき人物たちの霊を紹介し、息子を励ました。その中にはローマの建国者となるロムルスばかりか、カエサルやアウグストゥスの姿まであった。また、父は今後息子に降りかかる苦難の数々やそれをどのように避けるべきかを教えた。

こうして、亡き父に会うことで目的を達したアエネアスは、シビュレとともに夢の門を通って地上へと戻ったのである。

➡［ハデスの国］［タルタロス］［エリュシオンの野］

❖イエス・キリスト——【キ】

新約聖書外典『ニコデモ福音書』の中でイエス・キリストの冥府下りの物語が語られている。お伽噺的な空想物語だが、キリスト教以外の文学がまだ存在しなかった時代に、かなり広く読まれたり語られたりしたといわれている。

正典の四福音書で語られているように、イエスはローマ帝国のユダヤ総督ポンテオ・ピラトの在任中に、イェルサレムで十字架刑に処せられ、三日後に復活する。ところが、イエスが復活したこのときに他にも数多くの者が復活したという言い伝えが残っており、この者たちの何人かがイエスが冥府に下ってきたときの様子を語るというのが、『ニコデモ福音書』で語られるイエスの冥府下りの主眼である。

証言者の物語は夜中の冥府にはじまる。突然、暗闇の中に太陽の光のようなものがのぼって輝くと、冥府の死者たちは喜びに包まれた。死者たちの中には父祖アブラハムもおり、他の族長たちとともに「この輝きは偉大な者からもたらされている」と語りはじめた。預言者イザヤもその光が父なる神、子なるキリスト、精霊からきていることをみなに告げた。また、その場所に預言者ヨハネも進みでて、みなにこれが悔い改める最後のチャンスだと告げた。神に作られた最初の人間のアダムもそこにいて、息子のセツに命じて、これがかつて予言されたことであることをみなに告げさせた。

こうしてみなが大きな歓喜に包まれている間に、サタンと冥府（ハデス）の間で激しいやり取りがはじまった。

サタンはイエスの処刑に一役買っていたので、イエスが冥府にやって来たら、門の錠前をしっかり閉めてけっして逃がしてはいけないと冥府に懇願した。しかし、冥府の方はいまにもやって来ようとしている者と直接対決することには消極的だった。というのも、つい最近ラザロという男が死んだとき、冥府はそれを飲みこんだが、イエスがただ言葉を口にしただけで、ラザロを無理矢理に冥府の胃袋から引きだしてしまうということがあったばかりだったからだ。そして、冥府は「最近は不穏なことばかりが続くので、腹が痛んでならない」とサタンに告げた。

このとき雷鳴のように大きな声がした。

「支配者たちよ、門を開け。永遠の門よ開け。栄光の王がお入りになる」

驚いた冥府は、できるものならこの者に抵抗してみろとサタンに告げ、自分は悪霊たちに命じて、冥府にある青銅の門に鉄のかんぬきをおろさせた。

この様子を見て預言者や族長たちは大いに強気になって「冥府には勝利はない」と断言した。

「門よ開け！」間もなく二度目の声が聞こえると、冥府は「栄光の王とは誰か？」と尋ねた。この問いに対して、神の御使いたちが「力のある戦の主である」と答えたとき、同時に青銅の門が打ち破られ、すべての死者たちが冥府の縛《いましめ》を解かれた。そして、人間の姿のイエスが冥府の中に入りこむと、冥府の隅々までが光に照らしだされた。

これによって冥府は敗北を認め、配下の者に告げた。イエスはサタンの頭を捕まえると御使いたちに命じてサタンの両手両足、首と口を青銅で縛らせた後、冥府に向かい「次に私がやって来るまで、この者をしっかりと捕まえておけ」と命じた。

冥府はサタンを受け取ると、どうしてこんな者を冥府に連れてこようなどと企んだのかといってサタンをなじった。そして、いまや冥府は空っぽだと嘆いた。

この間にイエスは、始祖アダムがかつてエデンの園で知恵の木に触れたために人間が死すべき者と定められ、その結果として死んだ者たちすべてを冥界から外に投げだして復活させた。

さらにイエスはアダム、族長、預言者らの義人たちを連れて天国へ向かい、連れてきた者たちを大天使ミカエルに手渡した。天国の門を入ったところで、彼らは高齢のふたりの人物に出会うが、それは聖人として神に愛され、それ故に冥府に赴くこともなかったエノクとエリヤだった。また、この場所にもうひとり十字架を背負った卑しい者がやって来た。族長たちは不思議に思ったが、彼はもと強盗で、イエスとともに十字架刑に処せられたが、そのときに起こったいろいろな奇跡を見て改悛したところ、イエスによって天国に送られたのだと事情を説明した。これを聞くと、聖者たちはみなイエスの偉大さを讃えた。

この後、聖者たちと一緒に天国へ来た者のうち何人かが、大天使ミカエルによって、主の復活を述べ伝えるために生者の国に派遣されることになった。こうして、イエスの冥界下りの物語が現在に伝えられることになったのである。

➡［シェオール］

❖伊耶那岐命《いざなぎのみこと》――【日】

日本神話の神。妻の伊耶那美命《いざなみのみこと》が死んだ後、彼女に会うために死者たちが住む黄泉の国へ下ったという神話が『古事記』『日本書紀』に記されている。

これらの神話によると伊耶那岐と伊耶那美は、数多くの天《あま》つ神《かみ》たちから国を作る仕事を委任され、ふたりで交わって日本列島の主な島々を生み、国を生み終えた後には幾柱もの

神々を生んだとされている。ところが、これらの神々の最後に生まれた火之迦具土《ひのかぐつち》の神は火の神で、このために伊耶那美は身体が焼けて死んでしまった。

妻を失った伊耶那岐は大いに悲しみ、腹を立て、火之迦具土の神を切り殺した。この神の死体から幾柱もの神々が誕生したが、伊耶那岐の悲しみは癒えなかった。それに、国生みの仕事は終わったといっても、神生みの仕事はまだ途中で、国作りの仕事はまだ未完成だった。こうした事情もあって、伊耶那岐はついに伊耶那美を連れ戻すために黄泉の国へ下ることにしたのである。

伊耶那岐がどのような道順で黄泉の国まで下ったかは記紀の記述でははっきりしないが、帰路については記されているので、黄泉の国が地下にあって、長い洞穴で地上とつながっていたと想像できる。その洞穴を伊耶那岐は下っていったのだろう。

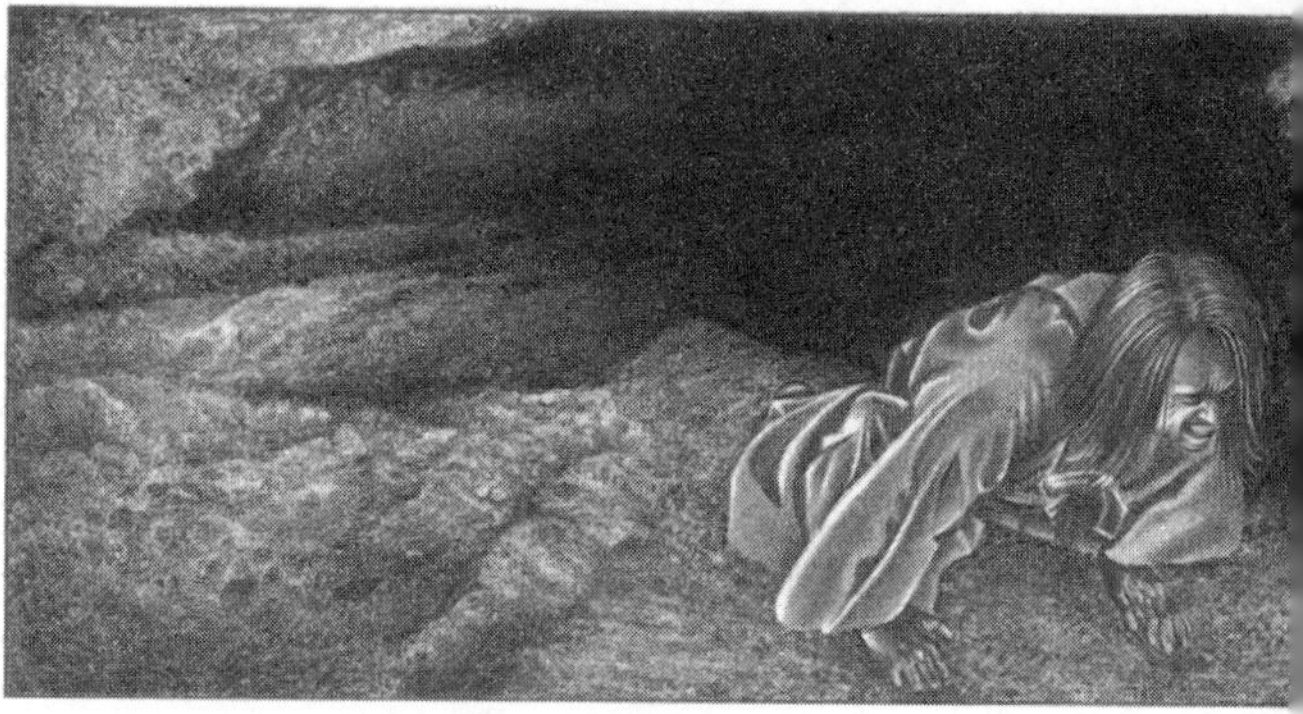

やがて伊耶那岐が黄泉の国に到着してみると、そこは真っ暗で何も見えない世界だった。それでもどうにか冥界にある殿の前で伊耶那美と再会した伊耶那岐は、国作りを完成させるためにも是非この世に戻ってくれるようにと懇願した。

伊耶那美は、これに対して、自分はすでに黄泉戸喫《よもつへぐい》をしてしまったので生者の国へは戻れないだろうと答えた。〝黄泉戸喫〟は黄泉の国の竈《かまど》で煮た物を食べることで、黄泉戸喫をした者はもう現世には戻れないという決まりがあった。しかし、伊耶那美は自分自身現世に戻りたいという気持ちがあったので、現世に戻れるかどうか黄泉の神と相談するので、その間はけっして自分の姿を見ないようにと注文した。

伊耶那岐は承知した。が、殿の中に入った伊耶那美がなかなか戻らないので、伊耶那岐は待ちくたびれ、髪に挿した櫛の歯を折ると火をともして殿の中を覗いてしまった。と、驚くことに、殿の中に伊耶那美はいるにはいたが、その身体からは膿が流れだし、至るところにウジがわいていたのである。それがあまりに汚らわしかったので、伊耶那岐はびっくりし、慌ててその場から逃げだした。

これを知った伊耶那美は伊耶那岐が約束を破って自分に恥をかかせたといって、黄泉醜《よもつしこ》女《め》を遣わして追いかけさせた。伊耶那岐は逃げながら黒い蔓草の髪飾りを投げ捨てた。と、髪飾りは捨てたとたんに山葡萄の実に変じ、黄泉醜女がこれを喰いはじめた。この間に伊耶那岐はさらに逃げたが、少しすると黄泉醜女はまたしても追いかけてきた。伊耶那岐は今度は右の髪に挿していた櫛を折って投げ捨てたが、櫛は捨てられるとタケノコに変じた。黄泉醜女がこれを抜いて喰っている間に伊耶那岐はさらに逃げた。

そうこうするうちに、伊耶那美が新しい追手を送りだした。それは八雷神《やついかづちのかみ》と呼ばれる八種類の雷神だった。しかも、この雷神たちは千五百もの黄泉軍《よもついくさ》を引き連れて追いかけてきた。伊耶那岐は十拳剣《とつかのつるぎ》を振りまわしながら逃げ続けた。そのうちに黄泉の国と現世の境界にある黄泉比良坂《よもつひらさか》という坂のふもとに来た。そこに桃の木があったので、伊耶那岐はその実を三個取って追手に投げつけた。すると、追手たちはことごとく逃げだした。

ところが、伊耶那美はまだあきらめず、今度は自分自身で追いかけてきた。これを見た伊耶那岐は、巨大な千引岩《ちびきのいわ》を動かして冥界と現世の境界の黄泉比良坂を塞ぎ、やって来た伊耶那美に夫婦の離縁をいい渡した。

伊耶那美はこれに腹を立て、もしそうするなら、日本に生まれた人間を一日に千人ずつ殺すと脅した。これに対して、伊耶那岐はおまえがもしもそうするなら、自分は一日に千五百人の人間を誕生させようと応じた。このことがあって、伊耶那岐の国ではそれ以降一日に千人が死に、千五百人が生まれるようになったといわれる。

こうして、伊耶那岐はとにかくこの世に戻ることができたが、黄泉の国は汚れた場所だったので、九州の日向《ひむか》の阿波岐原に行き、清流に入って身を清めたとされている。このとき幾柱かの神々が誕生したが、最後に顔を洗うと、左の目から天照大神《あまてらすおおみかみ》、右の目から月読命《つくよみのみこと》、鼻から建速須佐之男命《たけはやすさのおのみこと》が誕生したとされている。

➡［黄泉の国］［伊耶那美命］

❖イシュタル――【メ】

古代メソポタミアの豊穣神。シュメール語でイナンナと呼ばれていた女神がアッカド語でイシュタルとなったもので、夫であり、自然の生殖力を表す神タンムーズを訪ねて冥界を訪れたといわれている。イシュタルの物語に登場する冥界の様子などは、『イナンナの冥界下り』の場合と同じである。

➡「イナンナ」

残されている。

❖イナンナ――【メ】

シュメールの豊穣の女神、金星神で、一般に『イナンナの冥界下り』と呼ばれる神話が残されている。

イナンナが冥界に行かねばならなかった理由ははっきりしない。彼女はあるときふいにとにかく冥界に行くことを決意し、彼女を祭るいくつもの神殿に別れを告げた。冥界の門を通過するときには身につけた物をひとつずつ取り外すという規則があったので、彼女は王冠や首飾り、腕飾り、胸飾りなどで身を飾り、輝く葦を手に持った。それから、イナンナは召使いのニンシュブルに向かって、彼女が冥界で殺されたりすることがないように、エンリル神、ナンナル神、エンキ神などに助けを求めるように命じた。

やがて、美しい冥界の宮殿の近くまで来ると、彼女は冥界の門の前に立ち、門番のネティに門を開くことを命じた。

冥界は生きている者が入ってはならない場所であり、一度入ったら帰ることのできない国だったので、門番のネティは不思議に思った。しかし、冥界の女王エレシュキガルはイナンナの姉だったので、ネティはとにかく女王のところに報告に行った。

エレシュキガルは生きている者がやって来たことに腹を立てたが、何を思ったかイナンナのために門を開くようにいった。ただ、ひとつの門を通るごとに、イナンナが身につけている物をひとつずつ取り去るように命じた。

ネティはいわれたとおり正門のガンジル門を開いてイナンナを冥界に招き入れると、まずはじめにイナンナの王冠シュガルラを取り去った。冥界にはガンジル門を含めて合計七つの門があり、イナンナはそれらすべてを通過したが、門を通るたびに身につけていた物をひとつ取り去られた。このため、すべての門を通過したとき、イナンナは素裸になっていた。

やがて、イナンナが玉座に座ったエレシュキガルのところに通されると、そこには冥界の裁判官である七人の神がいた。その七人が、掟を破って冥界に下ってきたイナンナに有罪の判決を下した。そして、女王エレシュキガルが射殺すような視線でイナンナをにらみ、死を宣告した瞬間、イナンナは死体になってしまった。

それから三日三晩が過ぎ去ったころ、イナンナの召使いのニンシュブルは大神のもとを訪れ、冥界に下ったイナンナを助けてくれるように訴えた。エンリル神とナンナル神はイナンナが冥界の規則を破ったことを非難し、彼女を救おうとはしなかった。しかし、エンキ神は別だった。エンキ神は自分の爪の垢からクルガルラ、ガラトゥルというふたりの神官を作りだし、生命の食物と生命の水を与えて、こと細かにイナンナを救いだす方法を説明した。

クルガルラとガラトゥルはエンキ神にいわれたことを忠実に実行した。彼らはまず戸のまわりを蠅のように飛びまわるなどして、冥界に進入した。すると、エンキ神の予言した

とおり女王エレシュキガルが病気に苦しんでいたので、それを治療してやった。この報酬として、ふたりは釘に掛けられたイナンナの死体を手に入れ、生命の食物と水によって彼女を生き返らせたのである。

しかし、生き返ったイナンナが地上に戻ろうとしたときのこと。

「一度冥界に入った者が冥界を出るときには、代わりの者をひとり冥界に連れてこなければならない」

と、冥界の神々がいった。

そこで、代わりの者を冥界に連れてくるために、イナンナと一緒に、冥界に棲むガルラ霊たちが地上に行くことになった。

イナンナが地上に戻ってくると、喪服姿の召使いニンシュブルがイナンナの前に身を投げだして帰還を喜んだ。これを見たガルラ霊たちはニンシュブルを冥界へ連れ去ろうとしたが、イナンナはいろいろ理由を挙げてそれを拒否した。次にウンマという町に来ると、喪服姿のシャラ神がイナンナの足下に身を投げだして帰還を喜んだ。そこでガルラ霊たちは彼をイナンナの代わりに連れていこうとしたが、今度もイナンナはいろいろと理由を挙げてそれを拒否した。

こんなことが何度かあった後、イナンナたちはクラブという場所を訪れた。すると、そこではイナンナの夫のドゥムジが喪服の代わりに立派な服に身を包み、楽しそうに遊んでいた。これを見たイナンナは大いに腹を立て、「あの男を冥界に連れていきなさい」と叫んでしまった。

ドゥムジは驚いて逃げだしたが、ガルラ霊から逃れることはできず、姉のゲシュティアンナの家に隠れているところを発見され、ついに冥界に連れていかれてしまったのである。

しかし、冥界に行ってからのドゥムジは、そこで冥界の神として認められたという。

⬇［不帰の国］［エレシュキガル］

❖エノク――【キ】

『創世記』に登場する聖人で、大洪水で有名なノアの曾祖父にあたる人物。エチオピア語訳で残されている『エノク書』の中で、天使たちによって天国と地獄を案内された物語が残されている。

それによると、エノクはあるとき幻を見たが、この幻の中で天使たちに導かれて神のいる天界にあげられ、天国と地獄を見たうえにこの世のすべてのことを聞かされたという。エノクが天界にあげられてからの物語は首尾一貫したものでなく、複数のテーマがつなぎ合わされた形になっているが、この最初のテーマにおいて、エノクはアザゼル、シェミハザに代表されるような数多くの天使の堕落について知らされている。それによると、天使たちが堕落したのは、地上に住む人間の女性たちと交わったためだという。天使たちと女性たちの間には数多くの巨人も誕生した。が、これを知った神が怒りを発し、彼らを堕天使として地獄に追放したのである。

ここで語られている堕天使たちは聖人であるエノクに神へのとりなしを頼んだようで、エノクは神の宮殿を訪ねているが、この場面ではその宮殿の様子も詳しく説明されている。それによると、宮殿は天空にあり、炎で取り巻かれていた。土台は水晶でできており、壁には水晶がはめこまれていた。また、屋根は星と稲妻の道筋に似ており、その真ん中に天使ケルビンがいたという。が、神にとりなしをしようという目的は果たされることはなく、エノクは逆に、神はけっして堕天使たちを許さないという宣告を堕天使たちに伝える役目を果たすことになったのである。

こうしたことがあった後、エノクはラファエルやウリエルといった天使たちに案内されて、天国と地獄をめぐることになった。

この旅でエノクが最初に連れていかれたのは円形の世界の果てのような場所で、そこには暴風の吹き荒れる場所や日没の太陽を迎える西の火などがあった。また、すべての風の倉や地の隅石や、地と天蓋を支える四つの風や太陽や星々を回転させる風などがあった。

その地のはるか彼方に、まさしくこの世の果てともいうべき深い地の裂け目があった。そこは天の集まる場所であり、天の火柱があった。

裂け目の向こう側には天も地もない荒涼とした場所が広がっていたが、天使の説明では、そこは天の星と天の軍勢の牢獄であり、堕天使たちが永遠につながれる場所だった。

それからエノクはさらに別の場所に案内された。それは大きな高い堅い山で、その中に底が平坦な四つの窪地があった。窪地の中は深くて暗かった。が、天使ラファエルの話ではそれこそ人間の死後の魂が赴く場所だった。窪地が四つあるのは魂を分別するためで、義人の魂が赴く場所、一般人の魂が赴く場所、他人に殺された被害者の魂が赴く場所、罪人が赴く場所に分けられていた。これらの魂はこれらの冥界や地獄でそれ相応の仕方で扱われることになるが、それは最後の審判までの間で、その後は裁きに応じて永遠の天国や地獄に送られるのである。

さて、人間の魂が赴く窪地を見たエノクはその後に美しい木々が生い茂り、清らかな川の流れる場所に案内されたが、それこそアダムとイブがかつて住んでいたエデンの園だったとされている。

こうして、エノクの天国と地獄の旅は終わるわけだが、『エノク書』はさらに続き、エノクが天使たちから与えられたさまざまな啓示が語られている。それは、天文学や暦法、最後の審判などに関することがらで、エノクはこれらの啓示を受けた後で人間界に戻り、それを人間に伝える仕事をするのである。

➡［ゲヘナ］

❖エル――【ギ】

プラトンの『国家』第十巻に一度死んで冥界へと赴いたエルという人物が生き返り、冥界のことについて語るという物語がある。

エルは戦士で、戦争で死んだのだが、死んでから十日目に死者たちを埋葬しようとしたところ、すべての死体が腐っていたのにエルの死体だけは腐っていなかった。そこで、エルの死体は彼の家まで運ばれ、十二日目に火葬のために薪の上に横たえられたが、そのときになってエルは生き返った。そして、彼は死んでから後に経験したことを実に詳しく語ったのである。

それによると、彼が死んだ後、彼の魂は身体を離れ、数多くの他の魂たちと一緒に道を進んで、ある不可思議な牧場までやって来た。そこは魂を裁く、死者のための裁判所だった。

裁判所には左手の方の大地にふたつの穴が並んであいており、右手の方には天にふたつの穴があいていた。そして、これら二種類の穴の間に裁判官が座っており、そこへやって来る者を裁いていた。正しい人々は判決の内容を示す印を身体の前につけられ、天にある穴に向かう道を進まされた。不正な人々は判決の内容を身体の後ろにつけられ、大地にある穴に向かう道を進まされた。

エル自身がそこに行くと、死後の世界のことを人間たちに報告するために、すべてのことをよく見ておくようにといわれた。

そこで、エルが観察したところ、天地にあいた穴はすべて一方通行で、ひとつの穴から魂が出ていき、もうひとつの穴からは魂が戻ってきた。大地の穴からは薄汚れた魂が、天の穴からは清らかな魂が戻ってきた。

戻ってくる魂たちはどれも長い旅を終えたばかりという感じだったが、それらの魂が交わす会話から天上の世界と地下の世界の違いがはっきりとわかった。

天上の世界から戻ってくる者たちは、どれも喜ばしい経験をしてくるが、地下の世界から戻ってくる者は、どれも恐ろしいことばかり経験してくるのである。

それはそれらの魂が生前にどのような態度で人生を生きたかにかかっていた。たとえば、生前に不正や悪事を働いた者たちは、その数や程度によって地下の世界で罰を受けたのである。しかも、刑罰はひとつについて十度繰り返され、苦痛を含めすべてについて十倍分の償いが求められるのだが、死者の世界では人間の一生を百年と計算するので、魂たちは合計千年間もその世界にとどまらなければならないのである。正しいことを行った者も同様で、彼らは天上の世界で、それに応じた報いを受けるのである。

地下の世界から戻ってくる者たちにはもっと恐ろしい試験もあった。あまりにひどい悪事を行った者、それはほとんどが独裁僭主だったが、これらの者たちは千年間の罰を受けた後、さらにタルタロスへ投げこまれ、そこで永遠の苦しみを受けなければならない。そ

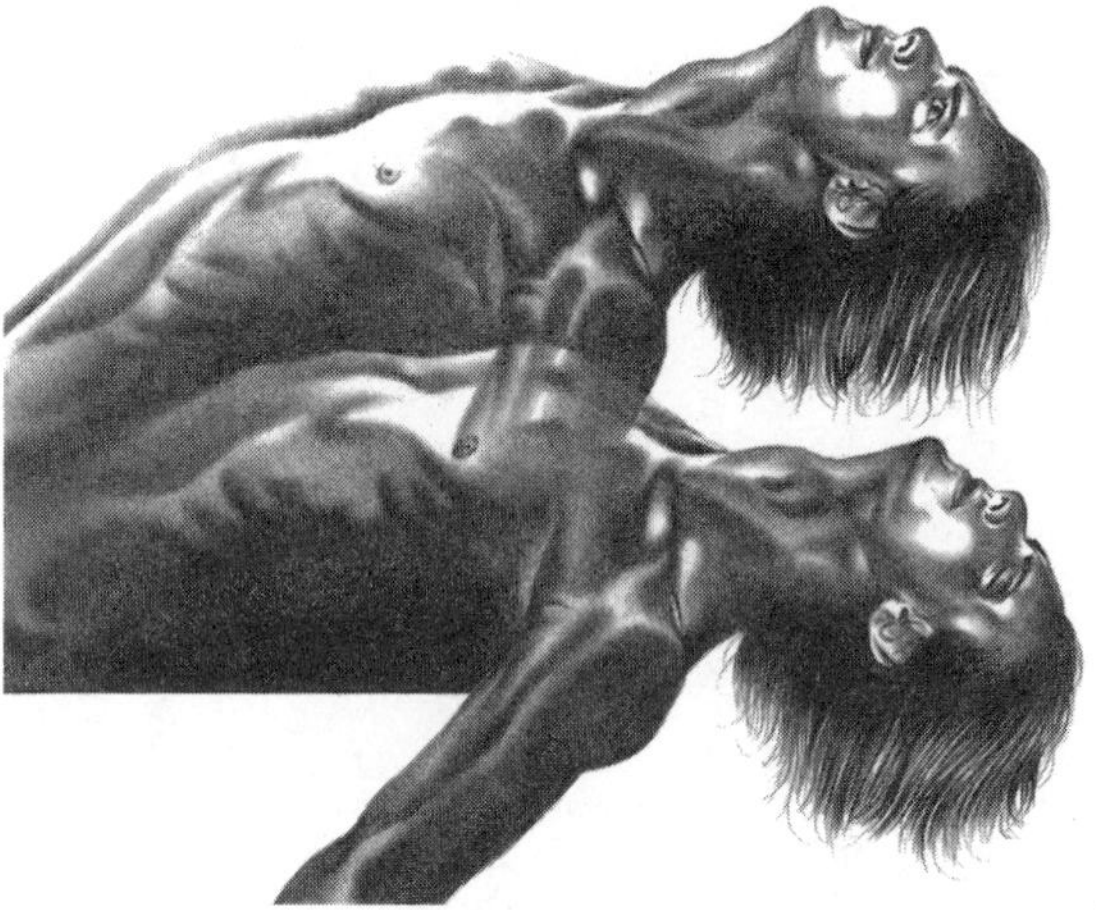

の試験は千年の刑期の後、裁判所へ向かう穴の入口で行われた。この穴は、まだ十分な罰を受けていない者が通ろうとすると恐ろしい咆哮の声をあげてそれを知らせるのである。そして、そこに待ちかまえていた恐ろしく猛々しい男たちが、その罪人をタルタロスへと投げこむのである。

　こうした話を聞いた後で、エルはさらに、千年の賞罰期間を経た後の魂たちが別な場所へ進むのについて行った。戻ってきた魂は、裁判所のある牧場で七日間を過ごした後、八日目に、天地を貫いて柱のように射してくる光に沿ってまる一日進み、運命の必然を司る女神アナンケのところに到着した。そこには、他に運命の女神（モイライ）であるラケシス、クロト、アトロポスもいた。

ここで、魂たちの次の人生を決めるくじ引きが行われるのだった。このくじ引きはまず、すべての者に番号を書いたくじを投げることからはじまった。それぞれの魂は自分の前に落ちたくじを割り当てられるのだが、そこに書かれた番号順に次の人生を選ぶのである。しかし、人生の数は魂の数よりもはるかに多く、さまざまな人生の見本が魂たちのいる目の前の地上に置かれていた。それは実に多様な人生で、たとえば同じ独裁僭主の人生でも、長続きするのもあればすぐに終わってしまうものもあるという具合だった。それに、そこには数多くの動物の生涯も含まれていた。

こうして次の人生の選択がはじまったが、一番くじを引いた者は大きな失敗をしてしまった。彼はあまり詳しく調べもせずに、最大の独裁僭主の人生を選んだのだが、そこには子どもの肉を喰うことやその他もろもろの災いが含まれていたからだった。

魂たちの中には、ギリシア神話に登場する英雄たちもいたが、彼らはみな、前世の経験から次の人生を選んだようだった。たとえば、女性たちに虐殺されたオルペウスは、女性の腹から生まれたくないというので白鳥の人生を選んだ。トロイア戦争のとき、死んだアキレウスの鎧をめぐってオデュッセウスと争い、結局自殺に追いこまれた大アイアスの霊は、鎧を必要としないライオンの生涯を選んだ。英雄でありながら、十年間もの放浪に苦しんだオデュッセウスは、もはや英雄の生涯に飽き飽きしたのか、もっとも平凡な一私人の人生を選んだのである。

次の人生の選択が終わると、魂たちはそれぞれの女神のところで運命を確実にする手続きをしたうえで、忘却（レテ）の野にやって来て、そこを流れる川の水を飲み、すべてのことを忘れた。それから魂たちはそこで眠りについたのだが、真夜中になると突然激しい雷鳴と地震が起こり、その瞬間、それぞれの魂が空に舞いあがり、次の人生のためにあちこちに飛んでいったのである。

エルは忘却の水を飲むことを禁じられていたので、これらのことをすべて覚えていたのだが、どこをどうやって戻ってきたのかはまったく覚えていなかった。気がついたとき、彼は火葬のための薪の上にいたのである。

⬇［タルタロス］

❖大国主神《おおくにぬしのかみ》——【日】

須佐之男命《すさのおのみこと》の六世の孫にあたる日本神話の神。日本の国作りを完成して日本の王となった後に、天照大神系の神に国をゆずったとされる神だが、王となる前に須佐之男が支配する根の国に下ったとされている。根の国は日本古代に死者が赴くとされた他界で、黄泉の国と同一視されることもある。

大国主神が根の国を訪れたのはいうなれば王になるための試練だった。大国主は兄弟である神々によって以前から、ほとんどいじめのような形で火攻め、木攻めなどの試練を与えられていたが、最後に与えられた試練が根の国訪問だった。

この試練を与えられた大国主はすぐに根の国へ赴き、根の国の王である須佐之男の宮殿を訪ねた。そこで大国主は須佐之男の娘の須世理毘売《すせりびめ》と出会うとすぐに愛し合うが、須佐之男は大国主に娘を与えるかどうかを決めるために、いくつかの難題を与えることにした。

この難題の第一として、大国主は蛇の部屋で寝ることを命じられた。これを知った須世理毘売は、大国主に薄い肩掛けを渡し、蛇が噛みつこうとしたら肩掛けで三度打ち払うよう忠告した。大国主がそのとおりにすると本当に蛇は静まったので、彼は蛇の部屋で眠ることができたのである。

大国主は次の夜はムカデと蜂の部屋に入れられたが、須世理毘売がムカデと蜂を追い払うための肩掛けを与えたので、この夜も彼は無事に眠ることができた。

須佐之男は次に、荒れた野に矢を射て、それを探すように大国主に命じ、大国主が矢を探しに野に入りこむと野のまわりに火を放った。これには大国主も逃げ道がわからずに困ってしまったが、このとき一匹の鼠が現れて地の中に洞穴があると教えた。そこで大国主が地面を踏むと本当に穴があったので、彼はそこに隠れて事なきを得た。しかも、火が燃え終えてみると、先ほどの鼠が須佐之男の射た矢をくわえてきたので、大国主はそれを持ち帰ることができたのである。

須佐之男は最後に、自分の頭の虱《しらみ》を取るようにと大国主に命じた。ところが大国主がそうしようとすると、須佐之男の頭にムカデがいっぱいいるのがわかった。これを知った須世理毘売は、赤い木の実とムカデ色の粘土を大国主に渡した。大国主はこれを口に含んで噛んで吐きだした。すると、これを見た須佐之男は、大国主がいわれたとおりムカデを殺しているのだと考え、安心して眠りについてしまった。

このチャンスに、大国主は須佐之男の髪の毛を部屋の柱に結びつけ、須世理毘売を背負って逃げだした。このとき、誤って大きな音を立ててしまったために須佐之男は目を覚ましたが、須佐之男が髪の毛を解いている間にふたりははるか彼方にまで逃げ、ついにこの世まで逃げ帰ったのである。

須佐之男はどうしてもふたりに追いつけないことがわかると、黄泉の国とこの世との境目にあるとされる黄泉比良坂《よもつひらさか》までやって来て、大国主に向かって、須世理毘売を正妻として立派な日本の王となるように呼びかけたとされている。

ところで、『古事記』では大国主は最終的には天照大神系の神に日本国を譲って出雲に引きこもることになっているが、これ以降の大国主が死者が赴く幽冥界の主神になったという説もある。

➡［根の国］［須佐之男命］［大国主神（Ⅲ）］

❖オデュッセウス——【ギ】

『オデュッセイアー』第十一書にオデュッセウスの冥界への旅が語られている。

ギリシア神話の中で最大の事件といえるトロイア戦争で、ギリシア軍は勝利を収めたが、トロイアから帰還する航路で艦隊は嵐に襲われ、多くのギリシア人が死ぬことになった。トロイアの木馬の考案者として有名な英雄オデュッセウスも嵐に襲われたひとりだった。幸いにも彼は死ぬことはなかったが、船は航路をはずれてしまい、このために彼とその部下たちは、以後十年間にもわたる放浪を余儀なくされた。

この放浪の間にオデュッセウス一行はさまざまな冒険を経験するが、故郷イタケへの航路はいつまでもわからなかった。

やがて、オデュッセウスは魔女キルケの棲むアイアイエ島に到着し、そこでキルケと一年間も生活をともにするが、その後でやっとこの魔女から故郷に帰るための条件を知らされた。それによれば、故郷に帰るためには、オデュッセウスはまず冥界へ旅し、テバイ最大の予言者として知られたテイレシアスの霊魂に会い、託宣を受ける必要があるということだった。キルケはオデュッセウスに好意を持っていたので、冥界への旅の方法もテイレシアスを呼びだす方法も教えてくれた。

オデュッセウス一行は黒塗りの船に黒い羊を乗せ、夜明けとともに出帆した。キルケが冥界へ進むのに必要な風を送ってくれたので、オデュッセウスらは船に帆を張り、ただ座していればよかった。船は順調に海上を進み、あたりが真っ暗になった頃にはオケアノス（大洋）の果てに到着した。そこはけっして日が昇らず、いつも幽冥の闇に包まれたキンメリオイの土地だった。

その土地に船を寄せたオデュッセウスは、キルケに教わったとおり、冥界のピュリプレゲトン川とコキュトス川が合流するあたりまで進んだ。そして、その場所に深い穴を掘ると蜜を混ぜた乳や葡萄酒を注ぎ、さらにいろいろな祈願を込めて羊の血を注いだ。これが亡霊たちを呼び寄せるやり方だったが、オデュッセウスはキルケにいわれたとおり、テイレシアスの魂がやって来るまで、他の亡霊には穴の中の血を飲ませなかった。亡霊の中には、オデュッセウスの部下だったエルペノルやオデュッセウスの母アンティクレイアもいたが、オデュッセウスは穴のそばで剣を構え、彼らを近づけなかった。

すると、間もなくテイレシアスの魂がやって来て、穴の中の羊の血をたっぷりと飲みこんだ。そして、オデュッセウスに向けてさまざまな警告を与えた。たとえば、オデュッセウスは帰国の途中でトリナキエ島に寄り、太陽神ヘリオスの牡牛や羊を見つけるだろうが、それらの牛や羊に手を出してはならない。もしそんなことをすれば、帰国できないばかりか、オデュッセウスも部下たちもみな死ぬことになるだろう、というような具体的なものだった。さらにテイレシアスは、オデュッセウスが帰国したときに待ちかまえている問題や将来のことについても、有益な助言をしてくれた。

託宣を述べ終えるとテイレシアスの亡霊はハデスの館の中に戻っていったが、オデュッセウスのところへはこの後も次から次とさまざまな亡霊たちが訪れてきた。その中にはトロイア戦争の総大将で、帰国後に妻クリュタイムネストラによって殺されたアガメムノンや、トロイア戦争に参加した兵士中最大の英雄だったアキレウスの亡霊などもいた。ポセイドンに愛されたテュロや、ゼウスに愛されたアルクメネなど美しい女性の亡霊も数多かった。

オデュッセウスはこれらの亡霊たちと次々に会話を交わした。

それからオデュッセウスは、クレタ島の王で死後に地獄の判官になったミノスが亡者を裁く姿や、冥界の中でも特別なタルタロスという地獄で罰を与えられている亡霊たちも目撃した。タルタロスで苦しめられていたのは、ティテュオス、タンタロス、シシュポスなどの亡霊だった。

最後に、オデュッセウスはヘラクレスの亡霊にも出会った。ヘラクレスは死後神々の仲間に加えられ、身体の方は神の国で楽しい生活を送っていたが、霊だけは冥府に送られているということだった。

オデュッセウスはさらに数多くの亡霊に会いたいと思ったが、そのうちにある恐ろしさにとらえられた。というのも、やって来る亡霊たちの多くがいかにも恐ろしげな喚声をあげていたからだった。そして、もしも地獄の女王ペルセポネが、怪物ゴルゴンを送ってよこしたらどうしようと思ったとき、もはやその場所にいることに耐えられなくなり、すぐにも船に引き返すと、冥界を後にした。

そして、オデュッセウスの乗った船は、やって来たときと同じように、潮流と順風に助けられ、キルケの棲むアイアイエ島に戻ったのである。

⬇［ハデスの国］

❖オルペウス——【ギ】

ギリシア神話の英雄オルペウスは、ギリシアで最高の音楽家・詩人で、アルゴー探検隊の冒険にも参加したが、死んだ恋人に会うために冥界を訪ねたことでも知られる。

アルゴー探検隊の冒険から帰国した後のことである。故郷に戻ったオルペウスは美しい木の精エウリュディケを熱愛して結婚した。

ところが、あるときエウリュディケに横恋慕したアポロンの息子アリスタイオスが彼女を待ち伏せし、草地で彼女を追いかけはじめた。エウリュディケは逃げたが、このときに蛇に噛まれて死んでしまった。

この事件にショックを受けたオルペウスはしばらくの間は歌も音楽も忘れ、悲しみのうちにギリシア中をさまよった。そして、ペロポネソス南端のラコニアを訪れたとき、冥界に通じるというタイナロンの洞穴から死者の国目指して進んでいったのである。

冥界に入りこむためには、カロンが渡し守をしているステュクス川や、番犬ケルベロスが目を光らせている冥界の門を通らなければならなかったが、このときオルペウスは自慢の竪琴を奏でた。それを聴くとすべての動物が耳を傾け、木々さえも踊りだすという美しい音楽である。これは大いに役に立った。これを聞いたカロンは感動のあまりオルペウスに川を渡ることを許可し、ケルベロスも吠え立てることを忘れたのである。冥界のタルタロスには、永遠の罰に苦しむ亡者たちが数多くいたが、彼らもまたこのときばかりは苦しみを忘れ、しばし音楽に聴き惚れた。

オルペウスの音楽は冥界の王ハデスや王妃ペルセポネの心も動かした。このため、彼らはオルペウスに好意を抱き、特例として、エウリュディケを地上に連れていき生き返らせることを認めたのだった。ただし、これにはひとつ条件があった。それは、ふたりが地上に帰りつくまで、エウリュディケがオルペウスの後に従い、彼は何があっても後ろを振り返ってはいけないというものだった。

オルペウスは喜んで承知し、ふたりは地上を目指して洞窟をのぼっていった。

ところが、いままさに地上に出ようというときになって、あまりに背後が静かなので、オルペウスは冥界の王の言葉に疑いを持ち、ついに後ろを振り返ってしまった。振り返ったとき、エウリュディケは確かにそこにいたが、いかにも悲しそうな表情を浮かべた。しかも、そこにはすでに死者の案内人ヘルメス神がいて、彼女の右手を取ると再び冥界の暗闇へと引き戻してしまったのだった。

こうして、最愛の妻を失ったオルペウスは、どうにか地上に戻ったものの、以降は新しい妻を迎えることもなく、完全に孤独な生活を送った。しかも、彼の最後は悲惨だった。トラキア地方の女たちは何度も彼を誘惑しようとしたが、ついに彼の心が動かないとわかったとき、女たちは無視されたことに腹を立て、あるディオニュソスの祭りのときに狂乱のうちに彼を八裂きにしてしまったのである。

⬇［ハデスの国］

❖智光法師《ちこうほうし》――【日】

奈良時代の僧。三論宗元興寺流の祖となった人物だが、一度死んで地獄に堕ち、その後生き返ったという伝説が残されている。

『日本霊異記』によると、当時各種の社会事業を行っていた法相宗の沙弥行基《しゅみぎょうき》が聖武天皇によって大僧正に任じられたときのことである。智光は、自分は智者、行基は沙弥にすぎないのに、天皇はなぜ自分を用いないのかといい、世を恨んで引きこもってしまった。と、智光は突然激しい下痢に襲われて、一カ月ほどで死ぬことになった。

自分の運命を知った智光は、自分が死んでも焼いたりせず、死体を九日間そのままにしておくように弟子にいいつけた。

こうして智光が死ぬと、閻魔王の使いがふたり迎えにきた。智光はふたりについて西に向かっていったが、やがて黄金の楼閣が見えた。智光が問うと、使者は行基菩薩が生まれ変わって住む宮殿だと答えた。

それから智光はやたらと熱い場所に連れていかれた。そこには真っ赤に熱した鉄の柱が立っていたが、使者は柱を抱くように智光に命じた。そこで、智光がそのとおりにすると、身体は焼けただれ、骨だけになってしまった。

三日して使者が箒で柱をなでながら「活きよ、活きよ」というと、智光の身体はもとどおりになったが、その後すぐに次の地獄に連れていかれ、前回よりもはるかに熱そうな柱を抱けと命じられた。このために智光の身体はまたただれて溶けてしまった。

それから三日して、使者が以前と同じく「活きよ、活きよ」というと智光はもとどおりになった。しかし、智光の苦しみはまだ終わらなかった。智光は今度は阿鼻地獄（無間地獄）に連れていかれ、ものすごい熱気の中で焼かれることになった。

しかし、これが智光の苦しみの最後だった。三日して再びもとの身体に戻された智光は、使者に連れられて黄金の宮殿の門に行った。そこに鎧を着て、額に真っ赤なかずらをつけたふたりの神人がおり、智光がなぜ地獄に堕とされたかを告げたが、それは智光が行基菩薩をそしったためだという。それから、神人たちは、けっして地獄の物を食べずに、早く帰るように智光に告げた。

こうして智光は死んでから九日目に生き返ったが、すぐにも行基大僧正に面会すると、彼をそしった罪をわびたとされている。

➡［無間地獄］

❖唐太宗《とうたいそう》――【中】

唐の二代目皇帝太宗。一度死んで冥府に赴いたが、かつての臣下が閻魔王に仕えており、寿命の長さを記した命簿《めいぼ》に手を加えてくれたので、再び生き返ったという伝説がある。

太宗入冥譚はすでに唐の時代から語られており、後の小説『西遊記』でも詳しく述べられている。

『西遊記』の物語によると、あるとき太宗は竜のたたりのために重い病にかかった。もはや望みがないと太宗自身があきらめていたとき、臣下の魏徴が一通の手紙を持参し、酆都《ほうと》（中国の冥界）の判官に崔珏《さいかく》という者がいるのでこの手紙を渡すようにといった。魏徴によると、崔珏は先帝の近くに仕えていた者だが、いまは死んで冥府で閻魔帳をあずかる書記官を務めているので、この手紙を渡せば太宗は生き返ることができるというのである。

この話を信じたのかどうか、太宗は手紙を袖に入れてから息を引き取った。

死んだ太宗は城を抜けだすとやがて不思議な荒野にやって来たが、どこをどう行けばいいかわからなかった。と、向こうから黒い紗の帽子を被り、腰に犀の角をはめこんだ帯を巻き、象牙の笏《しゃく》を持ち、羅の上着を着た者がやって来てうやうやしく太宗を迎え、自分は先帝に仕えていた崔珏だと名乗った。これを聞いた太宗が大いに喜んで魏徴からの手紙を渡すと、崔珏はそれに目を通し、太宗を必ず生き返らせてみせると約束した。

間もなく、ふたりの童子がやって来て太宗を閻魔王の宮殿に案内した。それは立派な宮殿だったが、中に入ると十人の閻魔王（十王）が太宗を迎えた。そして、あれこれと質問して太宗の釈明を聞いた後、閻魔帳を確認することになった。そこで、崔珏が閻魔帳をめくると、大唐太宗皇帝のところに、「貞観一十三年」と記されていた。それはまさにその年だったので、崔珏は慌てて筆を取ると、閻魔王に見つからないように一の字の上に二本棒を書き足した。それから閻魔帳を閻魔王に手渡した。

何も知らない閻魔王は、閻魔帳を見てびっくりした。

こうして太宗は生き返ることが決まったが、すぐにはそうせず、崔珏の案内で地獄を見物することになった。ふたりは冥途の山を越え、そこにある十八層地獄を見た。崔珏の説明によると、十八層とは、吊筋獄《ちょうきんごく》、幽枉獄《ゆうおうごく》、火坑獄《かこうごく》、酆都獄《ほうとごく》、舌抜獄《したぬきごく》、剥皮獄《かわはぎごく》、磨捱獄《まがいごく》、碓擣獄《うすつきごく》、車崩獄《しゃほうごく》、寒氷獄《かんぴょうごく》、脱殻獄《だつかくごく》、抽腸獄《ちょうぬきごく》、油鍋獄《あげなべごく》、黒闇獄《くらやみごく》、刀山獄《とうざんごく》、血池獄《ちのいけごく》、阿鼻獄《あびごく》、秤杆獄《はかりざおごく》の十八である。

それからふたりは地獄の上を渡る奈何橋《なかきょう》、枉死城《おうしじょう》を見て、六道の辻へたどり着いた。

六道の辻は冥界と現世の境目の場所だった。太宗はそこから現世へと向かう門を通って馬を走らせ、やがてどぼんという音とともに川に落ちたが、まさにその瞬間に棺の中で生き返ったのである。

❖日蔵上人《にちぞうしょうにん》――【日】

平安時代の僧（九〇五～九八五？）。はじめは道賢と名乗った。大和国宇多郡の室生山竜門寺において真言を極めたといわれるが、若い頃に金峯山《きんぷさん》の岩屋で修行中に一時的に死門に入り、金峯山浄土において菅原道真に会い、さらに地獄において、道真を左遷したために地獄に堕ちた醍醐天皇に会ったという伝説が残されている。

『扶桑略記』に引く「道賢上人冥途記」によると、道賢は九一二年二月に金峯山に入って修行を開始したが、修行は長期に及んで二十九年を経過した。九四一年八月一日の昼頃、いつもの壇の上で修行していた道賢は急に苦しくなり、ついに息ができなくなり、自分でも死んでしまったとわかった。と、いつのまにか道賢は仏典を背負ってまるで入山したときのように岩屋の外に立っており、岩屋からひとりの僧が出てきて、道賢に金の瓶から水を与えた。僧は自分は執金剛神《しゅうこんごうじん》（仏教を守護する神）だと名乗ったが、その後ろには数十人の童子姿の天人が控えていた。それから少しすると、今度は西の岩の上から高徳の和上《わじょう》が降りてきて道賢に左手をさしのべた。こうして道賢は和上に導かれ、数千丈の道のりを経て金峯山の頂上にある浄土にのぼったのである。

頂上に着くと和上は黄金の山の中にある七宝で飾った高座に座り、自分は釈迦の化身である蔵王菩薩《ざおうぼさつ》だと名乗ったが、その後間もなくあたりが明るくなり、日本太政威徳天《だいじょういとくてん》（菅原道真）が出現した。道真の後には、数多くの眷属や異類たちが弓矢や鎌や杖をもってつき従っていた。

道真は間もなくその場を去ろうとしたが、このときに道賢を目にとめ、蔵王菩薩の許可を得たうえで、道賢に道真が住む大威徳城を見せることになった。道真はまたがっていた白馬に道賢を乗せ、走りだした。数百里も進んだとき、大きな池があった。池の中には百里四方くらいの島があり、その北方に光輝く大威徳城があった。この城の中に道賢が案内されたかどうかははっきりしないが、このときになってはじめて、道真は自分が誰であるか、そして刀利天《とうりてん》（天界のひとつ）では日本太政威徳天と呼ばれていることなどを告げた。また、道真の怨霊が巻き起こした数多くの事件にも触れ、それはまさに自分が起こしたことであり、いつかは国土を滅ぼそうとさえ考えているのだといった。が、道賢と話すうちに道真の心に変化が生じたのか、もしも日本において何人かが道真の名を唱え、祈ったなら、天下に起こっている災害をなくそうと約束した。この後で、道賢は金峯山に戻り、蔵王菩薩に帰路を教えられて岩穴の中で蘇生したのである。

『扶桑略記』では、これに続けて、道賢が死んでいる間に見た地獄の様子が語られている。それによると、道賢は蔵王菩薩によって地獄を見せられたのだが、地獄の中の鉄窟《てっくつ》の苦所に粗末な家があって、そこに四人の者がいた。ひとりは衣を着ていたが、他はほとんど裸だった。道賢は獄卒の言葉で衣を着ているのが醍醐天皇だと知ったが、天皇は道賢に対し、自分は道真を左遷するなど種々の罪を犯したために地獄に堕ち、とても苦しんでいるといい、その苦しみを消すために摂政大臣に一万の卒塔婆を立てるように伝えてくれるように頼んでいる。

❖仁田四郎忠常《にったしろうただつね》――【日】

伊豆挙兵時から源頼朝に従って信任を得た鎌倉時代の武士（?～一二〇三〈建仁三〉）。室町時代末期に成立したとされる御伽草子『富士の人穴』の中で、富士山麓にある人穴の中に入りこみ、富士浅間大菩薩の案内で地獄の様子を見てまわったとされている。

『富士の人穴』草子には、江戸時代後期に地方の民間で伝写されたらしい本が多数残されているといわれるが、そのうちのひとつによると、仁田四郎が富士の人穴に入ったのは一二〇一年のことだとされる。

時の将軍源頼朝が、今までだれも入ったことがないという富士の人穴の探検を和田平太《わだのへいた》胤成《たねなり》に命じたのがことの起こりだった。平太はとにかく富士の人穴に入ったものの、五町ばかり入りこんだところで十七、八歳の不思議な女に出会い、「早く出ていけ」といわれると、恐ろしさからさっさと逃げ帰ったのである。

これを知った頼朝はさらに奥のことを知りたいと思い、富士の人穴の奥を探検した者に所領を与えると諸国におふれを出した。が、いくら所領をもらえるといっても死んでからでは意味がないといって、名乗りでる武士はいなかった。

ここで登場したのが仁田四郎だった。さっそく頼朝に名乗りでた彼は鎧兜に身を固めて人穴探検に出発した。

松明の火を頼りに、四郎は人穴の中に入りこんだ。と、最初の五町ほどは何事もなく進んだが、さらに五町進んだところで彼は不思議な光景に出くわした。人穴の中なのに、いつのまにか太陽と月が出ており、四郎は川の流れる小松原に立っていたのである。その川を飛び越えてさらに進むと、今度は立派な御所が現れた。四郎は御所の中に忍びこんだが、それは見るからに美麗な作りの御所だった。少しの間、庭の作りなどに感心した後、四郎は庭の中を丑寅の方向へ進んだ。

しばらくして、北の方に池が見えた。池の中には島があり、渡れるように橋がかかっていた。その橋のたもとにすすきが生えており、風になびいて音を立てていたが、その音は法華経の文字と一字も違わなかった。池に近づくと、池の水は五色の光をたたえた。

それから四郎は再び御所に近づいたが、このとき御所の中から「何しに来た」と声がし

て、夜叉のような恐ろしげな女が出現した。そして、自分こそ富士浅間大菩薩だと名乗り、おまえの持っている剣をよこせと命じた。そこで、恐れをなした四郎がいわれるままに大小の剣を与えたところ、女は突然に機嫌をよくして、日本の民衆は地獄の様子をよく知らないから、おまえにそれを見せてやろうといいだしたのである。女は十七、八歳の童子に姿を変え、左の脇に四郎を抱えるようにして地獄へ向かった。

このとき大菩薩がいうには、日本の地獄には六人の奉行がいるということだった。一は箱根権現、二は伊豆権現、三は白山権現、四は自分（富士浅間大菩薩）、五は三島明神、六は立山権現である。

やがてふたりは地獄に到着したが、最初にやって来たのは賽の河原だった。二、三歳の者や七、八歳の者など、そこには子どもたちがたくさんおり、「父よ、母よ」といいながら泣いていた。大菩薩の説明

では、母の胎を痛めて生まれてきたのに、恩返しもせずに早死にしたために、これらの子どもたちはここで九千年間罰を受けるということだったが、間もなく北の方から火炎が燃えだして河原の石から子どもたちまですべてを焼きつくし、子どもたちは白骨になった。しかし、やがて鉄丈を持った鬼が出てきて「活きよ、活きよ」というと子どもたちは生き返り、再び同じ苦しみを受け続けるのである。

その場所から西の方を見ると死出の山があり、その麓に三途の川が流れていた。その川のほとりには奪衣婆《だつえば》がいて、罪人の服を脱がせ衣領樹《えりょうじゅ》に掛けていた。

この後、四郎は童子とともに地獄の内部に入りこみ、そこで罪人たちが罪に応じた罰を受けているのを見ることになった。ある罪人は顔の皮を剥がされ、それを火で燃やされていた。別な罪人は火の車に乗せられて苦しみわめいていた。舌を抜かれている者や手足を切断されている者、獄卒に追われて剣の山に登っている者、大きな荷物を背負って山登りさせられている者も、臼でつかれている者などもいた。『富士の人穴』草子では、他にも四郎が目撃した罪人の姿が、数多く紹介されている。

地獄の見物を終えた四郎は次に極楽浄土を見せられたが、そこは地獄とはうって変わって美しい花々の咲く幸せな場所だった。

こうして、地獄と極楽を見せた後で大菩薩は四郎に三巻の草子を与えた。地獄極楽といっても見たこともない者たちがたくさんいるので、この草子を見せて地獄極楽のことを世に広めよというのである。ただし、四郎自身が地獄の様子を事細かに語ることは禁じられた。もしそんなことをしたら四郎の命はないと大菩薩は注意した。

それから、四郎は人穴の外へ帰されたのだが、すぐにも頼朝のもとに赴くと、大菩薩との約束を破って地獄の様子を細かに語ってしまった。すると四郎はその話が終わらぬうちに突然倒れて死んでしまったという。

❖バアル――【メ】

古代ウガリット（フェニキア）の植物の繁殖力を表す神。冥界に下り、激しい戦いの末に死神モトを打ち破り、再び地上に戻ったとされる。戦いは繰り返され、バアル自身も死と再生を繰り返すが、これは植物の生長と関係づけられ、彼が冥界に下ると乾期による不毛の季節が訪れ、彼が再生することで豊穣の季節が始まるとされた。この豊穣と不毛の繰り返しについては、一年の季節の繰り返しと解されることもあるが、もっと長い期間の豊穣と不毛を意味するといわれることもある。

バアルと死神モトとの戦いについては、『バアルとアナト』と呼ばれる神話の中で語られている。この神話には、バアルによる王権の獲得、バアルの宮殿の建設などいくつかの主題が語られているが、バアルとモトとの争いは宮殿の建設の後にはじまる。

戦いの直接の原因は、バアルが「邪悪な」あるいは「七つの頭を持つ」とされる蛇を打ち破ったためだとされる。このことがあって、死神モトが墓の中からバアルに対して挑戦するのである。

しかし、挑戦を受けたバアルはどういうわけかすぐに恐れを抱き、モトに屈服すると冥界に入って死んでしまう。

これからバアルの姉妹である女神アナトの活躍が始まる。アナトはメソポタミアのイナンナと同じような豊穣女神だが、バアルの死を聞くと大いに悲しみ、バアルの死体を葬る。が、その後でアナトは自分自身が冥界に下り、バアルを再生させるために死神モトに挑戦する。この戦いはアナトの勝利に終わり、ついに死神モトは死に、バアルが復活することになるのである。

しかし、バアルとモトの戦いはこれがすべてではない。おそらく、前記のストーリーは一年の豊穣と不毛の季節の推移を表すものだが、バアルとモトの戦いにはもっと長い年月における豊穣と不毛を決定する意味も含まれているからである。そこで、神話の中には、将来の七年間の豊穣と不毛を決するためのバアルとモトの戦いも描かれている。

この戦いではバアルは少しも臆することなく戦い、ついに死神モトを打ち破る。こうして、七年間に渡るバアルの支配が確立するのである。

しかし、バアルの支配は七年間しか続かず、八年目には再び死んでしまうと語られている。

パウロ――【キ】

キリストの使徒のひとり。新約聖書の『ローマ人への手紙』などの著者として有名だが、新約聖書偽典のひとつである『パウロの黙示録』の中で、神の導きによって天国および地獄を旅したとされている。『パウロの黙示録』は紀元後四世紀頃に書かれたとされているが、パウロの見た死後の審判の様子や天国、地獄の様子を詳しく語っており、ダンテの『神曲』に代表されるような中世ヨーロッパの地獄観に多大な影響を与えたといわれている。

それによると、パウロの冥界旅行は彼が主の導きで第三の天にあげられたところからはじまっている。ここで、パウロは太陽、月、星、海、大地が主の前に現れて人間の邪悪さを訴えているのを見る。また、人間につき添っている天使たちが毎日決まった時間に人間の振る舞いについて、善いことも悪いことも含めてすべてを主に報告しに来るのを見る。

それからパウロは自身の希望で、人間の魂がどのようにして身体を去るかを見せてもらう。このときパウロの目には次のような光景がはっきりと見える。人が死のうとすると、すぐにも聖なる天使たちと不敬虔な天使たちが訪れるが、その人が義人である場合には、不敬虔な天使たちはその身体の中に棲むべき場所を見つけることができず、聖なる天使たちがその魂を支配する。聖なる天使たちは魂を導いて神の前に赴く。ここで神の裁きが下されるが、神は義人の魂を契約の天使ミカエルにゆだねて天国へと進ませる。これに対して不敬虔だった人の魂は邪悪な天使たちに支配される。そして、魂は不安のうちに天に赴き、自分自身が信じたことのない神を目撃し、罰を司る天使タルタルクスにゆだねられて地獄へ送られるのである。パウロはさらにもうひとりの不敬虔な者の魂がやって来るのを見たが、その魂は神の前で自分は罪を犯したことがないと嘘をついた。が、罪人の魂につき添っていた天使は罪人のすべての罪を記した一冊の記録簿を持っており、罪人の嘘は暴かれて結局は地獄送りになるのである。

神の裁判を見た後で、パウロは天使たちの案内でまずはじめに第三天の天国を訪れた。そこで彼は旧約聖書の聖人として有名なエノクとエリヤに会った。

それからパウロは第二の天に案内された。そこには一本の川があり乳と蜜とが流れていた。また、川岸にあるたくさんの木は一年に十二回もいろいろな種類の実をつける木だった。そこから天使はパウロをアケロン湖に連れていくと、金の船に乗せてキリストの都へ向かった。パウロが船に乗っている間、三千の天使が賛美歌を歌い続けた。キリストの都は大きく、壁や塔や門がそれぞれ十二あった。また、都のまわりに蜜の川ピソン、乳の川ユフラテ、オリーブ油の川ギボン、葡萄酒の川ティグリスという四つの川があった。天使によれば、義人たちは生きている間にこれらの物を自由にせず、自らを苦しめていたので、天国に来てからはそれらの物を豊富に与えられるのだという。

キリストの都の入口の前には実のない葉ばかりの木が何本もあり、何人かの人々が都に入ることを許されずに泣きわめいていた。これらの人々は生きている間熱心に断食をしたが、高慢であって隣人のためには何もしなかった人々だった。また、それらの木々はそこにいる人々の代わりに罪を悔い改めるように、何度となく繰り返し身をかがめた。

都の中に入ったパウロはまずはじめに蜜の川に案内され、そこでイザヤ、エレミヤ、エゼキエル、アモス、ミカ、ゼカリヤなどの予言者に会った。次に乳の川に案内され、ヘロデ王に殺されたすべての子どもたちを見た。都の北側にある葡萄酒の川のそばでは、アブラハム、イサク、ヤコブ、ロト、ヨブなどの聖者を見た。都の東側にあるオリーブ油の川のほとりでは、賛美歌を歌っている人々を見た。それからパウロは都市の中心に案内されたが、そこにはひときわ高い祭壇があり、人々がハレルヤを歌っていたとされている。

こうしてキリストの都の様子を見学したパウロは都の外に案内されたが、都の外には天の土台をささえる海洋があった。その海洋の外まで来たとき、パウロは火の川が煮えたぎっているのを見た。そこは地獄の入口のような場所で、中途半端な信仰を持っていた人々が罰せられていた。

火の川は北の方に流れていくつもの深い穴に注いでいたが、それらの穴はとてつもなく深く、その中で数多くの罪深い男女が罰せられていた。天使の説明では、地獄には限りがなく、その穴の底にはさらに下界があるということだった。その深さは、魂がその中に投げこまれても、五百年たっても底には届かない距離だった。

その穴の中にはいろいろな刑罰があった。ある男は三叉の鉄の棒を持った地獄の天使たちに首を絞められ、鉄の棒で内臓をえぐられていた。別な場所では四人の天使たちが老人を火の中に沈め、石を投げつけていた。口や鼻の中から蛆虫が這いだしている人もいた。また、別な人は天使の持つ火の鋏で唇と舌を裂かれていた。

別な場所にある穴の中では数多くの男と女が蛆虫に喰われていた。手足を切られて氷と雪の中で裸で苦しめられている者もいた。ソドムとゴモラで瀆神行為を行ったとされる者たちは、ピッチ（コールタール精製後に残る黒い物質のこと）と硫黄の穴の中で苦しんでいた。火の尖塔の上では男や女たちが獣に引き裂かれていた。

しかし、これらの罰も地獄の中ではまだまだ軽い方だった。天使はパウロをさらに北の方にある七つの封印で封をされた泉に案内したが、天使の命令で泉の口が開くと、その中にはこれまでのものよりも七倍も大きな罰を与える地獄があった。パウロはその中には入らなかったが、内部は悪臭に満ち、あらゆる部分が燃えあがっているのを目撃した。これはパウロの見た地獄の中でも最悪の場所だったが、天使によれば、そこに堕ちているのはキリストが肉でできていることや、処女マリアが彼を生んだことを告白しなかった者たちだという。

このとき、パウロがその場所から西の方を見たが、そこには雪と氷の中で凍え苦しんでいる男や女たちがおり、ふたつの頭を持つ巨大な蛆虫が這いまわっていた。

こうして地獄を見物したパウロは、再び天国に戻ると、そこでアブラハム、ヨセフ、モーセ、イザヤなど数多くの聖人と会話を交わした。それによって信仰の重要さを再確認した後、この世に戻ったのである。

⬇［ゲヘナ］

❖ヘラクレス――【ギ】

ギリシア神話最大の英雄ヘラクレスは女神ヘラの陰謀によって、アルゴス王エウリュステウスに十二年間奴隷として仕え、王が命じる難行のすべてを遂行しなければならないという試練を与えられた。このときにエウリュステウス王がヘラクレスに与えた難行の数は十二にのぼり、一般に「十二の功業」として知られるが、この難行の中でヘラクレスはついに地獄へと赴くことになった。十二番目の難行としてヘラクレスに与えられたのが、地獄の番犬ケルベロスを生け捕りにしてくるというものだったからである。

とはいえ、ハデスの国に進入することは、ヘラクレスのような特別な英雄にとってさえ大胆すぎることだった。冥界は神々の定めた神聖な場所であり、その境界を侵犯することは神への侵害と同じだったからだ。それに、ヘラクレスはこれまでに多くの者を殺害しており、とりわけケンタウロス族を大量殺害した罪で汚れていた。そこで、ヘラクレスは神々の権利を侵害しないように、まずはじめにエレウシスの秘教に入会し、罪を清め、冥界に赴くための儀式を行った。エレウシスの秘教には異邦人は入会できないという規則があったので、このときヘラクレスはピュリオスというエレウシス市民の養子になった。

準備を整えたヘラクレスは、すぐにも冥界への入口があるペロポネソス半島南端のタイナロンへ向かった。そこに着くと、死者の国への先導役であるヘルメス神と、ヘラクレスを守護するためにやって来たアテネ女神が待っていた。そこで、ヘラクレスは彼らに先導される形で、タイナロンの洞穴を冥界へ向けて下っていった。

やがて冥府の川のひとつ（ステュクス川といわれる）にやって来ると、川岸に死者の渡し守カロンがいた。カロンはヘラクレスを見るとびっくりし、最初は川を渡すことを拒んだ。だが、ヘラクレスが暴力を振るうと、すぐにもヘラクレスをボートに乗せた。この行為はカロンにとっては大きな失敗で、このために彼はこの後で一年間鎖につながれる罰を与えられた。

冥府の川の対岸には、三つの頭を持つ恐ろしいハデスの番犬ケルベロスが侵入者を待ちかまえていた。が、ヘラクレスが間近までやって来ると、さすがのケルベロスも怖じ気を震い、職務を放棄して逃げだし、ハデスが腰掛けていた地獄の玉座の下に隠れてしまった。

ハデスの国には数多くの霊魂たちが棲んでいたが、それらの霊魂たちもヘラクレスを見ると逃げだしてしまった。ただ、カリュドンの英雄メレアグロスの霊だけは逃げださず、ヘラクレスは冥府を出てからメレアグロスの妹デイアネイラと結婚する約束をしたのだった。さらに、ヘラクレスは無数の蛇の髪の毛を持つゴルゴン（その目を見た者は石になるという怪物）にも出会ったが、亡霊となったゴルゴンはもはや誰にも危害を加えられないとヘルメスに教わったので、むやみに戦ったりはしなかった。

それからヘラクレスは大石の重石を乗せられて苦しんでいるアスカラポスの霊を見つけ、大石を持ちあげて救いだした。また、ヘラクレスはハデスの牛を一頭殺して、亡霊たちに振る舞ったりした。

こうしたことを成し遂げた後でヘラクレスはハデスの玉座までやって来たが、彼が大きな石を投げつけると、ハデスは驚いて逃げだしてしまった。すぐ横にいた冥府の女王ペル

セポネはエレウシスの秘教の創始者とされる女神でヘラクレスと対立することもなければ逃げだすこともなかった。

できるだけ早く野蛮な人間を追い払いたいと考えたハデスは、間もなく条件つきでケルベロスを地上に連れていく許可を与えた。ヘラクレスが素手でケルベロスと戦い、それを生け捕りにすればいいというのである。

そこで、ヘラクレスはすぐにもケルベロスと素手で戦いを開始すると怪力で締めつけて降参させ、肩に担いで地上に向かった。

このときヘラクレスは、ペルセポネを誘拐しようとして冥府に進入し、その罰として冥府にある忘却の椅子に座らされ、それ以来身動きがとれずに囚われの身になっていた英雄テセウスとペイリトオスを見つけた。ヘラクレスはすぐにもふたりを救おうとしたが、救うことができたのはテセウスだけだった。ペイリトオスの罪は重く、どうしても椅子から引き離すことができなかったのである。

やがて冥府での仕事を終えて地上に出たヘラクレスはケルベロスを担いだまま、エウリュステウス王のいるテュリンスに向かった。

エウリュステウスは、よもやヘラクレスが冥府から生きて戻ってくることはあるまいと信じていたのでひどく驚いた。しかもケルベロスは、目から火花を飛び散らせているような恐ろしい地獄の番犬だった。エウリュステウス王はあまりの恐ろしさに青銅の壷に身を隠すと、ケルベロスを受け取るのを拒否した。

そこでヘラクレスは再び冥府へ赴いて、ケルベロスをもといた場所に返すことになったのである。

⬇［ヘデスの国］［ケルベロス］

❖ヘルモーズ――【北】

北欧神話の神で、主神オージンの息子のひとり。オージンと女神フリッグの息子のバルドルが死んだとき、冥界ニブルヘイムを訪れて、バルドルを救おうとしたことで知られている。

神話によるとバルドルが死んだのは悪神ロキが陰謀をめぐらせたためで、神々たちは大いに悲しんだ。中でも悲しんだのは母親のフリッグで、神々の中の誰かがニブルヘイムに赴き、冥界の女王ヘルに身代金を払ってでもバルドルを連れ戻してくれることを願った。このとき自ら志願したのがヘルモーズだった。

バルドルを冥界から救いだすことは主神オージンにとっても望みだったので、オージンは八本足の名馬スレイプニルをヘルモーズに貸し与え、彼はその馬に乗ってヘルの館を目指して出発した。

普通、ニブルヘイムは人間の住む大地ミズガルズよりもさらに下の層、つまり地下にあるとされるが、ヘルモーズの活躍する神話では、彼はスレイプニルに乗って、九夜の間、真っ暗で何も見えない深い谷を走り続けたとされている。その間に彼はニブルヘイムを流れるいくつもの川を通り過ぎ、やっとのことでヘルの館に一番近いギョッル川に到達した。

ギョッル川には黄金で覆われた橋がかかっており、ヘルモーズはそれを渡った。

このとき、橋の向こう側に橋の見張り役であるモーズグズという処女が現れていった。

「おまえは誰で、どんな血筋の者なのか。昨日は死人たちの群が五組もやって来てこの橋を通り、とてもやかましかったが、おまえはひとりで同じくらいの騒音を立てる。それにおまえは死んでいるようには見えない。いったい誰なんだ?」

ヘルモーズは何もかも正直に答えた。

「私はオージンの息子のヘルモーズだ。兄弟のバルドルを見つけるためにヘルの館へ向かっている。おまえは彼を見なかったか?」

これに対してモーズグズが答えた。

「彼はすでにこの川を渡った。しかし、ヘルの館はここからは遠い。それははるか北、そして下の方にある」

ヘルモーズは礼をいい、すぐまたスレイプニルを走らせた。

こうして、彼はついにヘルの館に到着したが、館は高い城壁に囲まれており、巨大な門は固く閉じられていた。ヘルモーズは少しの間あたりの様子をうかがった後、再び馬にまたがり、激しい調子でスレイプニルに拍車を入れると、馬は疾駆し、もののみごとに門を飛び越えた。

それから彼は馬を降り、館の広間に入った。そこには数多くのいろいろな死人がおり、恐ろしげな雰囲気だった。ヘルモーズはその中に、高い椅子に腰掛けたバルドルも見つけた。が、ヘルモーズはすぐには動かずに、夜の間はその気味の悪い広間でじっとしていた。

朝になってから、ヘルモーズは冥府の女王ヘルに会い、バルドルの死をすべての者が悲しんでいるので、是非とも彼を神の国に連れ帰らせてくれるように、言葉を尽くして懇願した。

が、ヘルはバルドルがみながいうほど本当に愛されていたとは信じられないといった。そして、「どうしてもというなら証拠を見せてほしい。この世のすべての者たちが――生きている者も死んでいる者も――彼のために涙を流したなら、彼を神の国に帰らせてやろう。しかし、ただひとりでも涙を見せない者があったら、バルドルはニブルヘイムにとどまらなければならない」というのである。

せっかく冥界にまでやって来たヘルモーズだったが、女王ヘルにこういわれては従うしかなく、来たときと同じ道を通って、神の国に戻ったのである。冥界下りとは関係ないが、バルドルのその後について述べておくと、世界中のほとんどすべての者が彼のために涙を流したが、ただひとりの女巨人（悪神ロキが変身していたといわれる）だけが涙を流すのを拒否したため、ついに生き返ることはなかったとされている。

⬇［ニブルヘイム］［ヘル］

❖目連《もくれん》――【仏】

釈迦の十大弟子のひとり。インド中部のバラモンの子として生まれたが、修行によって釈迦の弟子の中でも最大の神通力を手に入れ、自ら地獄、餓鬼道をめぐり、餓鬼道に堕ちていた母を救ったという伝説が残されている。

『大目乾連冥間救母変文《だいもっけんれんめいかんきゅうぼへんぶん》』によると、目連は父母の死後三年を経ても悲しみが去らず、どうしても父母の恩に報いたいという思いから釈迦に弟子入りしたという。そして、深山に入って修行を続けた目連は、やがて大いなる神通力を手に入れ、天界にまで昇れるようになったのである。彼はすぐにも梵天宮を訪ね、そこに住んでいた父に出会った。父は生前に多くの福徳を積んでいたので、梵天に転生していたのである。

ところが、目連の母は天界にはいなかった。父によれば、母は生前に多くの罪を犯したので今は地獄に堕ちているということだった。驚いた目連はすぐにも地獄に向かった。

地獄にやって来た目連はしばらくして八、九人の浪人亡者に出会った。彼らは、本来ならまだ死期が来ていないのに、獄卒の間違いで冥界に連れてこられた者だった。地獄では閻魔の庁に人間の寿命を記した命簿があり、それに基づいて冥官たちが寿命の尽きた者たちを冥界に連れてくることになっていたが、ときにはこの仕事に間違いがあり、同姓同名の別人を連れてきてしまうことがあった。こういう場合は、死者はすぐにも現世に戻されて生き返ることになるが、すでに死体が埋葬されており、どうしても生き返れないことがあった。浪人亡者はまさにそのような者たちで、命簿に載っていないから地獄に堕ちることもできず、閻魔大王の判断で、冥界で何もせずにぶらぶら遊んで暮らしているのである。

目連はこれらの浪人亡者から教えられて閻魔の庁へ向かい、そこで閻魔大王と面会した。閻魔王は立派な僧である目連を見ると、地獄は汚れた場所だからすぐにも帰りなさいと忠告した。が、目連はあきらめずに母の消息を尋ねた。と、このやり取りをその場で聞いていた地蔵菩薩が、目連の母は生前の罪のために地獄にいるはずだから、もっと先の地獄を捜してみるがいいと忠告した。この言葉に閻魔王の気持ちも変わったのか、この先の地獄にいる五道将軍に尋ねれば母の居場所もわかるだろうといった。そこで、目連は閻魔王に仕える善悪童子という者に案内されて、地獄の奥へと進んでいった。

しばらくして目連は奈河《なか》（三途の川）の畔に到着した。それは日本でもよく知られた三途の川と同じもので、そこで数多くの罪人たちが着物を脱ぎ、木に掛けていた。着物を木に掛けるのは、そうすることで罪の重さを量るためで、罪人たちはみな泣き叫びながら、目連に救いを求めた。その話を聞き終えた後で目連は五道将軍の座所に到着した。

五道将軍はいかにも恐ろしげな人物だった。将軍は金の鎧を身につけ、ぎらぎらする剣を帯び、数え切れないほどの手下に守られていた。そして、実際、冥途で最も恐ろしい人物とされていた。

目連はその姿を見ただけで肝が潰れるほど驚いたが、勇気を奮って母の居所を尋ねた。将軍は目連の母のことを知らなかったが、とにかく左右の者に調べさせると、阿鼻地獄（無間地獄）で受刑中だとわかった。普通、罪人たちは地獄で閻魔王の判決を受け、どの地獄に堕ちるかが決められるが、とくに罪の重い者は判決なしに直接地獄へ堕ちてしまう。目連の母はまさにそのような罪人だったので、閻魔王も五道将軍も、直接にはその存在を知らなかったのである。

目連は大いに悲しんだが、とにかく母を捜して地獄を進んだ。

すぐにもひとつの地獄に到着したが、獄卒がいうには、そこは男子だけの地獄で女性はいないということだった。目連はさらに進んで刀山剣樹地獄へ、それに続いて銅柱鉄床地獄まで訪れた。が、そこまで来ても母は見つからなかった。しかも、その先にいた獄卒がいうには、ここから先は業風が吹き荒れて身体を粉々にするので、人間である目連にはとても進めぬ場所だということだった。

目連は大いに絶望し、宙に舞いあがると釈迦を訪れ、窮状を訴えた。釈迦は目連を哀れみ、それがあればけっして身体を傷つけることなく地獄を通過できるという災難よけの錫杖を与えた。これを手にした目連は再び宙に舞いあがると、今度は一気に降下してあっという間に阿鼻地獄に到着した。

阿鼻地獄では、そこを管理する庁に五十人の牛頭《ごず》、馬頭《めず》などの獄卒がいて、目連が阿鼻地獄に入りこむのを阻止しようとした。が、目連が錫杖をあげて振ると、鬼の獄卒たちはまたたく間に倒れてしまった。目連がさらに進むと、高くそびえる阿鼻地獄の鉄城や何十本もの刀槍や剣樹などが見えた。地獄の中には真っ赤な炎が隙間なく燃えあがり、罪人たちが苦しめられていた。その中を、目連は母を捜しながら進んだ。

地獄の中を生きたままの身体で進んでいく目連の姿はいかにも珍しいものだったらし

く、間もなくひとりの獄卒が何をしているのかと話しかけてきた。そこで目連が目的を告げると、獄卒は高楼にのぼって白い幡を振りながら、目連の母がいるかどうかあちこちに尋ねはじめた。地獄はいくつもの仕切で分けられていたが、やがて第七の仕切の中で目連の母が発見された。このとき、母は地獄の責め苦を受けており、身体中に四十九本の釘を打たれ、口の中で猛火が燃えあがるという状態だった。目連はびっくりし、泣き叫びながら母に駆け寄った。それから、目連は獄卒に向け、自分が母の代わりに苦しみを受けるので母を解放してほしいと訴えた。しかし、この望みは果たされなかった。獄卒がいうには、地獄の刑罰はすべて閻魔王が定めたものであり、本人以外が身代わりになることはできないからだった。

再び地獄の苦しみを受けなければならない母を見送りながら、目連は苦しみのあまり気を失った。しかし、目連はあきらめることなく、息を吹き返すと宙を飛んで再び釈迦を訪れた。このときになって、目連の母を地獄から救いだせるのは自分しかいないと考えた釈迦は、ついに自らが地獄に下る決心をした。

釈迦は無数の龍神や天人たちを従えて一団となって地獄に下った。それはこれまでに誰も見たことのないような堂々とした行列だった。この行列が地獄に入りこむと不思議なことが起こった。神々の放つ五彩の光を受けて剣樹や刀林が粉みじんになり、地獄がすべて消え失せたのである。そして、その後には美しく輝く大地や泉が生まれた。これまで地獄で苦しんでいた多くの罪人たちも、天上に転生して救われた。

ところが、目連の母は救われなかった。彼女の生前の罪はあまりにも大きかったので、地獄の苦しみは逃れたものの、今度は餓鬼道に堕ちてしまったのである。そこで、目連の母は喉が針のように細くなり、腹は山のようにふくれあがり、大きな飢えに苦しめられた。これを見た目連は、すぐにも町へ出ると母親に与えるための食事を求めて家々をまわった。しばらくしてある長者が目連に食事を与えたうえに、目連の母だけでなく地獄のすべての罪人が救われるようにと大願を発した。目連は食事の入った鉢を持ってすぐに餓鬼道へ向かった。

目連の母親はやって来た目連を見ると、生来の貪欲さを表して、あれは私の息子が私のために食事を持ってきたのだからみなは食べてはいけない、と他の餓鬼たちに告げた。これがいけなかったのか、母親が鉢の中から飯をすくってそれを口に入れると、口に入れるたびに飯が猛火に変じた。母親は大いに苦しんで目連に水を求めた。目連は慌てふためいてガンジス川まで飛び、水を汲んできた。が、この水までが母親の口に入ると猛火に変じた。

目連は絶望のあまり号泣し、三度釈迦に救いを求めた。事情を知った釈迦は、もしも目連の母親に飯を喰わせたいなら、一年後の七月十五日に盛大な盂蘭盆《うらぼん》を営む必要があるといった。目連は一年に一度だけではなく、せめて月に一度は母親を満腹にしてやりたいといった。が、釈迦がいうには、盂蘭盆はけっして目連の母のためだけに行うのではなく、

すべての餓鬼を満腹にするために行うので、一年に一度でなければならないということだった。目連はそれに従った。

こうして一年たった七月十五日、目連は盛大な盂蘭盆を営んだが、そうすると目連の母もその盆の中から食事を得て、はじめて満腹することができたのである。

ところが、このことがあってから、目連は母親と会うことができなくなってしまった。地獄に堕ちたのか、餓鬼道に戻ったのかと不思議に思った目連は釈迦に尋ねた。釈迦はすべてを見通していて、目連の母が餓鬼道を脱した後に、町の長者の家で黒犬として生きていることを告げた。また、もしも母親に会いたければ、貧富を問わず、町の家々を乞食《こつじき》してまわる必要があるといった。

目連はすぐにも町へ出て、家々をまわった。やがて町一番の長者の家の前で、一匹の黒犬が現れて、わが子よと人間の言葉で目連に話しかけた。それが目連の母だったが、彼女は犬の身であるにもかかわらず、地獄や餓鬼道で苦しむよりも今の方がはるかに幸福だといった。しかし、目連は母親を犬のままにしておくことができず、母を連れて町の仏塔を訪れると、そこで七日七夜の間、大乗経典を読み続けた。と、この功徳のおかげで目連の母は犬の身を脱し、やっとのことで人間の姿に戻ると、ついに天界に生まれ変わって安楽を享受できるようになったのである。

⬇［地獄道］［餓鬼道］

索引

■あ■

■な■

参考文献

●全集

山東京傳全集 第一巻 黄表紙1／山東京傳全集編集委員会 編 ぺりかん社 一九九二

室町時代物語大成 補遺二 しそーりあ／松本隆信 編 角川書店 一九八八

日本絵巻大成7 餓鬼草子 地獄草子 病草子 九相詩絵巻／小松茂美 編 秋山虔、小松茂美、高崎富士彦、古谷稔、中村溪男 執筆 中央公論社 一九七七

日本絵巻大成21 北野天神縁起／小松茂美 編 小松茂美、中野玄三、松原茂 執筆 中央公論社 一九八七

日本民俗文化大系2 太陽と月＝古代人の宇宙観と死生観＝／谷川健一 他著 小学館 一九八三

中国古典文学大系 第60巻 仏教文学集／入江義高 編 入江義高 他訳 平凡社 一九八三

仏教民俗学大系3 聖地と他界観／桜井徳太郎 編 名著出版 一九八七

中国古典文学大系 聊斎志異 上／常石茂 訳 平凡社 一九九四

中国古典文学大系 聊斎志異 下／常石茂 訳 平凡社 一九九四

古代オリエント集 筑摩古典文学大系1／筑摩書房 一九八五

世界古典文学全集 第21巻 ウェルギリウス ルクレティウス／泉井久之助、岩田義一、藤沢令夫 訳 筑摩書房 一九六五

聖書外典偽典1 旧約外典Ⅰ／教文館 一九七五

聖書外典偽典3 旧約偽典Ⅰ／教文館 一九七五

聖書外典偽典4 旧約偽典Ⅱ／教文館 一九七五

聖書外典偽典6 新約外典Ⅰ／教文館 一九七六

聖書外典偽典別巻 補遺Ⅱ／教文館 一九八二

日本古典文学全集 今昔物語一～四／馬淵和夫、国東文麿、今野達 校注・訳 小学館

日本古典文学全集 宇治拾遺物語／小林智昭 校注・訳 小学館

新潮日本古典集成 古事記／西宮一民 校注　新潮社
東洋文庫10 捜神記／干宝 著　竹田晃 訳　平凡社
東洋文庫97 日本霊異記／原田敏明、高橋貢 訳／平凡社
折口信夫全集 第十六 民俗學篇2／中公文庫
日本の名著24 平田篤胤／相良良 責任編集／中央公論社

●**地獄関連書籍**

地獄の話／山辺習学 著　講談社学術文庫　一九八八
ゾロアスターの神秘思想／岡田昭憲 著　講談社現代新書　一九九三
死後の世界／岡田昭憲 著　講談社現代新書　一九九二
スウェーデンボルグの思想／高橋和夫 著　講談社学術文庫　一九九五
天界と地獄／イマヌエル・スエデンボルグ 著　柳瀬芳意 訳　静思社　一九九一
死と来世の系譜／ヒロシ・オオバヤシ 編　安藤泰至 訳　時事通信社　一九九五
悪魔の系譜／J・B・ラッセル 著　大瀧啓裕 訳　青土社　一九九三
須弥山と極楽／定方晟 著　講談社現代新書　一九九二
日本人の死生観／五来重 著　角川選書　一九九四
古神道 死者の書／花谷幸比古 著　コスモ・テン・パブリケーション　一九九四
仏教民俗学／山折哲雄 著　講談社学術文庫　一九九三
古代の宇宙論／C・ブラッカー、M・ローウェ 編　矢島祐利、矢島文夫 訳　海鳴社　一九七八
印度の宇宙論／定方晟 著　春秋社　一九九二

●**雑誌・ムック**

別冊歴史読本特別増刊 密教の世界／新人物往来社　一九九四
別冊歴史読本特別増刊 死後の世界がわかる本／新人物往来社　一九九四

Books Esoterica4 道教の本／学研　一九九三
Books Esoterica10 古神道の本／学研　一九九四
幻想文学43 死後の文学／アトリエOCTA　一九九四

●辞典・事典
神話・伝承事典／バーバラ・ウォーカー 著　山下主一郎 他訳　大修館書店　一九九〇
日本架空伝承人名事典／平凡社　一九八七
地獄の事典／コラン・ド・プランシー 著　床鍋剛彦 訳　吉田八岑 協力　講談社　一九九五
修験道辞典／宮家準 編　東京堂出版　一九八六
図説仏教語大辞典／中村元 編著　東京書籍　一九八八

●仏典関係
国譯一切經 印度撰述部51 大集部五／大東出版社
国譯一切經 印度撰述部60 經集部八／大東出版社
国譯一切經 印度撰述部66 經集部十四／大東出版社
新国訳大蔵経 阿含部3 長阿含経Ⅲ 尸迦羅越六方礼経 他／大蔵出版　一九九五
仏典講座18 倶舎論／桜部建 著　大蔵出版　一九九三
往生要集（上）／源信 著　石田瑞麿 訳注　岩波文庫　一九九二

●神話・伝承・宗教関連
講座日本の神話5 出雲神話／『講座日本の神話』編集部 編　有精堂出版　一九七六
ミトラの密儀／フランツ・キュモン 著　小川英雄 訳　平凡社　一九九三
仙境の地 青城山／池上正治 著　平河出版社　一九九二
道教の世界／窪徳忠 著　学生社　一九八七
煉獄の誕生／ジャック・ル・ゴッフ 著　渡辺香根夫、内田洋 訳　法政大学出版局　一九八八
日本の心 日本の説話（二） 仏教説話・文学説話／馬淵和夫 監修　説話研究会 編　大修館書店　一九八七

中国の神話伝説（上）／袁珂 著　鈴木博 訳　青土社　一九九三

中国の神話伝説（下）／袁珂 著　鈴木博 訳　青土社　一九九三

中国の民間信仰／澤田瑞穂 著　工作舎　一九八二

死と再生・ユーラシアの信仰と習俗／井本英一 著　人文書院　一九八二

日本人の「あの世」観／梅原猛 著　中央公論社　一九八九

古代日本人の宇宙観／荒川紘 著　海鳴社　一九八三

インドの民俗宗教／斉藤昭俊 著　吉川弘文館／一九八四

インド神話／ヴェロニカ・イオンズ 著　酒井傳六 訳　青土社　一九九三

インド神話／上村勝彦 著　東京書籍　一九九一

世界の諸宗教における死後の世界／本山博、湯浅泰雄 監修　宗教心理出版　一九八五

シリーズ世界の宗教 ユダヤ教／M.モリスン、S.F.ブラウン 著　秦剛平 訳　青土社　一九九四

シリーズ世界の宗教 イスラム教／M.S.ゴードン 著　奥西峻介 訳　青土社　一九九四

シリーズ世界の宗教 道教／ポーラ・R・ハーツ 著　鈴木博 訳　青土社　一九九四

シリーズ世界の宗教 ヒンドゥー教／マドゥ・バザーズ・ワング 著　山口泰司 訳　青土社　一九九四

シリーズ世界の宗教 エジプト神話／ヴェロニカ・イオンズ 著　酒井傳六 訳　青土社　一九八八

グノーシスの宗教／ハンス・ヨナス 著　秋山さと子、入江良平 訳　人文書院　一九八七

北欧神話／H.R.エリス・デイヴィッドソン 著　米原まり子、一井知子 訳　青土社　一九九二

ユダヤ教／マルサ・モリスン、スティーヴン・F・ブラウン 著　秦剛平 訳　青土社　一九九四

カバラ ユダヤ神秘思想の系譜／箱崎総一 著　青土社　一九八六

聖書象徴辞典／マンフレット・ルルカー 著　池田紘一 訳　人文書院　一九八八

岩波セミナーブックス1 コーランを読む／井筒俊彦 著 岩波書店 一九八四

日本神話のコスモロジー／北沢方邦 著 平凡社 一九九一

NHK大英博物館1 メソポタミア・文明の誕生／吉川守、NHK取材班 責任編集 日本放送出版協会 一九九〇

道教1／福井康順、山崎宏、木村英一、酒井忠夫 監修 平河出版社 一九八五

道教2／福井康順、山崎宏、木村英一、酒井忠夫 監修 平河出版社 一九八三

道教3／福井康順、山崎宏、木村英一、酒井忠夫 監修 平河出版社 一九八三

タオ・宇宙の秩序／デ・ポート 著 牧尾良海 訳 平河出版社 一九八七

信ずる心⑤地蔵菩薩・大地の愛／紀野一義 著 集英社 一九八七

世界の諸宗教における 死後の世界／本山博、湯浅泰雄 監修 宗教心理出版 一九八五

中国の民間信仰／澤田瑞穂 著 工作舎 一九八二

世界宗教史1／ミルチア・エリアーデ 著 荒木美智雄、中村恭子、松村一男 訳 筑摩書房 一九九一

古代エジプト人 その神々と生活／ロザリー・デイヴィッド 著 近藤二郎 訳 筑摩書房 一九八六

エジプトミイラの話／ミルドレッド・マスティン・ペイス 著 清水雄次郎 訳 夜呂久 一九九三

ナイルの遺産 エジプト歴史の旅／屋形禎亮 監修 仁田三夫 写真 山川出版社 一九九五

オリエント神話／ジョン・グレイ 著 森雅子 訳 青土社 一九九三

死生観の比較宗教学「他界」論／梅原伸太郎 著 春秋社 一九九五

道教故事物語／褚亜丁、楊麗 編 鈴木博 訳 青土社 一九九四

天使の世界／マルコム・ゴドウィン 著 大瀧啓裕 訳 青土社 一九九三

エッダ グレティルのサガ 中世文学集Ⅲ／松谷健二

訳　ちくま文庫　一九九二
新装版ギリシア神話／呉茂一 著　新潮社　一九九四
北欧神話／菅原邦城 著　東京書籍　一九九一
世界の神話1 メソポタミア神話／矢島文夫 著　筑摩書房　一九九三
コーラン（上）（中）（下）／井筒俊彦 訳　岩波文庫
春秋左氏伝 上／小倉芳彦 訳　岩波文庫　一九九三
全現代語訳 日本書紀 上／宇治谷孟 訳　講談社学術文庫　一九九三
ギリシア神話—英雄の時代／カール・ケレーニイ 著　植田兼義 訳　中公文庫　一九九二
ギリシア神話—神々の時代／カール・ケレーニイ 著　植田兼義 訳　中公文庫　一九九二
リグ・ヴェーダ賛歌／辻直四郎 訳　岩波文庫　一九九二
道教百話／窪徳忠 著　講談社学術文庫　一九九四
チベットの死者の書／川崎信定 訳　ちくま学芸文庫　一九九三
キリスト教の神話伝説／ジョージ・エヴリー 著　今井正浩 訳　青土社　一九九四
ペルシア神話／ジョン・R・ヒネルズ 著　井本英一、奥西俊介 訳　青土社　一九九三
コーランの世界観／牧野信也 著　講談社学術文庫　一九九一
エジプトの死者の書／石上玄一郎 著　第三文明社　一九八九
金枝篇（三）／フレイザー 著　長橋卓介 訳　岩波文庫　一九九四
地獄変／澤田瑞穂 著　平河出版社　一九九一
聖書／日本聖書協会
The Penguin Book of NORSE MYTHS/ Introduced and retold by Kevin Crosseley-Holland PENGUIN BOOKS 1993
THE EGYPTIAN BOOK OF THE DEAD/by E.A. WALLIS BUDGE DOVER PUBLICATIONS
THE GODS OF THE EGYPTIANS VOLUME2/ by E.A.WALLIS BUDGE DOVER PUBLICATIONS

●物語

西遊記（上）／太田辰夫、鳥居久靖 訳 平凡社 一九九四

神曲（上）（中）／ダンテ 著 山川丙三郎 訳 岩波文庫

THE DIVINE COMEDY・1 HELL/by DANTE translated by DOROTHY L.SAYERS PENGUIN BOOKS

THE DIVINE COMEDY・2 PURGATORY/by DANTE translated by DOROTHY L.SAYERS PENGUIN BOOKS

おわりに

さて、とにかくこうして地獄の本を書き上げたわけだが、これまでに書いた本とは違ってかなり手こずったというのが正直なところだ。地獄や冥界の話題は単に死者の世界の内部にとどまらず、その世界の文化や宇宙論にまで及ぶからだ。また、長い歴史をかけて作り上げられたものなので、中には単純なものもあるが、非常に細かな点まで精緻に作り上げられているものが多い。こうした対象を数多く取り上げるのが、単純なストーリーものを書くようにいかないのは当然だ。

そんなわけで書き上げるのにかなりな時間を要したが、その分収穫もあったと思う。当初は仏教やダンテの地獄への興味から出発した本だったが、書き続ける内にそれぞれの世界の宗教や宇宙論への理解も深まった。この本はもちろん勉強のための本ではないのだが、地獄という一見するとあまりにも特殊なものへの興味が、もっと大きな文化とか歴史への理解を深めるという感想は、読者のみなさんにも味わっていただけたのではないだろうか。

考えてみれば、現在の私たちは自らの文化に特有の冥界への信仰さえ、あまり深く理解しているとはいえない。それで別段困りもしないことは確かだが、それを知ることで人間の世界の奥深さに触れたような気もする。

また、自らの文化が育てた冥界への信仰を知っていた人も、まったく異なる文化の冥界信仰をかいま見ることで、冥界に対する考え方がいままでとは違ったものになったのではないだろうか。

死後の世界が実際にあるかないかということとは別に、古くから世界中の人々がそれがあると信じ、死後の世界を壮大に、そして精緻に作り上げたということに驚きの念を禁じ得ないし、そうした世界を丹念に作り上げてしまった人間という生き物に、これまで以上に不思議な興味を感じるのである。

最後になったが、ずいぶん長い間遅々として進まない原稿を、辛抱強く待ち続けてくれた編集者やイラストレーターなどいろいろな人たちに、ここでごめんなさいとありがとうをいいたい。

一九九五年十二月吉日

草野巧

この作品は、一九九五年十二月に単行本として新紀元社より刊行されました。

文庫版あとがき

この本は『地獄』と題されているが、厳密な意味で地獄だけを扱っているわけではない。この本を書いていた当時の私の考えを簡単に言うなら、天国と地獄では地獄の方が面白いと感じられたので、その地獄を中心にして冥界の本を作りたい、というものだった。言い換えるならば、冥界の本には違いないが、全体的に地獄寄りに偏った本を作るということである。しかし、地獄以外にも面白そうな冥界はたくさんあり、テーマを地獄だけに絞ることができなかったのである。

もちろん、それならそれで、特に地獄にこだわらずにすべての冥界を紹介するという手もあったことは確かである。そうしなかったのは、単純に、それがあまりにも大変な作業になると思えたからである。

しかし、すべての冥界を紹介したいという欲望はこの本を書いた時からすでにあり、それが二〇〇七年刊行の『図解　天国と地獄』にまとめられることになった。『図解　天国と地獄』は世界中に存在する相当な数の冥界について、広く浅く、かつ分かりやすく網羅しているが、そのような本が書けたのは、もう十年以上も前に『地獄』という本を書いていたからといっていいのである。

しかし、『図解　天国と地獄』にも不満はある。この本は図解シリーズの一つであり、わかりやすさが前面に出ているため、情報量に限りがあるのだ。『地獄』と『図解　天国と地獄』だけでも、冥界について、相当の知識が得られることは確かだ。だが、冥界を巡る興味深い話はまだまだたくさんあるのである。

そんなわけで、今回、文庫版『地獄』が刊行されたのを機に、冥界に関するもっともすごい本を作ってみたいという欲望がふつふつとわいてきているのである。実際問題として、古くからある天国、地獄、冥界だけでなく、心霊主義の霊界まで含めた、あらゆる死後の世界を扱った本が、いまなら書けるという気もするのである。

あと一つ。今回、トゥルースインファンタジーシリーズが文庫化されるのは、値段が安くなって手に入れやすくなるという意味でも非常にいいことだと思う。著者としても、最初は単行本だったものが文庫化されるというのはとてもうれしいものである。だが、私個人としては、次なる一歩として、電子化された自分の本を読みたくてならないということも、ここに告白しておこうと思う。ただ、これはもう時代の流れなので、信じられないような速度で、そういう時代が来るのではないかと思うのである。

草野巧

Truth In Fantasy
地獄

2012年9月9日　初版発行

著者　草野巧
編集　新紀元社編集部／堀良江

発行者　藤原健二
発行所　株式会社新紀元社
〒160-0022
東京都新宿区新宿1-9-2-3F
TEL：03-5312-4481　FAX：03-5312-4482
http://www.shinkigensha.co.jp/
郵便振替　00110-4-27618

カバーイラスト　丹野忍
本文イラスト　シブヤユウジ
デザイン・DTP　株式会社明昌堂
印刷・製本　大日本印刷株式会社

ISBN978-4-7753-1057-1